환경 문제와 성경적 원리

반 다이크 외 지음 / 유정칠 옮김

김정욱 교수(서울대학교 환경대학원) 추천

IVP

한국기독학생회(IVF : InterVarsity Christian Fellowship)는
'캠퍼스와 세상 속의 하나님 나라 운동'을 비전으로
'캠퍼스 복음화, 기독 학사 운동, 세계 선교'를 사명으로 삼고 있는
초교파적, 복음적인 신앙 운동체입니다.

IVF는 전국 각 대학에서 활동하고 있으며
이에 대한 자세한 사항은
IVF 홈페이지 www.ivf.or.kr
(전화 02-333-7363)로 문의해 주시기 바랍니다.

IVP는 InterVarsity Press의 약어로
한국기독학생회(IVF)의 출판부를 뜻합니다.

Originally published by InterVarsity Press
as *Redeeming Creation* by Fred Van Dyke, David C. Mahan,
Joseph K. Sheldon and Raymond H. Brand
© 1993 by Fred Van Dyke, David C. Mahan,
Joseph K. Sheldon and Raymond H. Brand
Translated by permission of InterVarsity Press
P. O. Box 1400, Downers Grove, IL. 60515, U.S.A

Korean Copyright © 1999 by Korea InterVarsity Press
352-18 Seokyo-Dong, Mapo-Gu, Seoul 121-837, Korea

Redeeming Creation

The Biblical Basis for Environmental Stewardship

FRED VAN DYKE
DAVID C. MAHAN
JOSEPH K. SHELDON
RAYMOND H. BRAND

추천사

오늘날 많은 사람들이 인류의 생존과 지구 생태계를 위협하고 있는 환경 문제의 원인을 기독교에 돌리고 있다는 사실은 매우 안타까운 일이다. 성경은 다른 범신론적인 종교와 달리 자연에서 신의 요소를 완전히 빼 버림으로써 자연에 대한 인간의 경외심을 없앴을 뿐 아니라 그리스도인들이 성경에서 말한 대로 자연을 정복하고 다스리는 과정에서 오늘날의 환경 문제가 발생했다는 것이다.

사실 그리스도인들이 이런 비난을 완전히 면하기는 어렵다. 그리스도인 철학자인 프란시스 베이컨은 사람은 열심히 배워서 그 지식으로 자연을 복종시켜야 한다고 말했고, 미국의 청교도들도 자연을 마치 인간의 적으로 보고, 자연을 정복해서 이기는 개척 정신을 미덕으로 기렸던 것이다. 지금도 많은 그리스도인이 다른 피조물에 대해서 특별한 우월감을 가지고, 이에 군림해서 지배하고 이용해 먹는 것이 잘 다스리는 것인 양 생각하고 있다.

만물의 주인이신 예수님이 섬기기 위해 이 땅에 오셨다면 그분을

주님으로 모신 우리 그리스도인들도 마땅히 우리 주위의 사람들과 창
조 세계를 섬겨야 할 것이다. 하나님은 사람뿐 아니라 만물과 화목케
되기를 바라고 계신다. 노아는 방주에 자기 보기에 좋은 것만 골라 실
은 것이 아니고 모든 동물을 다 받았고, 홍수 후에 하나님은 사람뿐 아
니라 모든 생물과 언약을 맺으셨다. 이런 하나님의 뜻을 저버리고 피
조물을 학대하고 인류를 파멸로 이끄는 자는 참 하나님의 백성이라고
할 수 없다. 마지막 날에 하나님은 땅을 망하게 하는 자들을 멸망시키
겠다고 하셨다(계 11:18).

환경 문제로 인하여 만물이 크게 고통받고 인류의 앞날이 위협을
받게 된 이 때에 그리스도인들은 성경이 이에 대하여 무엇을 말하는지
정확하게 깨닫고 참 그리스도의 제자로서의 본분을 다해야 한다.

최근에 환경 관련 서적들이 많이 출간되고 있지만 성경적인 관점에
서 환경 문제를 조망한 책은 드물다. 이 책은 미국 대학에서 생태와 환
경 관련 과목을 강의하고 있는 네 명의 교수에 의해 쓰여졌다. 프레드
반 다이크(Fred Van Dyke)는 환경 및 산림 생물학이 전공이고, 데이비
드 마한(David Mahan)은 육수학(陸水學), 조셉 쉘던(Joseph Sheldon)
은 곤충학, 레이몬드 브랜드(Raymond Brand)는 동물 생태학을 전공한
모두 명망 있는 학자들이다. 이들은 이 책에서 그리스도인으로서 당면
한 환경 위기를 성경의 재해석을 통해 해결해 보려고 시도하고 있다.
이 책이 성경적 환경 윤리의 올바른 기초를 세우는 데 큰 도움을 주리
라 생각한다.

김정욱 교수(서울대학교 환경대학원)

차 례

서문

"땅과 거기 충만한 것과 세계와 그 중에 거하는 자가 다 여호와의 것이로다"(시 24:1). 그러나 시편 기자가 알고 있던 세계의 일부였던 레바논의 삼나무는 멸종되었다.

"하늘이 하나님의 영광을 선포하고 궁창이 그 손으로 하신 일을 나타내는도다"(시 19:1). 그러나 오늘날, 궁창이 나타냈던 세상의 많은 부분은 황갈색 연기(yellow-brown haze)에 가려져 희미해지고 흐려졌으며 땅 밑의 아물지 않은 상처들은 지구의 침식을 증명해 주고 있다.

"하나님이 그 지으신 모든 것을 보시니 보시기에 심히 좋았더라. 저녁이 되며 아침이 되니 이는 여섯째 날이니라"(창 1:31). 그러나 오늘날, 하나님이 보시기에 좋았던 창조 세계는 위협을 받고 위기에 처해 있으며 이 지구에서 영원히 사라져 가고 있다.

이 책은 창조 세계의 회복에 관한 책이다. 원래 본서는 미국 과학 협회(American Scientific Affiliation)가 설립한 지구 자원과 환경 위원회(Grobal Resources and Environment Commission)라는 연구 모임에

소속된 우리(4명의 공동 저자)가 연구의 일환으로 계획하던 것이다. 미국 과학 협회는 과학 실험, 연구 및 교육에 전문적으로 종사하는 2,500명의 그리스도인들(연구원과 독지가)로 구성된 단체로, 교계와 과학계를 섬기며 과학과 기독교 신앙의 연관성을 이해하는 데 힘쓰고 있다. 이와 같은 사명을 가진 우리 협회의 목적은 최신 환경 관련 이슈와 문제점들을 기독교 신앙의 관점에서 다루고, 성경적 관점으로 이 문제에 대한 진정한 윤리적 해결책을 강구하는 것이다.

너무 오랫동안, 거룩한 회중에 속한 수많은 그리스도인들이 하나님을 창조주로 인정하면서도 그분의 창조 세계는 제대로 돌보지 못했다. 또 다른 사람들은 하나님의 자리에 다른 것을 둠으로써 창조주보다 창조 세계를 숭배하는 오류를 범했다. 이 책의 목적은 창조 세계를 돌봐야 할 인간의 정당한 책임을 지적하는 것이다. 또 하나님을 창조주로, 세상은 그분의 창조 세계로, 사람은 하나님의 형상대로 지음받은 유일한 피조물로서 이해함으로써 우리 주변 세계의 기쁨과 아름다움을 드러내는 것이다. 우리는 이 책에서 환경 문제에 대한 성경적 해결책을 모색하는 한편, 최근 생태계의 위기를 살펴보고 그에 대한 우리의 올바른 반응을 안내해 줄 성경적 원리를 간략히 살펴볼 것이다.

이 책에 실린 내용은—적어도 겉으로 보기에는—전혀 새로운 이야기가 아니다. 최근 몇 년 동안 생태학과 기독교의 관계를 논한 책은 수없이 많이 출간되었다. "왜 환경에 대한 책을 또 펴내야만 했을까?"라는 질문을 제기하는 것은 당연하다.

기독교와 생태학이라는 주제를 다룬 수많은 책들을 살펴보면서, 우리는 저자들이 그리스도인임에도 불구하고 자신이 그토록 진지하게 전문적으로 탐구하는 주제와, 자신의 신앙 혹은 성경적 사고의 관계를 명확하게 이해하지 못한 듯한 책을 많이 발견했다. 이와 반대로, 성경 지식과 교리를 매우 현학적으로 다루면서도 이러한 개념을 하나님의 창조 질서라는 실재와 연결시키는 지식과 경험이 부족한 신학자들의 책도 많이 보았다. 또 우리는 기독 신앙과 생태학의 관계를 너무 부풀려 묘사하여 둘 다를 지나치게 단순화시킨, '보통 사람들'을 위한 책들도 보았다. 혹은 그 반대 극단으로, 극소수의 전문 학자들만 읽을 수 있는 대단히 학적인 내용의 책을 정독하기도 했다.

이 모든 책들을 다 읽고 정리한 후, 우리는 아직도 필요한 부분이 더 있다는 결론을 내렸다. 진지하면서도 읽기 쉬운 책, 삼차원적인(입체적인) 문제를 이차원적인 교훈 혹은 토크쇼 정도의 가벼운 이슈로 축소시키지 않는 책 말이다. 그러면서도 우리는 잘 쓰기를 원했다. 왜냐하면 이것은 연구 보고서가 아니라 우리 독자들이 읽을 **이야기**이기 때문이다. 그러나 이와 같은 요소를 한 권의 책에 담아내기는—아무리 줄잡아 말하더라도—어렵다. 우리가 완벽하게 성공했다고 생각하지는 않지만, 소기의 목적을 달성했다고 말하는 것이 부끄럽지는 않다. 독자들이 우리의 솜씨와 성공을 판단해 주길 바란다.

저자들은 신학자가 아니라 평신도다. 그러나 또한 복음주의 기독교 내에 있는 과학자이자 선생이다. 우리는 신학적인 진리를 살아 있고 실천되는 실재로 보여 주고자 정기적으로 신학자들(좀더 중요하게는 우리 학생들)과 관계를 맺고 있다. 이러한 목적을 위해 우리는 사실을 요약해서 제시할 뿐 아니라 이야기를 하고자 노력했다. 삶과 경험에 관한 이야기 말이다. 그와 같은 이야기를 하면서 우리가 말하고자 하는 주제를 머릿속의 개념이 아니라 생활 속의 실재로 제시하고자 노력했다. 그것들은 신앙을 가진 그리스도인으로서 우리의 헌신을 반영한 믿음의 실행이자 전문 과학자와 선생으로서 우리의 연구 업적의 실행이다. 우리는 일부러 특정 이야기의 소재가 우리 중 어떤 사람의 이야기인지 밝히지 않기로 했다. 독자들이 이 이야기들을 마치 책처럼, 우리의 경험이 결합된 집단 의식(collective consciousness)으로 보아 주기를 바란다.

청지기로서의 우리의 역할을 인식하는 것은 "동산을 돌보라"는 하나님의 명령에 대한 순종으로 되돌아가는 길이다. 이러한 회복을 시작할 수 있는 길은 많다. 창조 세계의 최종적인 구속은 우리 창조주의 재림 때 일어날 것이다. 그러나 지금 우리의 행동으로 하나님에 대한 우리의 경외와 순종을 드러낼 수 있다. 그분은 그 구속을 완성시키시고 능력의 말씀으로 창조 세계를 붙드실 것이다.

우리 자신의 순종과 독자들의 순종을 격려하기 위해 우리는 개념만 설명하지 않고, 적당한 곳에서 우리의 열정과 감정 역시 이야기하는 모험을 감수했다. 올바른 감정과 결합한 정확한 사고는 환경과 삶을 바꾸는 힘을 지닌 확신을 이루어 내리라 확신하기 때문이다.

이런 관점에서 본다면, 독자들은 우리가 이 책에서 말한 이야기 중 일부는 '논쟁의 여지가 있다'고 생각할 것이다. 우리는 논쟁의 여지를 남기지 않을 수 없었다. 이 책이 어떤 논쟁과 토론을 불러일으키더라도 그것들이 궁극적으로는 우리 주님 예수 그리스도의 영광과 그분에 대한 관심 그리고 그분의 창조 세계에 대한 진정한 치유로 결론 맺기를 기도할 뿐이다. 우리는 두 가지 모두를 사랑한다. 또한 우리는 하나님을 구세주로서뿐 아니라 창조주로 알게 되었음을 고백한다. 이 책을 읽는 모든 독자들도 이러한 지식이 가져다 주는 기쁨을 깨닫고, 우리 주변의 창조 세계의 삶을 자유롭게 즐길 수 있기를 바란다.

제1장 위기에 처한 창조 세계

피터 캄(Peter Kalm)[1]

나는 창조주의 지혜와 축복을 사방에서 발견했다. 하지만 그것을 지혜롭게 활용하려는 인간은 거의 찾아볼 수 없었다.

나는 바닥에 흩어져 있는 네모난 검은 돌을 골라 디디며 천천히 계곡을 걷고 있었다. 시냇물이 돌 사이를 굽이굽이 돌아 낮은 지대를 향해 고요히 흘렀다. 바로 며칠 전 이 계곡은 갑작스런 홍수로 물에 잠겼다. 하지만 지금은 그 흔적조차 찾을 수 없고, 오직 고요히 흐르는 시냇물과 군데군데 물웅덩이들이 돌 사이로 눈에 띌 뿐이다. 나는 앞쪽의 바위 모퉁이 너머에서, 흔한 종(種)이지만 자주 보기 힘든 긴꼬리 족제비를 발견했다. 족제비는 바위 건너에 있는 무언가를 보는 데 정신이 팔려 나의 존재를 전혀 알아차리지 못했다. 조심조심 그리고 천천히 나는 그 뒤로 돌아가서 족제비가 무엇을 열심히 보고 있는지 알아내기 위해 한 발짝씩 앞으로 다가갔다. 드디어 서너 걸음밖에 떨어져 있지 않은 곳까지 다가섰을 때 갑자기 그 족제비는 고개를 돌려 나를 발견하고는 바위 계곡 반대편에 있는 숲 속의 나무들 사이로 숨을 곳을 찾아 황급히 도망갔다.

　나는 조금 전 그 족제비가 있던 바위에 올라가 밑을 내려다보았다.

바위 밑에는 물웅덩이가 하나 있었는데, 대략 깊이가 60cm에 넓이는 90cm 정도로 보였다. 물 속에서는 손바닥만한 크기의 무지개 송어 대여섯 마리가 쉬고 있었다. 이들은 며칠 전 홍수 때, 근처 시냇물에서 이리로 떠 내려와 지금은 '독 안에 든 쥐' 처럼 이 곳에 갇혀 있는 것이다. 나는 물고기를 보면서 아까 그 족제비가 웅덩이 속의 물고기를 잡기 위해 어떤 꾀를 생각해 내고 있었는지 궁금해졌다.

그 족제비와 나는 여러 해 전에 남부 유타 주에서 헤어졌다. 하지만 아직도 그를 기억하고 있다. 그 작은 족제비의 고민이 내 고민과 별로 다르지 않기 때문이다. 점점 나빠지고 있는 환경 속에서 우리는 제한된 자원으로 어떻게 생계를 꾸려 나갈 것이며, 또 우리의 미래는 어찌될 것인가? 그 족제비는 나와 똑같이 자원 관리와 이용의 문제를 생각하고 있었던 것이다.

오늘날 우리 지구는 인구 변화와 날로 증가하는 수요로 인해 심각한 환경 위기에 직면해 있다. 하나님이 지구를 잘 돌보라고 창조하신 인간이 오히려 지구를 파괴하고 있다는 것은 참으로 아이러니한 일이다. 인간이 자연을 관리하고 있는 현실은 어쩌면 여우(혹은 족제비)가 닭장을 지키는 것과 같다고 할 수 있겠다. 우리 인간의 관심은 지극히 자기 중심적이다.

성경은 하나님의 창조 세계가 그분께 어떤 의미가 있으며, 또 우리에게 어떤 중요성을 가지고 있는지에 대해 명확한 가르침과 비전을 제시한다. 이 책은 지구와 그 곳에 살고 있는 모든 생물에 대한 인간의 책임을 제시하는 성경 메시지의 가르침과 비전을 전달할 목적으로 쓰였다. 그리스도인들은 개인적으로 그리고 공동체적으로, 창조 세계를 구속하시려는 하나님의 계획에 참여하여 기쁘게 봉사함으로써, 세상에서의 삶과 증거에 대한 중요한 의미를 발견할 수 있을 것이다.

난처한 질문과 골치아픈 의혹

프랭크 그레이햄 2세(Frank Graham Jr.)는 「애디론닥 공원」(*The Adirondack Park*)에서 미국 산림학회의 해리슨(J. B. Harrison)이 들려 준 이야기를 회상한다. 어느 날 해리슨은 유명한 벌목꾼과 함께 차를 타고 뉴욕의 애디론닥 산지를 둘러보게 되었다. 해리슨은 이렇게 썼다. "우리는 온종일 더 이상 가망이 없는 황폐한 땅을 지나갔다. 황폐한 땅이 끊임없이 펼쳐지면서 우리는 점점 더 침묵에 잠겼다. 마침내 같이 가던 벌목꾼은 이렇게 말했다. '이 지역 일대가 악마의 손아귀에 빠진 것 같지요?' 나는 가장 궁금했던 것을 물어 보았다. '이 땅이 이렇게 된 이유 혹은 원인은 무엇일까요?' 한참 생각한 후 그는 이렇게 대답했다. '결론은 이렇습니다. 이 땅에 대해 생각하거나 무언가를 한 사람이 아무도 없었기 때문입니다. 우리는 너무 바빴고 그래서 우리 모두에게 얼마간의 책임이 있습니다. 그 일은 쉽지 않았습니다. 많은 사람의 협력이 필요했고 새로운 질서가 자리잡힐 공간이나 자리가 필요했으나 이 또한 구하기 어려웠습니다. 제가 혼자 할 수 있는 일은 없었고, 함께 문제를 해결하기 위한 계획을 세우도록 이끌어 줄 사람도 없었습니다. 공동의 사물을 떠맡으려는 사람이 아무도 없었던 거죠.'"[2]

해리슨의 동료가 말한 '공동의 사물'은 바로 우리 주위의 세계, 즉 하나님의 창조 세계를 가리킨다. 우리가 태초부터 시작한다면, 그 올바른 순서는 하나님, 궁창, 땅, 각종 생물과 인간이다. 이 책은 "여호와께서 그 권능으로 땅을 지으셨고 그 지혜로 세계를 세우셨다"(렘 10: 12)는 진리에 초점을 맞추어 쓰여졌다. 창조주는 창조 세계를 돌볼 수 있는 제한된 권한을 인간에게 위임하셨다. 그러므로 우리 주위의 환경은 성경에 쓰인 하나님의 계시와 연관시켜 이해해야 한다. 이 계시의 가장 핵심적인 가르침 중의 하나는, 바로 자연계는 절대로 자연적으로 형성되지 않았다는 것이다. 자연계는 초자연적인 신에 의해 창조되었다. 우리가 일상적으로 '자연'이라 부르는 것이 사실은 신의 '창조 세계'인 것이다. 우리 주변 세계는 하나님의 직접적이고 간접적인 활동의 결과이다. 인간이 부분적으로 주변 세계를 변화시킬 수는 있지만 말이다.

그리스도인들은 창조주를 믿었기 때문에 세상을 하나님의 피조물로 보았다. 이것은 안디옥에서 최초로 '그리스도인'으로 불린 이래로 계속해서 그들이 견지하고 있는 믿음이다. 하지만 이러한 믿음은 그보다 훨씬 이전, 이스라엘 백성이 아브라함, 이삭, 야곱의 하나님을 하늘의 별을 제자리에 두신 유일한 창조주로 믿은 때로 거슬러 올라간다. 오늘날에도 성경은 하나님이 아직도 인간이 지구를 보살피기를 원하신다는 증거를 많이 보여 주고 있다. 오늘날의 환경이 도처에서 더욱 악화되고 있는 사실은 지구가 우리의 보살핌을 필요로 하고 있다는 것을 증명해 주는 것이다.

이러한 견해는 다음과 같은 두 가지 기본적인 진술로 요약될 수 있다. (1) 하나님은 이 세상의 창조주이자 부양자이다. (2) 하나님은 인간에게 세상을 주의 깊게 관리할 특권과 책임을 맡기셨다. 과거의 많은 신학자, 철학자 그리고 교부들이 그러했듯이 이 책의 저자인 과학자들도 대우주와 그 안의 모든 것이 어떤 목적과 계획 가운데 창조되었다고 확신하고 있다. 이 모든 것은 결코 우연의 산물이 아니다. 태초에 하나님은 주도권을 가지시고 예수 그리스도를 통해 만물을 창조하셨다(요 1:3). 지금까지 기록된 역사적 사실 중에 창세기 1:1만큼 위엄 있는 것은 없다. "태초에 하나님이 천지를 창조하시니라." 하지만 이 말씀의 역사적, 문학적 가치보다 더욱 주목할 만한 것은 이 진리의 실재성이다.

일단 우리가 이것을 인정한 후에는, "과연 하나님이 지구를 창조하시고 우리에게 그것을 돌볼 의무와 책임을 주셨다는 사실이 우리에게 어떤 결과와 암시를 주는가?" 하는 질문이 뒤따른다. 성경은 "귀신들도 믿고 떠느니라"(약 2:19)고 말한다. 혹시 우리도 이 사실을 믿으면서 아무것도 하지 않고 있는 것은 아닌가? 혹은 야생을 보호하고 공기와 물, 토양이 오염되지 않도록 도우며 창조 세계를 찬양하고 존경하는 것은 우리에게 주어진 의무가 아닌 것인가? 혹은 모세가 하나님이 계신 땅은 거룩하므로 광야에서 신을 벗어야 했듯이 우리도 그래야 하는 것은 아닌가? 다시 한 번 분명하게 선포하자. 하나님은 그 때도 계셨고 오늘 여기에도 계신다. 또한 아담의 자손인 우리에게 자신의 아름답고 복잡한 창조 세계를 보살필 임무를 주셨다.

부양자이신 하나님

하나님은 창조 세계가 스스로 모든 것을 꾸려 나가도록 방치해 두시지 않는다. 거의 예외없이, 교회는 창조주 하나님께 초점을 맞추었지만, 부양자 하나님에 대해서는 별 관심을 보이지 않았다. 과학적 발견이나 음악 작품이나 예술적 천재성 등 인간의 창조적 활동은 오래 기억되고 사랑받지 않았던가?

성경의 모든 구절은 창조 세계에 대한 하나님의 지속적이고 한결같은 관심과 감독, 관계를 보여 준다. 하지만 하나님은 오늘날의 지구를 어떻게 보고 계실까?

오늘날의 환경

1950년 세계 인구는 약 25억이었다.[3] 그러나 1987년 7월 11일, 당시의 유고슬라비아에서 태어난 마테 개스퍼(Matej Gasper)라는 아기는 지구의 50억 번째 시민으로 선포되었다.[4] 1997년 이후에는 지구상에 60억 이상의 인구가 함께 살게 될 것으로 예상된다.[5]

매일 크게 변동하는 세계 인구는 우리의 생활 방식에 큰 영향을 미칠 것이다. 현재 우리가 미국 중산층이라 부르는 부요함은 그 크기가 점점 작아져서 가난의 바다에 떠 있는 한 작은 섬에 지나지 않을 것이다. 1991년을 기준으로 세계 인구의 반 이상이 중국, 인도, 인도네시아, 브라질, 파키스탄, 방글라데시, 나이지리아, 멕시코 등 8개의 개발 도상국에 집중 분포되어 있다.[6] 1970년까지만 해도 뉴욕이 지구상에서 가장 큰 도시였으나, 금세기 말 이전에 뉴욕보다 큰 도시가 5개나 생길 것이다. 그 중 세 곳은 멕시코 시티(2천8백만), 브라질의 상파울로(2천5백만), 인도의 봄베이(천5백만)로 모두 개발 도상국의 도시다. 북미와 유럽의 대도시 중에는 뉴욕, 로스앤젤레스, 모스크바가 겨우 20위 안에 들 것이며,[7] 10년 내에 세계 인구 100명 중 5명만이 북미 사람일 것으로 추정된다.

이처럼 인구가 증가하고 있는 비영어권, 유색 인종 지역에서는 많은 물자가 부족해질 것이다. 식량은 물론, 깨끗한 생수, 적당한 휴식처, 위생 설비, 교육 그리고 가장 기본적인 생활 필수품들도 크게 부족해질 것이다.

아프리카는 인구가 현재의 7억 백만에서 2010년에는 10억이 넘어 지구상에서 가장 빠르게 인구가 증가하는 대륙이 될 것이다.[8] 그러나 1980년대에 아프리카 대륙 중심부에 불어닥친 살인적인 가뭄 때문에 아프리카의 전체 식량 생산은 크게 감소하였다. 이 가뭄은 36개 지역에 직접적으로 영향을 미쳤고, 이 중 사헬이라고 불리는 6개 지역은 큰 피해를 입었다. 사헬은 아프리카 서부 지역의 모리타니아와 세네갈에서 동부의 차드까지, 아프리카 중심부를 서쪽으로 가로지르는 지역이다.

좀더 동부 지역에 위치한 소말리아와 에티오피아도 극심한 식량난을 겪었다. 이 굶주림에서 벗어나고자 수백만의 난민이, 이미 자국의 심각한 사회적·경제적 문제로 어려움을 겪고 있는 이웃 나라 수단으로 대이동을 시작했다. 이로 인해 4백만 명이 넘는 수단인들이 직접적으로 기아의 영향을 받는 매우 심각한 식량난이 이 나라에 닥치게 되었다. 이에 따라 수단의 대통령 가아파 니메이리(Gaafar Nimeiri)는 미국에 도움을 요청하기 위해 워싱턴으로 갔다. 그러나 그가 귀국하기 전 군사 쿠데타가 일어나 수단은 정치적, 경제적으로 더욱 어려움을 겪었다.

소말리아에서도 1980년대 후반부터 무정부 상태와 함께 이 곳에 불어닥친 기근이 대량 기아 사태를 불러왔다. 1992년 후반부터 소말리아에 주둔한 미국 해군은 이 곳의 질서를 회복하고, 식량을 안정적으로 제공하려는 노력을 시작했다. 그들의 노력으로 기근의 위협은 다소 줄었으나 질서를 완전히 되찾아 주지는 못하였다.

세계 인구의 약 9억은 건조 기후나 사막 지대에 거주한다. 물론 이 지역의 농업 문제들이 정말로 사막 확대 현상의 결과인지, 아니면 자연스런 강우량의 변화 때문인지에 대해서는 아직 논쟁의 여지가 많으나[9] 이 문제의 심각성은 세계 100여 개 국이 서명한, 사막화 문제 해결을 위한 새로운 국제 협약을 탄생시켰다.[10]

시대의 변화

환경에 대한 관심은 지금보다 20여 년 전이 더 높았다. 1970년대는 바로 '환경 중심의 10년'이라고 불리는데, 이는 1970년에 리처드 닉슨(Richard Nixon)이 1969년 국가 환경 정책법(National Environmental Policy Act of 1969)을 채택한 것에 기인한다. 국가 환경 정책법으로 인해 환경 영향 평가서(Environmental Impact Statement)가 만들어졌고, 그 후 환경에 영향을 끼치는 모든 '주요 연방 활동' 시에는 반드시 환경 영향 평가서를 제출해야 했다.

뒤이어 많은 환경 관련 법령이 제정되었다. 1970년 한 해 동안에만 환경 보호국(Environmental Protection Agency)이 설립되고, 환경 품질법(Environmental Quality Act)이 통과되었으며, 대기 정화법(Clean Air Act)이 개정되었고 그 해 4월 22일은 처음으로 '지구의 날'로 지정되었다. 바로 그 날, 여느 날과 마찬가지로 CBS 뉴스 앵커 월터 크롱카이트(Walter Cronkite)는 수백만 미국인들에게 '저녁 뉴스'를 전하기 위해 텔레비전 화면에 나타났다. 그의 뒤로 보이는 커다란 물음표가 찍힌 거대한 지구 사진에는 "과연 세상은 구원받을 수 있는가?"[11]라는 문구가 쓰여 있었다.

계속해서 획기적인 환경 관련 법령이 '70년대에 제정되었는데, 그 중에는 개정된 멸종 위기 종 보호법(1973), 삼림 보호 지역 관리법 (1974, 1976), 지표면 광산 규제 및 간척에 관한 법령(1977) 등이 있었다. 하지만 깨끗한 환경을 유지하기 위해서는 일반 국민들이 생각했던 것보다 훨씬 많은 비용이 든다는 것을 알게 되었다. 환경 관련 법규의 고비용과 관료적 형식주의는 점차 전통적으로 강했던 미국 경제 분야를 침체로 몰고 갔으며, 이로 인해 환경 운동은 많은 불평과 반대에 직면하게 되었다. 환경 운동에 대한 분노는 특히 미국 서부쪽에서 거세게 일어났는데, 그 곳에서는 연방 정부의 공공 토지와 개인 토지 사용 규제에 대한 불만이 고조되어 결국 세이지브러시 폭동(Sagebrush Rebellion)이 일어나게 되었다.

'70년대가 국가 환경 정책 조례로 시작되었다면, '80년대는 제임스 와트(James Watt)의 내무부 장관 취임, 국립 공원 당국의 토지 취득에 대한 동결 조치, 공공 토지에 대한 석탄 임차권 가격의 하락, 산성비에 대한 '두고 보자는 식'의 방관적인 분위기로 특징지어진다. 1980년대는 환경에 대한 무관심 때문에 큰 대가를 치르며 막을 내린다. 1989년 3월 24일, 엑손(Exxon)의 유조선 발데즈(Valdez) 호가 알래스카 해변의 블라이 암초에 부딪쳐 침몰하면서 엄청난 결과를 초래하였다. 발데즈 호의 기름은 4월 10일 알래스카의 케냐 피요르드(Kenai Fjords) 국립 공원 해변까지 흘러들었으며, 5월 2일에는 카트마이(Katmai) 국립 공원에까지 닿았다. 세계 어느 곳과도 비교할 수 없는 완벽함을 자랑해 온 이들 생태계는 전혀 예상치 못한 방법으로 급격한 변화를 겪게 된다.

미래에 대한 전망

첫 '지구의 날'이 제정된 후 20년이 지난 1990년 4월 22일, 또 다시 '지구의 날' 기념 행사가 있었다. 주요 텔레비전 방송사들은 1970년 이후의 변화를 주제로 다큐멘터리와 특별 뉴스를 제작하였다. 또한 신문사와 잡지사들도 이 행사를 다루는 데 지면을 할애했다. 대학들은 지방 정부 기관과 함께 활발한 활동을 벌여 나갔으며, 출판사들도 이러한 전 세계적 행사에 발맞추어 책을 출판할 계획을 세웠다.

첫 '지구의 날' 이후로 환경주의자들은 활동 영역을 더욱 확장해 나갔으며, 재충전된 열정을 가지고 환경 문제를 일으키는 요인들에 대처해 나가기 시작했다. 그리고 쓰레기를 수거하는 정도의 활동만 하던 많은 평범한 비환경 운동가들도 생활 방식의 변화를 체험했다. 쓰레기 매립지의 부족으로, 이제 많은 지역에서 재활용 문제는 더 이상 해도 그만 안 해도 그만인 문제가 아니라 법규로 시행되게 강요되었다. 일리노이 주의 경우, 정원에서 깎은 잔디나 나뭇가지는 쓰레기와 함께 매립지에 버릴 수 없게 되었다. 각자 정원에서 직접 퇴비화시키든지, 아니면 마을 중앙에 공동으로 사용하는 퇴비 만드는 장소로 직접 가져가야 한다. 재활용을 위한 활동은 알루미늄이나 유리, 목재 등의 자원을 아끼는 것 이외에도 미래 세대의 교육을 위한 상징적 중요성을 갖게 되었다. '70년대의 쓰고 버리기 좋아하던 세대는 이제 더 이상 마구 버릴 곳이 없게 되었다. 환경 운동 단체들은 재활용 순환으로 생긴 최종 생산물보다 투입 단계에 더 신경을 쓰기 때문에, 아마도 이제는 더 오래 쓸 수 있는 제품을 만드는 것에 사람들의 관심이 집중될 것이다.

하지만 대중 매체가 환경 문제를 더 많이 보도하고, 환경에 대한 대중의 관심이 더 높아졌다고 해서 곧바로 실제적인 변화가 생기거나 영구적인 해결책이 나오는 것은 아니다. 우리는 텔레비전 저녁 뉴스의 환경 문제 보도를 그냥 '보는' 것에 그치지 않고, 실제 환경 문제를 일으키는 원인과 결과를 이해함으로써 문제 해결의 실마리를 찾을 수 있다. 이러한 분별력은 환경 체계의 순환적 특성에 대한 기본적인 이해가 있어야만 가능하다.

과거 여러 해 동안 성장을 거듭해 온 환경 단체들의 회원 수가 오늘날에는 줄어들고 있다. 대중은 환경 위기의 심각성에 대해 너무 많이 들어와서, 이제는 이 문제에 둔감해지고 있다. 우리는 환경 위기에 대한 목소리를 너무 많이 발했기 때문에 이제 지겨움을 느끼기 시작했다. 하지만 실제로 환경 문제는 아직도 심각하고, 몇몇 경우에는 더욱 악화되고 있다.

이런 환경 문제들을 하나하나 열거하다 보면 우리는 꽤 길고도 위협적인 목록을 만들게 될 것이다. 하지만 우리는 이것들을 몇 개의 큰 범주로 나누어 이해할 수 있다. 가장 근본적이면서도 심각한 오늘날의 환경 문제는 지구의 기본 생명 유지 체계를 위협하는 문제들이다. 그 중에서도 가장 중요한 두 가지 문제는 지구 온난화(인간의 활동으로 지속적으로 더해 가는 이산화탄소 방출로 인한)와 성층권의 오존 감소[인간 활동에 의한 클로로플루오로카본(CFCs)의 대기 중 방출로 인한]이다.

자연 서식지, 그리고 거기 살고 있는 동식물 종의 감소는 위에서 언급한 지구 온난화 현상과 오존층 파괴와 직접 연관이 있거나, 그 결과로 야기된 것이다. 그 영향은 국지적일 수 있으나 이런 문제들은 전 세계에서 일어나고 있다. 이 범주에는 많은 관심과 취재, 보도 열기를 가져온 열대 삼림 벌채와 생물 다양성의 감소가 포함된다. 그러나 여기에는 이보다는 덜 알려진 습지의 감소와 온대림, 툰드라, 고산 지대 서식지 감소 문제들도 포함된다.

마지막으로, 완전히 독립된 다른 부분이지만 아주 밀접하게 연관되어 있는 문제들로는 인간의 소비와 공해 그리고 우리 개개인과 산업 부산물의 처리가 있다. 이 범주에는 산성비와 고체 및 유독성 쓰레기 처리 그리고 다양한 형태의 대기 및 수질 오염이 있다. 이 모든 문제의 근본 원인은 인구 증가에 기인하는데, 60억을 향해 빠르게 증가하고 있는 인구 문제는 100에서 140억이 될 때까지는 줄어들지 않을 것이다.

이런 문제들을 좀더 상세하게 논하고 그 원인과 영향을 제시하기 전에, 우리는 먼저 자연계에서 물질과 에너지가 어떻게 순환하는지를 기본적으로 이해해야 한다. 어떻게 이들 체계가 **정상적으로** 작동하는 지를 이해함으로써 우리는 그 체계가 동요되거나 붕괴되었을 때 그 결과를 더욱 정확하게 파악할 수 있다.

기본 생태계 순환

오늘날 세계가 직면하고 있는 가장 심각한 환경 문제는 자연계 내의 물질들의 이동과 변형으로 인한 붕괴의 징후와 불균형이다. 먼저 우리는 환경이 오염되거나 스트레스를 받지 않았을 때, 우리의 환경이 정상적으로 물질을 어떻게 처리하는지를 설명해야 한다.

식물, 동물, 대기 그리고 물과 햇빛 등의 기본 요소들의 관계를 잠시 생각해 보자. 정상적인 환경이라면, 산소의 비율(20%)과 이산화탄소 (0.03%)의 비율은 조절되어 역학적인 균형이 유지된다. 햇빛을 받은 녹색 식물은 물과 이산화탄소를 이용하여 광합성 작용을 하며, 이 과정을 통해 탄수화물이 만들어지고 산소가 방출된다. 태양으로부터 얻는 에너지는 물 순환에도 필요한데, 태양은 대양과 강물의 수분을 증발시켜 대기 중에 안개와 구름을 형성한다. 기류와 기온의 변화는 안개와 구름을 비, 눈, 진눈깨비, 우박 등의 형태로 변화시켜 수분을 다시 땅으로 보낸다. 식물과 달리 동물은 기초 대사 과정에서 이산화탄소를 내뿜고 산소를 소비한다. 동물은 에너지를 얻기 위해 식물이나 다른 동물을 먹는다. 일부 동물의 분비물은 식물에게 필요한 질소, 인, 칼슘 그리고 기타 기본 영양 물질을 토양에 되돌려 주는 역할을 하며, 식물은 뿌리를 통하여 이들 물질을 다시 흡수함으로써 물질 순환이 완성된다. 동식물의 죽음과 부패는 궁극적으로 생태계 질서를 유지시킨다. 동식물의 사체는 분해자의 활동에 의해 영양 물질로 바뀌어 식물의 새로운 세대에 생명을 주며, 그들을 성장시킨다.

개개의 환경에서 각 구성 요소가 어떻게 순환하는지에 대해서 더 자세히 설명할 수도 있으나, 그것을 설명하는 것이 이 책의 목적은 아니다. 이 책의 목적은 우리 인간도 이렇게 잘 조화된 체계의 일부라는 것을 보여 주는 것이다. 사실, 인간은 굉장히 중요한 역할을 담당하고 있다. 당신도 상상할 수 있겠지만, 각 구성 요소 사이의 균형은 체계 내에서 모든 것이 순조롭게 돌아가게 하는 데 필수적이다. 한 곳에 너무 많은 동물이 집중된다든지, 충분한 물 없이 너무 많은 태양 에너지를 받는다든지, 얕은 호수에 질소와 인이 너무 많다든지, 또는 다른 불균형이 있을 때, 그 체계는 스트레스와 수용 능력을 넘어서게 되어 붕괴하고 만다. 한 지역은 제한된 수의 개체군만을 부양할 수 있다. 이용 가능한 자원의 종류와 질은 그 지역에서 부양할 수 있는 인간을 포함한 생물체의 종류와 질을 제한한다. 생태학자들은 이러한 개체군과 자원 사이의 역학적 균형 상태를 **수용 능력**(carrying capacity)이라고 부른다. 이 개념은 지구를 신중하게 관리하기 위해서 더 폭넓게 이해되고 적용되어야 할 개념이다.

위험한 불균형

생물 수용 능력의 개념은 개체군과 그들이 이용할 수 있는 자원 사이의 자연적 평형 상태를 설명하는 한 가지 예일 뿐이다. 정상적인 생태계의 기능을 이해하는 데 더 근본적이고 중요한 개념은 물질 보존의 법칙이다. 간단히 설명하자면, 그것은 물질은 물리적으로나 화학적으로 변형될 수는 있어도 창조되거나 파괴될 수 없다는 법칙이다. 이는 우주의 물질의 양이 항상 같다는 것을 의미한다.

이 법칙은 매우 깊고 심오한 의미를 함축하고 있다. 쓸모 없는 폐기물을 버릴 수 있는 '외딴' 곳은 어디에도 없다는 것이다. 일단 한 체계 내로 유입된 물질은 그 체계를 순환하면서 물리적·화학적 과정에 의해 다양한 형태로 변형될 수는 있으나, 완전히 사라지지는 않는다. 이런 방법으로 환경 내에서 무생물들은 비교적 일정한 수준을 유지한다. 정상적인 생태계에서, 한 물질은 물리적·화학적 변형을 통해 다양한 형태로 바뀌어 반복적으로 사용된다. 다양한 생물들이 그 물질을 처리하는 과정을 통해 이런 평형이 유지된다.

이런 평형 상태를 유지하는 반응과 과정이 붕괴되면 문제가 발생한다. 이런 관점을 가진다면, 우리는 많은 사람들에게 알려진 오존 문제를 더 잘 이해할 수 있을 것이다.

오존은 상황에 따라 생명과 건강에 긍정적인 또는 부정적인 효과를 가져온다. 그것은 오존이 어디에, 얼마나 있느냐에 따라 달라진다. 뜨겁고 습한 여름날, 대도시의 교통 혼잡 시간대에는 보통 없으면 더욱 좋을 오존이 많이 생긴다. 이런 오존은 인간에게는 두통과 호흡 질환을 유발하며 식물의 성장과 광합성 물질에 피해를 준다.

하지만 대기 상층부에는 지구의 생명체에 도움을 주는 오존이 존재한다. 이 곳의 오존은 인체에 유해한 태양 자외선을 흡수하여 그것이 지표면에 도달하는 것을 막아 준다. 그러나 현재 알래스카 위의 오존층에 구멍이 생겼고 남반구의 남극 지대에도 구멍이 생겼다. 다른 비극지방에서도 오존층이 위험할 정도로 얇아진 지역들이 있다. 이러한 오존층의 감소는 인간 활동의 결과인데, 특히 에어컨 냉매와 에어로졸 스프레이류, 스티로폼을 생산하면서 만들어진 CFCs가 대기 속으로 방출되었기 때문이다.

오존층의 파괴가 대기권의 유일한 문제는 아니다. 다른 문제들도 비슷하게 자연 평형 상태에 심각한 불균형과 붕괴를 초래한다. 대기 중의 이산화탄소 수치 증가는 지구 온난화를 초래할 수 있다. 이것도 인간 활동과 연관되어 있는데, 특히 화석 연료가 탈 때 이산화탄소가 많이 생긴다. 대기권의 이산화탄소 수치는 19세기 산업혁명이 시작된 이래 25%나 증가하였다.[12] 지구의 평균 온도가 몇 도만 상승해도 세계 농업 생산량과 해수면 높이에 심각한 결과를 초래할 수 있다.

앞에서 설명했듯이, 역사적으로 인구 증가는 동식물의 서식지를 파괴해 왔다. 많은 종이 위협을 받아 멸종 위기에 처했으며, 이미 인간 활동의 결과로 멸종된 종도 많다. 세계적으로 열대 우림은 빠른 속도로 파괴되고 있다. 이 열대 우림은 수많은 동식물의 서식지였기 때문에 전 세계 생물 다양성에 큰 손실을 초래하였다. 미국에서는 담수 늪지 대와 습지들이 빠르게 파괴되고 있다. 연방법의 보호 덕분에 습지 파괴는 줄어들었지만, 아직도 매년 많은 습지 면적이 사라지고 있다.

인간 활동은 이와 같은 극단적인 파괴의 경우뿐 아니라, 모든 서식지에서 종 다양성에 영향을 미친다. 한 종류의 서식지가 다른 종류로 바뀔 때마다 동식물 개체수와 자원의 평형 상태가 변해 동식물 수용 능력에 영향을 끼친다.

많이 소비할수록 많이 잃는다

습지 파괴와 열대 산림 벌채만 서식지와 종의 손실을 가져오는 것은 아니다. 사람들이 쓰레기를 묻을 장소를 찾기 위해 동식물 서식지를 파괴시킬 때 우리는 물질 보존 법칙의 실재를 피부로 느낄 수 있다. 각종 쓰레기 및 유독성 폐기물 투기와 관련된 문제들은 이미 그 정도가 위험 수위에 이르렀다. 위생 매립지들은 대부분 앞으로 몇 년 내에 수용 능력을 초과하게 될 것이다. 현재 재활용의 증가 추세로 자원의 수명이 늘어나고는 있지만, 쓰레기 문제에 대한 장기적인 해결책은 과도한 포장을 줄이고 일반 대중이 내구성이 강한 제품을 요구하는 것이다. 정부와 기업체는 서로 힘을 합쳐 아직도 고체 쓰레기 처리 문제에 둔감한 기존의 경제 체제를 고쳐 나가야 한다.

최근 몇 년 동안 우리는 유독성 쓰레기를 다른 고체 쓰레기와 구별하여 처리해야 한다고 배워 왔다. 페인트 희석제와 내연 기관의 크랭크실 오일, 살충제 그리고 그 밖의 위험한 화학 물질이 일반 쓰레기와 함께 버려진다면 토양과 표수는 크게 오염될 것이다. 시간이 흘러 그것들이 토양에 스며들어 식수원을 오염시키면 사람들은 물질 보존 법칙의 생생하고 위험한 실재를 깨닫게 될 것이다. 이러한 일이 발생한다면, 인간의 건강에 직접적인 영향을 줄 뿐만 아니라 이차 하수 처리 식물들의 살아 있는 생물학적 여과 장치마저 오염시킬 것이다. 지금까지 유독성 쓰레기를 정화하기 위한 미국 정부의 노력은 2,000개 이상의 유독성 쓰레기 매립지를 확인하고 목록화하는 것에 그쳤다. 이 문제를 해결하기 위한 법률 제정은 적절했다고 하더라도, 실제로 광범위한 정화를 위해 들어가야 할 수십억 달러의 비용은 제대로 예산에 반영되지 않고 있다.

그 대표적인 곳이 일리노이 주의 듀페이지(DuPage)에 있는 블랙웰 산림 보호 지역이다.[13] 1980년까지 이 곳은 환경 관리 성공 사례로 알려져 있었다. 원래 트레쉬모어(Trashmore) 산으로 알려진 이 곳은 세심하게 잘 고안된 처리 과정을 통해 청정 지역을 유지해 왔다. 그 곳에 있는 커다란 언덕은 쓰레기로 채워진 진흙 덩어리로 만들어진 것이다. 이것을 만들면서 흙을 팠고, 그래서 생긴 큰 웅덩이는 수영, 보트 놀이, 낚시 등 레저 활동을 즐길 수 있는 호수로 변했다. 여러 해 동안 모든 일이 계획한 대로 잘 진행되는 것처럼 보였다. 그러던 어느 날 위험한 화학 물질인 트리할로메탄(trihalomethanes)의 흔적이 모니터링을 하던 우물 중 한 곳에서 발견되어 수영을 하던 호수는 폐쇄되었다. 이후 이 곳은 미국에서 가장 심하게 오염된 지역으로 정화 비용이 가장 많이 든다는, 환경 보호국의 악명 높은 '슈퍼 펀드'(화학 폐기물에 의한 환경 공해 방지를 위한 특별 기금) 범주에 속하는 지역으로 분류되었다. 트레쉬모어 산에서 발견된 위험한 화학 물질의 근원지를 밝히기 위한 조사는 이 책을 쓰고 있는 지금까지 계속되고 있는데, 많은 사람들은 애초에 설계도가 잘못되어 쓰레기 언덕을 만들 때 내부에서 생기는 누출수를 뽑아 내는 방법에 문제가 있었던 것으로 믿고 있다.

에너지 보존에 있어서도, 세계는 점점 위기에 봉착하고 있다. 석유에 의존하는 교통 수단과 난방 체계는 21세기 동안 단계적으로 해결되어야 한다는 것이 널리 알려져 있음에도 불구하고, 미국은 여전히 장기적인 에너지 정책을 세우지 못하고 있다. 제2차 세계대전이 끝난 후 '평화를 위한 원자'(Atoms for Peace) 프로그램의 일환으로 핵 에너지에 대한 연방 정부의 막대한 보조금이 지원되었으며, '원자력 에너지 위원회'(Atomic Energy Commission)가 핵 에너지의 개발과 사용 촉진, 규제를 관장하는 기관이 되었다. 그러나 환경 운동가들과 일반 대중의 여론 운동으로 몇 년 후에 원자력 규제 위원회(Nuclear Regulatory Agency)가 생기고, 이 위원회가 에너지 부서와 분리됨으로써 이 위원회의 권력은 약화되었다. 핵 에너지가 에너지 위기 해결을 위한 대안이 될 수 있을지는 아직도 논쟁의 대상이 되고 있다. 핵 폐기물의 장기적 처리 문제가 여전히 해결되지 않은 채 남아 있을 뿐 아니라, 핵 무기와 핵 에너지 기술의 밀접한 관계도 많은 사람들에게 골칫거리로 남아 있다.

이런 문제나 다른 환경 문제를 제기할 책임을 느끼게 되는 이유는, 인간의 생존 문제를 해결해야 하기 때문만 아니라, 그것이 근본적으로 인간과 창조주의 관계에 그 뿌리를 두고 있기 때문이다. 사무엘 선지자는 이스라엘의 왕 사울에게 "순종이 제사보다 낫다"는 가르침을 주고 있다(삼상 15:22). 이 말씀은 오늘날에도 여전히 지켜야 할 하나님의 명령이다. 환경 문제에서 말하는 순종이란 하나님이 창조 세계에 설정해 놓으신 주기와 조화를 이루며 환경 수용 능력 내에서 살아가는 것을 의미한다. 이렇게 함으로써, 지구의 환경은 좀더 나아질 것이고, 미래 세대는 그들이 당연히 물려받아야 할 좋은 환경을 갖게 될 것이다.

환경 문제를 설명하고 이해하는 것이 중요하다 하더라도 그것이 이 책의 가장 중요한 목적은 아니다. 당면한 환경 위기를 단지 일련의 과학적 또는 기술적 문제로 생각한다면 우리는 이 문제를 성공적으로 해결할 수 없다. 1968년 생물학자인 개릿 하딘(Garrett Hardin)은 환경 문제에 관한 한 "기술적 해결책은 없다"[14]고 매우 통찰력 있게 썼다. 이 기본 문제들에 대한 종합적인 해결책은 다음과 같은 세 가지 중요한 질문을 통해 얻을 수 있을 것이다.

- 창조주 하나님은 누구인가?
- 그분의 창조 세계인 지구는 어떤 것인가?
- 이 창조 세계에 사는 하나님의 피조물인 우리는 누구인가?

세 가지 중요한 질문

세상을 자율적인 시간, 우연, 변화의 산물로 바라보는 관점은 처음엔 자유스러운 느낌을 준다. 이러한 견해는 세상을 다양한 이해 관계에 의해서만 지배되는 가치 중심적인 환경으로 만든다. 그러나 역사 전체를 통해 이러한 견해는 결코 인간에게 평안함을 가져다 주지 못했다. 세상의 아름다움을 보고 있노라면, 우리는 본능적으로 그것에 가치를 부여하게 된다. 또 세상의 웅대한 장관을 보면, 겸손해진다. 세상의 복잡함을 보면, 종합적이고 이성적인 설명을 하려고 노력한다. 우리는 자신의 철학적 입장에 관해 무엇을 **말하든지** 간에, 창조 세계에서 가치를 발견하기를 원하고 또 그럴 필요성이 있는 것처럼 **행동한다**.

이러한 행위는 하나님의 실재에 그 뿌리를 두고 있다. 하나님은 우리가 살고 있는 지구와 우주를 자신의 뜻대로 창조하셨으므로, 우리는 피조물을 통해 그분의 사역뿐만 아니라 그분의 개인적인 성품도 알 수 있다. 하나님은 지으신 모든 것이 좋았더라고 말씀하심으로써 창조 세계의 가치를 필수 불가결한 요소로 만드셨다. 우리가 창조 세계와 피조물을 잘못 다루면 창조 세계의 가치를 모욕하는 것이 되지만, 그것을 잘못 다룬 것을 부끄럽게 여기면 창조 세계의 가치가 정말 거기에 있다는 것을 다시 드러내게 된다. 그렇지 않다면, 사람들은 열대 우림을 파괴하고, 생물을 멸종시키며, 오존층에 구멍을 내고 바다를 오염시키는 자신을 경멸하진 않을 것이다. 하나님의 실재와 그분의 선한 창조 세계가 우리를 감싸고 있다. 우리가 창조 세계의 가치를 설명하려 할 때마다 우리는 먼저 하나님에 대해 설명할 필요성을 느끼게 된다.

그렇지만 그리스도인들조차도 이 목적을 달성하기는 쉽지 않다. 바리새인들만큼 하나님과 멀리 분리된 자들은 없었다. 그들은 자신들이 만든 신조─심지어는 성경에 나오는 규례─에 스스로를 제한시킴으로써 하나님의 형상을 조종하고 교묘히 조작하려 했다. 하나님의 **말씀**과 그분의 **작품**을 분리하는 사람은 그 누구보다도 하나님으로부터 가장 멀리 떨어진 자이다. 성경에서 창세기 1장의 "하나님이 **가라사대…** 그대로 **되니라**"는 말씀보다 이러한 관점을 잘 지적한 구절은 없다. 창조 세계 안에서 그리고 그것을 통해서 하나님의 **작품**을 보고 이해할 때에야 비로소 성경에 나타난 하나님의 **말씀**을 완전히 이해할 수 있다. 성경만 가지고 하나님의 사역을 이해하기에는 어려울 때가 있다. 그러나 하나님의 창조 세계를 연구하는 사람들은 하나님의 사역(작품)을 이해할 뿐 아니라 그것을 생생하게 살아 있는 것으로 인식한다.

그러면, 이제 "지구는 무엇인가?"라는 질문을 해 보자. 그것은 근본적으로 하나님의 작품인 동시에 하나님의 계시이다. 지구를 포함한 모든 피조물은 하나님에 의해 창조되었고, 하나님의 목적과 즐거움을 위해 존재하므로, 피조물의 실재와 가치는 하나님으로부터 나온다. 창조 세계는 심지어 죽어가는 가운데서도 하나님의 보호를 받을 것이며 언젠가는 그것이 인간과 함께 하나님이 구속하실 대상임이 드러날 것이다.

이번에는 "우리 인간은 누구인가?"라는 질문을 해 보자. 우리 인간은 비록 하나님의 형상대로 지음받았지만 모든 피조물과 마찬가지로 본능적으로 자신의 욕구를 제일 먼저 생각한다. 그러나 다른 피조물과는 달리, 자신의 이기심을 부끄럽게 생각할 줄 알며, 자기 주변의 사물에 대한 권위와 책임감을 느끼기도 한다. 우리는 나무를 자르기도 하고 새 나무를 심기도 한다. 요즘 우리는 '자연과 하나됨'을 원한다는 말을 자주 한다. 그러기 위해서 우리는 자연을 안전하게 지키고 관리하며 복원시키기 위해 열심히 활동하고 있다. 우리는 **생물학**만 가지고는 부족하다고 느낀다. 우리는 **보존 생물학**의 발전이 필요하다고 느끼며, 우리의 지식과 기술을 다른 피조물들을 구제하는 데 적용하도록 노력해야 한다고 주장한다. 우리는 단순히 **생태학**을 연구하는 데 안주할 수 없다. 비용이 아무리 많이 들더라도 우리가 망쳐 온 서식지를 회복시킬 수 있는 **복원 생태학**을 고안하려고 한다.

우리는 항상 창조 세계의 가치를 인식하고 보호하며 우리가 발견한 가치를 보존해야 한다는 것을 느낀다. 그러나 만일 **하나님이 없다면**, 이 모든 것은 이상하고 심지어 당혹스러운 것이 될 것이다. 성경은 우리에게 말하기를 "어리석은 자는 그 마음에 이르기를 하나님이 없다"(시 14:1)고 주장한다고 기록하고 있다. 그러나 "하나님이 **존재한다**"고 믿는 사람들은 성가신 생명의 문제들을 이해할 수 있다. 하나님을 창조주로 아는 사람들은 의심이나 죄의식 없이 하나님의 창조 세계를 즐기고, 가치를 부여하며, 찬양할 수 있다. 자신을 흙으로 지음받은 **피조물**인 동시에 경작하고 지키며 이름짓는, 하나님의 형상으로 지음받은 **청지기**로서 이해하는 사람에게는 인간으로서의 목적, 능력 그리고 존엄성이 있다. 우리는 창조 세계를 돌보는 일에서 기쁨과 가치를 느낄 수 있다. 자신이 피조물인 동시에 청지기임을 아는 자는, 하나님을 단지 말씀으로만 이해하는 사람들이 결코 깨달을 수 없는, 하나님과 함께 사는 세상을 체험할 수 있다.

이 책은 환경 문제만 다루는 책이 아니다. 우리가 살고 있는 지구에 대한 하나님의 관점과 가치에 관한 책이다. 또한 하나님 앞에서 이 땅에서의 우리의 위치에 관한 책이기도 하다. 당신은 이 책을 계속 읽을 것인가? 우리는 빌립이 나다나엘에게 청했듯이 "와서 보라"고 당신을 초대하고 싶다.

토론 문제

1. 이 장에서는 세계의 여러 가지 환경 문제를 언급했다. 이 순간에 당

신에게 가장 중요하게 보이는 것은 무엇인가? 왜 그렇게 생각하는
가?

2. 당신은 최근에 야생 동식물을 본 적이 있는가? 당신에게 멸종 위기
의 종은 얼마나 중요한 의미가 있는가? 하나님께는 그것이 얼마나
중요하겠는가?

3. 당신의 고장에 긴요한 환경 문제가 있는가? 당신은 그 문제에 어느
정도나 관여하고 있는가? 또 앞으로 얼마나 더 관여해야 하겠는가?

4. 교회에서 이 장에서 다룬 환경 문제들을 제기하는 것이 적절하다고
생각하는가? 이 문제들과 관련된 성경의 원리와 가르침은 무엇인가?

제2장 창조주 하나님

프란시스 쉐퍼(Francis Schaeffer)[1]

기독교적 자연관은 "태초에 하나님이 계셨고 그분은 무(無)에서 유(有)를 창조하셨다"는 창조의 개념에서 시작한다. 이로부터 창조 세계는 하나님의 실재가 확장된 것이 아니라는 것을 알게 된다. 피조물들은 그 자체로 고유한 존재임을 알 수 있다. 창조 세계는 저기에 실제로 존재한다.

인류 역사에서 "태초에 하나님이 천지를 창조하시니라"는 성경의 첫 구절보다 더 큰 영향력을 미친 개념은 없다. 이것은 현대 철학이나 고대 신화에서 유사한 내용을 찾아볼 수 없는 혁명적인 개념이다. 모든 문화에는 창조 설화가 있다. 그러나 그 어느 누구도 무(無)에서의 창조를 생각하지는 못했다. 하나님은 세속주의에 파묻힌 현대인들에게 자신을 나타내시는 것과 마찬가지로, 이방 문화에 둘러싸여 있던 고대인들에게도 자신의 본질을 나타내셨다.

고대의 창조 설화

수많은 바빌로니아 창조 설화 중 하나인 '에뉴마 엘리쉬'(Enuma Elish)는 고대 근동 지방의 창조 신화 중에서 가장 널리 알려져 있다. 혼돈이 가득한 우주 속에 많은 신이 존재한다는 다신교적 관점을 보여주는 이 이야기에서, 마르둑(Marduk)이라는 우두머리 신은 괴물 여신인 타이아매트(Tiamat)와 그녀가 만든 부하 괴물들을 죽였다. 지구는 타이아매트의 갈기갈기 찢겨진 몸으로부터 형성되었고, 인류는 타이아매트를 돕다가 희생당한 신 킹구(Kingu)의 몸으로부터 만들어졌다. 이 창조 설화 속에서는 인간의 존엄성을 찾아볼 수 없다. 마르둑은 말했다. "피로 뼈를 만들 것이다. 나는 '사람'이라는 이름을 가진 야만인을 만들 것이다. 그들은 신들이 좀더 편안하게 지낼 수 있도록 봉사하게 될 것이다." 2) 그러나 마르둑은 진정한 창조자가 아니라 단지 자신이 쓸 도구를 만든 장인에 불과하다. 우주 그 자체는 신들 이전에 존재한 '에누마 엘리쉬' 안에 있고, 신들은 단지 우주의 산물인 것이다.

다른 이방 신화들 역시 우주 속에서의 인간의 위치와 운명에 대해 비관적인 견해를 보여 준다. 우리는 고대 문화에서 영향력 있던 견해의 일례를 아트라하시스(Atrahasis)에 대한 메소포타미아의 이야기에서 찾아볼 수 있다. 이 이야기는 기존 사회에 이미 존재하고 있던 신들로부터 시작된다. 계급이 높아 관리자의 위치에 있던 신들은 좀더 낮은 그룹에 속해 있던 (노동을 맡은) 많은 신들에게 지구의 운하를 파는 고된 일을 부과했다. 결국 오랜 압제 생활을 견디다 못한 그들은 작업 반장격인 엔릴(Enlil)이라는 신의 집에서 연장을 불태우며 시위를 벌이게 된다.

긴급 의회가 소집되었고 기술의 신 에아(Ea)가 대안을 내놓았다. 탄생의 여신 마미(Mami)로 하여금 사람을 창조하게 하여 운하를 파는 일을 시키자는 것이었다. 그 중 한 신이 사람을 만들 재료를 제물로 바쳤다. 마미는 그것을 반죽하여 남자 7명, 여자 7명, 총 14명의 사람을 빚은 후 열 달 동안 '운명의 집'이라고 불리는 장소에 넣어 두었다. 임신 기간이 끝나면 그들은 세상에 태어난다. 3)

오늘날의 현대 세계관은 그것을 탄생시킨 그리스의 철학과 신화로부터 많은 영향을 받았다. 비록 그리스 철학과 신화가 창세기와 같은 시대에 쓰인 에누마 엘리쉬와 아트라하시스보다 나중에 발전하긴 했지만, 그리스의 견해는 자세히 살펴볼 만한 가치가 있다. 오늘날 그리스 세계관에 대한 관심이 높아지는 것은 그것이 우주와 그 안에 존재하는 인간의 지위에 대한 청사진을 제공한다는 가정에 근거를 두고 있다. 하지만 그것은 사실이 아니다.

에뉴마 엘리쉬의 몇 가지 중요한 구성 요소는 그리스 신화에도 담겨 있고, 그 후에 그리스 철학을 형성했다. 대다수 신들은 이미 존재하고 있던 우주로부터 생성되었다. 결국 내전이 터졌고, 승리를 거둔 제우스 신은 적을 죽이거나 추방하였고 동료들에게는 상을 베풀었다.

그러나 다른 신화와 달리 그리스 신화에서는 인류에 대해 설명하려는 시도가 없다. 인간의 존재는 기정 사실로 나타나 있다. 제우스에게 인간은 사랑의 대상이 아니었다. 오히려 그는 인간에게 불을 가져다준 태양의 신 프로메테우스에게 화를 내면서 프로메테우스와 사람들에게 앙갚음을 했다. 또 인간들에게 고통을 주기 위해 아름다운 여인 판도라를 만들었다. 그리스의 시인 헤시오드(Hesiod)의 말을 빌리자면, 그는 그녀를 '등골이 오싹해지는 손댈 수 없는 폭발물'로 만들었는데,[4] 이는 그녀가 올림포스의 모든 신으로부터 인간에게 줄 고통과 슬픔을 선물로 받았기 때문이다. 이것들은 항아리(우리가 흔히 상자로 알고 있지만 실제로는 항아리다) 안에 희망이라는 선물과 함께 넣어져 땅으로 내려보내졌고, 지구에 도착한 판도라는 그 뚜껑을 열었다. 온갖 종류의 죄악이 인간을 괴롭히기 위해 닥치는 대로 밖으로 뛰쳐나가 버렸다. 판도라는 무슨 일이 벌어졌는지를 깨닫자마자 뚜껑을 덮었지만 이미 때는 늦었다. 희망만 항아리 안에 남아 있을 뿐이다. 이렇게 해서 인간을 향한 제우스의 악의는 성공을 거두었다. 헤시오드는 이렇게 썼다. "땅과 바다에 죄악이 충만하여 낮에는 고통이 인간에게 다가왔고, 밤에는 악이 창궐하여 어디든 제멋대로 돌아다녔다.…그러므로 제우스의 계획에서 벗어날 길이 없다."[5] 이러한 요소들을 담고 있는 그리스 철학은 나중에 신과 자연을 동일시하였다. 또한 그의 행위는 계속적이거나 자유 의지에 의한 것이 아니라, 초기에만 국한되는 이론적인

것으로 보았고, 신을 진정한 창조자가 아니라 자연 형상을 만들어 내는 장인으로서 이해하였다.[6]

창조 세계와 그 안에서의 인간의 위치 설정에 대한 바빌로니아와 메소포타미아 그리고 그리스인들의 설명은 약간의 차이점이 있기는 하지만, 상당히 많은 공통점을 가지고 있다. 그러나 창세기의 설명과는 매우 다르다. 전자는 우주라는 물질적 존재를, 이로부터 만물이─심지어 신까지─발생하는 선재(先在)적인 기초로 간주하였다. 반면 창세기에는 하나님은 스스로 존재하시고 만물이 그로부터 나온다고 되어 있다. 고대 신화에 나오는 인간들은 신의 뜻에 따라 하기 싫은 일도 억지로 해야 했고, 독자적으로 결정하고 행동했을 경우에는 고통을 당하고 벌을 받았다. 반면, 창세기에서는 하나님의 형상을 따라 인간이 창조되었고 하나님을 섬긴다는 것은 인간의 자유와 인간됨을 드러내는 것으로 되어 있다. 이방 신화들은 세상과 피조물들이 우연히 생겨났으며, 인간들은 곧 우주에서 함께 살고 있던 신들과 미묘한 관계에 놓이게 되었다고 말한다. 반면 창세기에서 하나님은 창조 세계를 보시고 "좋았더라"고 말씀하시며, 땅에 충만하고 번성하라고 축복하셨다. 오늘날 기독교 세계관이 세상의 세계관과 대립하는 것과 마찬가지로, 이 놀라운 창세기의 창조 기사는 당시 이방인들의 신화와도 첨예하게 대립되었다.

급진적 계시

살아 계신 하나님은 바로 이러한 사상에 젖어 있던 문화를 향해 하나님 자신과 모든 창조 세계의 본질을 밝히시는 동시에 인간의 위치, 선과 악의 본질, 인간의 소망과 운명에 관해 말씀하셨다.

"태초에 하나님이 천지를 창조하시니라." 창세기의 저자는 다른 어느 글과도 비교할 수 없는 위엄과 미를 가지고 하나님에 대한 풍부한 지식을 이 한 문장에 드러냈다. 먼저, **하나님은 선재하신다.** 하나님은 우주에서 나오지 않으셨다. 그분은 전부터 계시며 영원히 계실 유일한 실재이시다. 둘째, **하나님은 초월적인 분이시다.** 그분은 그분이 만드신 피조물과 같지 않고, 또 그것을 만들기 위해 자신에게서 어떤 것을 빼내거나 덧붙이지 않으신다.

셋째, **하나님은 창조주시다.** 즉 자유하신 분이다. 장인은 특정 용도로 사용하기 위해 도구를 만들 때 미리 정한 목적과 계획에 따라서만 작업을 할 수 있다. 그 도구는 계획했던 한 가지 사물이 될 뿐 다른 것은 될 수 없다. 장인의 작품인 자연은 자유롭지 못하며 이미 그 미래가 예정되어 있다. 그러므로 그 실재는 포괄적인 관찰이 아니라 연역적인 추론에 의해서 가장 잘 이해될 수 있다. 그러나 그리스 과학은 결국 실패했다. 왜냐하면 자연은 유클리드 기하학과 같은 것이 아니며 하나님도 유클리드와 같지 않기 때문이다. 하나님의 창조 세계는 이치에 맞으면서도 독특하다. 그것은 실제로 존재하는 것 그 이상이다. 하나님은 아무것도 없는 공간에서 형태를, 무수한 가능성으로부터 하나의 독특함을 하늘과 땅에 부여하셨다.

마지막으로 **우주 자체는 하나의 창조이다.** 프란시스 쉐퍼가 말했듯이 "우주는 저기에 실제로 존재한다."[7] 그것은 환상이 아니다. 우주를 구성하는 물질적 실체는 아리스토텔레스가 생각했던 것처럼 불완전한 것도 아니고, 플라톤이 생각했던 것처럼 필요악도 아니며, 석가모니가 생각했던 것처럼 환상도 아니다. 오히려 우리가 자연을 **창조 세계**로서 이해하게 되면, 그것의 물질적 기질이 형태에 있어서 어떤 불완전한 것이 아니라 그것의 본질임을 이해할 수 있다. 그렇기 때문에 이제 우리는 창조 세계 속에 있는 것들을 불완전하거나 악하거나 비실재적인 것이 아니라 하나님의 **피조물**로서 정직하게 다룰 수 있는 것이다. 이렇게 되면 우리는 우리 자신을 육신의 덫에 걸려 있는 영혼—일부 그리스도인들조차 이렇게 잘못 믿고 있다—이 아니라 육과 정신과 영의 복합적이고 통합된 특징을 가진 피조물로 바라볼 수 있게 된다.

우리는 이러한 진리에서 말미암는 결과를 피해 갈 수 없다. 물질적인 것은 악하고 비물질적인 것은 영적이라고 믿는 현재의 서구 기독교 사상은 성경적인 관점이 아니라 그리스의 영향을 받은 것이다. 이러한 사고가 지속되는 한, 우리 그리스도인들은 하나님을 창조주로서 온전히 이해하지 못하고 그분의 멋진 창조 세계의 가치와 기쁨을 경험하지 못할 것이다.

창시자이신 하나님

창조주로서의 하나님은 '원동자'(prime mover)이기도 하지만, 그 이상이다. 하나님은 우주를 당구대의 공처럼 움직이게 하는 비인격적인 힘이 아니라 위대한 작품을 만드시는 예술가 창조주이시다. 화가가 아무리 멋있는 벽화를 그린다 해도 벽은 벽일 뿐이다. 그러나 하나님은 다르다. 하나님은 자신의 창조성만으로 무에서 그림을 창조하시는 예술가이시다. 하나님은 우주를 그분의 창조 세계로 만드셨다. 하나님은 선택하신다. 그리고 창조 세계는 하나님처럼, 자신이 어떤 것을 만들 능력이 있을 뿐만 아니라 선택권이 있다는 것을 보여 준다.

창조의 도구는 하나님의 말씀이었다(요 1:1, 14). 디트리히 본회퍼(Dietrich Bonhoeffer)가 말했듯이 "창조 세계는 반드시 원인이 있어야만 나타나는 창조자의 '결과'가 아니다. 그것은 말씀의 자유함 가운데 창조된 작품이다.…중요한 점은 그 말씀이 결과를 가져온다는 것이 아니라 하나님의 말씀 그 자체가 작품이라는 것이다. 우리가 보기에는 두 개로 나뉘어 있지만, 하나님께는 결코 나뉠 수 없는 하나인 셈이다."[8] 하나님께는 말씀과 작품은 하나이며, 창조 세계는 이러한 하나님의 성품의 중요한 요소를 분명하게 드러낸다.

"하나님의 보시기에 좋았더라." 그리스도인이라면 결코 피조물이 악하다는 생각을 할 수 없으며, 그것들이 신성을 지녔다고 생각해서도 안 된다. 그것들은 피조물이지만 선하다. 피조물이 선한 것은 그 자체가 선해서가 아니라 선하신 창조자가 그것들을 인정하고, 그분의 것으로 부르셨으며, 그것들을 선하다고 선포하셨기 때문이다. 이것이야말로 피조물에게 합당하고 올바른 종류의 선함이다.

그래서 고대 이스라엘 민족은 자기 자신과 하나님 그리고 그분의 창조 세계에 대해 이웃 나라들과는 완전히 다른 견해를 가지고 있었다. 그들은 많은 신 대신 유일신, 초월적인 우주 대신 초월적인 하나님, 장인(匠人) 대신 창조주, 사악한 물체 대신 선한 피조물 그리고 절망적인 노예 대신 하나님의 형상을 닮은 자유로운 인간 등 자신들만의 독특한 세계관을 가지고 있었다.

하나님의 피조물인 인간

"하나님이 가라사대 우리의 형상을 따라 우리의 모양대로 우리가 사람을 만들고 그로 바다의 고기와 공중의 새와 육축과 온 땅과 땅에 기는 모든 것을 다스리게 하자"(창 1:26). 창세기에서는, 다른 이교도의 창조 설화에서처럼, 낮은 지위의 신들에게 지구를 다스리는 권한이 주어진 것이 아니라 인간에게 주어졌다. 인간은 이 땅에서 하나님의 사역과 증거를 수행한다. 우리는 운하를 파기 위해 창조된 노예가 아니라—본회퍼의 말을 빌리면—하나님의 형상을 닮은 '하나님의 거울'이다. 우리는 하나님의 분노와 악의의 대상이 아니라 하나님이 돌보시는 존귀한 백성이다.

성경은 이교도의 미신이 하지 못하는 방법으로 인간을 높이기도 하고, 낮추기도 한다. 고대 신화에서 인간은 신의 피와 살로 만들어졌다. 인간은 신성의 본질을 공유하고 있다. 그러한 이교도의 관점에서 본다면 인간은 다른 피조물과는 완전히 다르다. 그러나 창세기에서 인간은 피조물이다. (우리의 선택이 아니라 하나님의 선택에 의해) 인간이 하나님의 형상을 공유하고 있긴 하지만, 하나님의 본질을 소유하고 있지는 않다. 인간은 신성하지 않다. 고대 종교들의 일관된 견해는 인간은ㅡ적어도 그 일부분만이라도ㅡ신성하다는 것이다. 그러나 창조에 관한 기독교의 교리는 이러한 주장을 단호히 거부한다.[9]

신성한 존재와는 거리가 먼 인간은 선한 창조 세계에 죄악을 끌어들였다. 그러나 제우스와는 달리 하나님은 그러한 악의 주권자도 아니시고, 판도라 항아리의 뚜껑을 꽝 닫아 희망이 그 안에 갇혀 나올 수 없게 하지도 않으셨다.

부양자이신 하나님

창세기는 창조주와 피조물의 이야기다. 성경은 창조주가 부양자이며 공급자라는 것을 보여 준다. "여호와 하나님이 동방의 에덴에 동산을 창설하시고 그 지으신 사람을 거기 두시고 여호와 하나님이 그 땅에서 보기에 아름답고 먹기에 좋은 나무가 나게 하시니 동산 가운데에는 생명나무와 선악을 알게 하는 나무도 있더라"(창 2:8-9). 이 말씀 속에는 자연신론* 즉 하나님을, 우주를 마치 시계 태엽처럼 감아 계속 똑딱거리며 가도록 내버려 두는 위대한 시계 제조인**으로 보는 계몽주의 시대의 신관이 담겨 있지 않다. 우주는 대부분의 시간 동안 하나님이 일정한 패턴으로 사역하시는, 규칙적이고 질서 있는 곳임에도 불구하고 과학자들은 그 질서를 '자연 법칙'(natural laws)이라고 부르는데, 하나님은 그 법칙에 의존하지 않으실 뿐 아니라 그 법칙들은 하나님과 동떨어져 존재하지 않는다. 그래서 성경은 하나님에 대해 "그의 능력의 말씀으로 만물을 붙드시며"(히 1:3)라고 말하고 있다. 이제까

---

* 18세기 계몽주의 시대의 대표적인 기독교 사상. 성경을 비판적으로 연구하고 계시(啓示)를 부정하거나 그 역할을 현저히 후퇴시켜서 기독교의 신앙 내용을 오로지 이성적인 진리에 한정시킨 합리주의 신학의 종교관이다. 신이 세계를 창조한 뒤에는 직접 세계에 간섭하지 않는다고 보는 견해ㅡ역주.
** 18세기의 신학자 윌리엄 페일리(William Paley)가 하나님의 존재를 설명하기 위해 도입한 예. 윌리엄 페일리는 "길을 가다가 우연히 길에 떨어져 있는 시계를 보았을 때 우리는 그 시계를 만든 사람이 있다는 것을 부인할 수 없듯이, 신은 존재한다"고 주장했다ㅡ역주.

지 그런 적은 한 번도 없었지만, 만약 하나님이 단 1초라도 그 능력을 나타내지 않으신다면 이 세상의 모든 질서는 무너져 무(無)로 돌아가 버릴 것이다.

그러나 하나님의 공급하심은 정부가 저소득층에게 실시하는 식량 배급처럼 비인간적이지 않다. 성경을 보면, 하나님은 모든 피조물에게 직접적이고 인격적이며 세심한 공급을 베푸신다. "여호와께서 샘으로 골짜기에서 솟아나게 하시고 산 사이에 흐르게 하사 들의 각 짐승에게 마시우시니 들나귀들도 해갈하며…저가 그 누각에서 산에 물을 주시니 주의 행사의 결과가 땅에 풍족하도다"(시 104:10-11, 13). 그분의 공급은 생명의 근원이요, 그분이 공급을 중단하시면 모든 생명이 끊어진다.

주께서 주신즉 저희가 취하며 주께서 손을 펴신즉 저희가 좋은 것으로 만족하다가 주께서 낯을 숨기신즉 저희가 떨고 주께서 호흡을 취하신즉 저희가 죽어 본 흙으로 돌아가나이다. 주의 영을 보내어 저희를 창조하사 지면을 새롭게 하시나이다(시 104:27-30).

하나님은 인간에게만 공급하시는 것도 아니고, 또 그렇다고 해서 인간의 필요만 무시하지도 않으신다. 그러므로 성경에서 말하는 수많은 '하나님의 복'은 정신이나 마음 같은 영적인 것뿐만 아니라 창조 세계라는 하나님의 귀한 선물 같은 물질적 축복을 포함한다.

요셉에 대하여는 일렀으되 원컨대 그 땅이 여호와께 복을 받아 하늘의 보물인 이슬과 땅 아래 저장한 물과 태양이 결실케 하는 보물과 태음이 자라게 하는 보물과 옛 산의 상품물과 영원한 작은 산의 보물과 땅의 보물과 거기 충만한 것과 가시떨기 나무 가운데 거하시던 자의 은혜로 인하여 복이 요셉의 머리에, 그 형제 중 구별한 자의 정수리에 임할지로다(신 33:13-16).

구속자이신 하나님

하나님은 창조 세계를 만드시고 부양하시는 분일 뿐만 아니라 언젠가는 구속하시고 완성시키실 분이다. 창조 세계를 향한 하나님의 계획은 그 안에 들어온 죄악으로부터 창조 세계를 구속하는 것이다. 창조 세계에 대한 하나님의 첫 번째 행동은 과거의 창조 사역이며, 두 번째는 현재의 부양 사역이며, 마지막은 미래의 구속 사역이다. 이 약속에서 이 세상의 소망이 나온다.

> 피조물이 허무한 데 굴복하는 것은 자기 뜻이 아니요 오직 굴복케 하시는 이로 말미암음이라. 그 바라는 것은 피조물도 썩어짐의 종 노릇 한 데서 해방되어 하나님의 자녀들의 영광의 자유에 이르는 것이니라(롬 8:20-21).

그러나 이 구속은 또한 현재 진행중인 일이기도 하다. 그리스도의 죽음은 미래에 완전하게 실현될 구속 과정의 시작이었다. 그분의 죽음은 당신과 나뿐만 아니라 우리가 살고 있는 온 우주를 변화시킬 것이다.

피조물의 경축

이러한 맥락에서 히브리인들은 피조물을 통해 하나님의 존재를 증명하려고 하기보다는 오히려 피조물 가운데 행하신 하나님의 사역을 당연하게 여기고 인정하며 그 안에서 기뻐했다.[10] "하늘이 하나님의 영광을 선포하고 궁창이 그 손으로 하신 일을 나타내는도다"(시 19:1). 히브리인의 자연관 중 가장 눈에 띄는 것은 피조물을 보는 능력 그리고 피조물의 아름다움과 신비로움을 수치스러워하거나 억제하지 않고 즐기는 것이다. 솔로몬은 "내가 심히 기이히 여기고도 깨닫지 못하는 것이 서넛이 있나니 곧 공중에 날아다니는 독수리의 자취와 반석 위로 기어다니는 뱀의 자취와 바다로 지나다니는 배의 자취와 남자와 여자가 함께한 자취며"(잠 30:18-19)라고 기록하고 있다.

시간과 비인격체와 우연이 합쳐져 자연이 형성되었다고 생각하는 철학이 맺은 열매는 기쁨의 상실이다. 그러나 자연, 좀더 정확하게 말해서 **창조 세계**의 기쁨은 그분이 우리에게 주신 창조 세계를 다스리시는 창조주의 기쁨이다. 하나님은 욥에게 이렇게 말씀하셨다. "이제 소같이 풀을 먹는 하마[11]를 볼지어다. 내가 너를 지은 것같이 그것도 지었느니라. 그 힘은 허리에 있고 그 세력은 배의 힘줄에 있고…그것은 하나님의 창조물 중에 으뜸이라. 그것을 지은 자가 칼을 주었고"(욥 40:15-16, 19). 이 얼마나 놀라운 기쁨인가! 그것이 유용하기 때문이 아니라(하마는 인간에게 별로 유용하지 못하다) 그것이 경이롭기 때문이다. 심지어 무시무시한 힘과 파괴력을 보여 주는 피조물조차 경이롭기만 하다.

또한 위대하신 창조주보다 더 강하고 놀라운 분이 어디 있겠는가! 시편 기자는 뇌성 가운데 임재한 하나님을 묵상하는 가운데 이와 같은 창조주의 위엄을 상징화했다.

여호와의 소리가 힘 있음이여, 여호와의 소리가 위엄 차도다. 여호와의 소리가 백향목을 꺾으심이여, 여호와께서 레바논 백향목을 꺾어 부수시도다.…여호와의 소리가 광야를 진동하심이여, 여호와께서 가데스 광야를 진동하시도다. 여호와의 소리가 암사슴으로 낙태케 하시고 삼림을 말갛게 벗기시니 그 전에서 모든 것이 말하기를 영광이라 하도다(시 29:4-5, 8-9).

창조주와 그분의 창조 세계 둘 다를 아는 시편 기자는 경외함으로 일어나서 "영광!"이라 화답한다. 우리가 우주를 진정으로 하나님의 창조 세계로 볼 때 그리고 하나님을 '창조주'라고 부르는 의미를 진정으로 이해하게 될 때 모든 피조물(독수리와 뱀, 폭풍과 괴상한 것)이 기쁨을 얻게 된다. 그리고 그 때 우리는 제임스 내쉬(James Nash)가 다음과 같이 말한 의미를 이해할 수 있다. "하나님은 만유의 신이요 유일한 통치자시며 최종적으로 은혜를 베푸시는 자요, 모든 것의 존재와 생성의 주권적인 근원이시며 궁극적인 공급자이시고 우주의 소유자시며 창시자이시고 체계적인 조직자이시다."[12]

예배의 갱신

인디애나에 있는 한 대학의 교수로 재직했던 시절, 나는 해마다 가을이면 몇몇 학생들과 함께 북부 미시건으로 여행을 가곤 했다. 우리는 여행을 하면서 모래 언덕의 자연 천이, 늪지로의 지하수 유입, 삼림에서의 토양 형성과 같이 교과서에 나오는 개념들을 직접 관찰할 수 있었다. 차를 타고 이동할 때나 저녁 시간에 우리는 여행 중에 본 피조물과 하나님의 말씀을 연결해 생각해 보는 시간을 가졌다.

많은 학생들은 이러한 경험이 생물학 수업 중에서 가장 인상적이었다고 말했다. 나는 놀라지 않았다. 정말로 놀라운 것은, 더 많은 학생들이 그러한 경험이 대학 시절 자신에게 가장 큰 영향을 준 영적 경험이라고 말하는 것이었다. 그 대학이 젊은이들을 전임 사역자로 양성시키는 기독교 대학이었다는 점을 고려하면 이와 같은 학생들의 고백은 정말 놀라운 것이었다. 모든 교과 과정은 개인적인 측면과 학문적인 측면 모두 하나님의 말씀을 전달하는 데 초점이 맞추어져 있었다. 예배와 교회 출석은 의무 사항이었다. 매일 드리는 채플에서는 그 지역이나 다른 기독교 공동체에서 온 최고의 연사들이 소위 '영적인 문제'에 초점을 맞추어 말씀을 전했다. 이 실습의 주요한 목적이 과학 교육임에도 불구하고 왜 학생들은 이 실습 여행이 대학 시절 가장 기억에 남는 '영적' 경험이라고 말했을까?

그 대답은 현대의 예배와 영적 생활, 특히 기독교 교육이 뭔가 부족하다는 점을 지적하고 있다. 우리는 기독교적 체험을 너무 개인적인 것으로 만들고, 그리스도에 대한 헌신을 정신적 자기 성찰의 상태로 묘사하며, 믿음을 지적인 특성으로 정의해 왔기 때문에, 지금까지 일차원적인 그리스도인만을 양성해 온 것이다. 그들은 진실하며 헌신적이나, 교사와 목사들은 신도들의 헌신을 내면으로만 향하게 했지 바깥쪽으로 향하게 하지는 못했다. 그 결과 삶은 종종 불투명하고 냉랭해졌으며, 하나님의 영광을 경험하고자 하는 모든 노력은 마음과 머리속으로만 더 깊이 파묻혔다. 그러나 히브리인들은 하나님의 놀라운 능력이 그분의 **작품** 속에, 그리고 그 아름다움과 즐거움과 그것들에 대한 이해를 통해 나타난다는 것을 알고 있었다. 기쁨과 아름다움이 **무엇인지**를 보여 주는 예는 바로 나무가 없는 언덕에서 맞닥뜨린 비바람이요, 발 밑 늪지대의 진흙이며, 석양 때 윙윙거리는 날개짓 소리다. 살아 있는 창조 세계의 실험실로부터 나온 이러한 예가 없다면 그 설교는 귀머거리에게 하는 것과 같다.

개념이 아닌 경험으로 기쁨을 느끼기 위해서는 하나님의 작품과 경이를 강조하는 예배로 되돌아가야 한다. 기쁨이란 분명 맛보고 만져보고 냄새맡을 수 있는 것이지 단순히 추상적인 개념이 아니다. 그리고 하나님은 하늘의 주권자이실 뿐만 아니라 땅 아래 모든 것을 지으신 창조자이기도 하다. 하나님께 드리는 올바른 예배 속에서 이러한 경험을 하지 못한다면 우리의 헌신은 무미건조해지며, 우리의 기도는 맥없어지고, 우리의 마음은 성경에서 말하는 그리스도인의 올바른 마음 상태인 '형용할 수 없는 기쁨'과는 너무 멀리 떨어져 있게 될 것이다.

이를 이루고자 하는 우리의 소망은 단지 예배를 드림으로써 얻어지는 것이 아니라 우리의 사고와 가르침과 과학의 경험에 의해 실현된다. 교회가 첫 번째 경우에서 자주 실패해 왔다면, 기독 교육 단체들은 더욱 빈번하게 두 번째 경우에서 실패해 왔다.

회개하는 과학

과학에는 그리스도인이 기쁨과 경의를 가지고 연구할 수 있는 요소들이 있다. 하나님이, 실재하는 선한 세상을 창조하셨다는 사실은 경험적인 연구와 발견의 기쁨에 대한 합법적인 근거가 된다. 하나님은 이성적이시므로 우주는 이성으로 이해될 수 있다. 그러나 하나님은 또한 자유하시기에 이성만 가지고는 안 되고, 조사를 동반하고 영감의 인도를 받는 이성으로라야 우주를 이해할 수 있다. 우리는 하나님의 형상대로 창조되었기에 하나님과 같이 이성적이며, 우리의 통찰력은 실재하는 사물에 대한 실재적인 통찰력으로서 우리를 진리로 이끌어 준다.

그러나 오늘날의 과학은 이러한 여러 요소들을 제거해 버렸고 대신에 다른 것들을 첨가시켰다. 과학의 특징이 되어야 할 기쁨은 사라져 버렸고, 인간의 자만만이 더해지고 있다. 창조주를 올바로 섬기는 겸손의 개념이 과학에서 빠졌으며, 대신에 인간은 창조주를 물러나게 하고, 자신을 만물의 주인이자 척도로 여김으로써 과학에 자만심을 불어넣었다.

현대의 대학 교육, 특히 과학 교육은 너무 세분화되고 단편화되어 각 분야끼리 서로 연결이 되지 않는 지식의 사막과도 같다. 이 때문에 개인은 고립된다. 그들은 자신의 인격과 분리된 전문인들로 전락한다. 이러한 점진적인 정신 분열 상태에서는 그리스도인이든 비그리스도인이든 간에 어느 누구도 자신의 위치와 중심을 재발견할 수 없다. 그러나 하나님이 받으실 만한 예배를 드리려면 이 두 가지 재발견이 필수적인 전제 조건이다. 만약 기독교 공동체가 창조주 하나님에 대한 올바른 예배와 섬김을 재정립하고자 한다면, 그리고 그것을 다른 사람에게 나타내 보이려면, 기독교 대학은 주립 대학을 모방하고 그와 경쟁하여 '더 앞선' 과학만을 추구할 것이 아니라 다른 과학을 가르쳐야 한다. 기독 대학은 단지 흥미로운 발견에 대한 희망에 차서 피조물의 구조를 끄집어내어 찢고 파괴하지 않는, 회개하는 과학을 가르쳐야 한다. 우리는 학생들에게 단순히 피조물을 연구하는 법이 아니라 그것을 경축하는 법을 가르쳐야 한다. 우리는 이것을 교육의 기초로 삼아야 하고, '신앙에의' 부속물로 삼아서는 안 된다. 또한 교사와 교육 기관에 아이를 위탁한 부모들은 반드시 이러한 변화를 주장해야 하며, 교육 현실을 있는 그대로 받아들이기만 해서는 안 된다.

청지기가 된 사람은 단순히 청지기직에 관한 의제를 가진 자와는 다르다. 바울은 "사람이 마땅히 우리를 그리스도의 일꾼이요 하나님의 비밀을 맡은 자로 여길지어다. 그리고 맡은 자들에게 구할 것은 충성[신실함]이니라"(고전 4:1-2)고 썼다. 예수님은 청지기에 대해 다음과 같이 말씀하셨다. "주께서 가라사대 지혜 있고 진실한 청지기가 되어 주인에게 그 집 종들을 맡아 때를 따라 양식을 나누어 줄 자가 누구냐? 주인이 이를 때에 그 종의 이렇게 하는 것을 보면 그 종이 복이 있으리로다. 내가 참으로 너희에게 이르노니 주인이 그 모든 소유를 저에게 맡기리라"(눅 12:42-44). 그리스도의 교회는 믿음 안에서 강해지기 위해 기독교적 환경주의와 같은 '○○주의'는 필요로 하지 않는다. 하나님을 창조주로 아는 것이 필요할 뿐이다. 또 교회는 청지기적 사명을 대행할 또 다른 대리인을 필요로 하지도 않는다. 어떻게 하면 청지기적 공동체가 될 수 있는지를 배우는 것이 필요할 뿐이다.

회개하는 과학은 새로운 의제뿐만 아니라 새로운 사람을 만든다. 그리고 지적이고 추상적인 연구를 위한 새로운 주제뿐 아니라, 살아계신 하나님에 대한 새로운 지식도 가져온다. 기독 대학이 이러한 방식으로 과학을 소개하고 가르쳐야 한다는 주장은 타당하며 시의 적절하다. 왜냐하면 성경에 따르면, 우리가 진리를 듣고 그 진리가 우리의 삶을 주관하게 되기 전에는 진리를 안 것이 아니기 때문이다. 그러므로 넓게는 기독교계, 좁게는 기독교 대학에서, 우리는 창조주 하나님에 대한 지식과 그분의 영광스러운 사역에 대한 찬양이 지배하는 과학

교육 과정을 마련해야 한다.

종합: 왜 우리는 그것을 창조 세계라고 부르는가?

히브리인들이 자신들을 둘러싸고 있는 세상을 '자연'이라고 말하지 않았다는 사실은 매우 중요하다. 그들은 '창조 세계' 또는 창조 질서라는 말을 사용했다. **자연**이라는 단어와 거기서 파생한 **자연적인** 혹은 **자연적으로** 같은 단어가 무엇을 의미하는지를 유의 깊게 생각해 보면, 우리는 그 차이가 얼마나 큰지를 이해할 수 있다. 어떤 문장에서 '자연적인' 또는 '자연적으로'라는 말을 사용할 때 그것은 외부의 간섭이나 설계에 의해서가 아니라, 홀로 스스로 무엇인가가 생겨난다는 것을 의미한다. 예를 들어 보자. "농부가 밭을 갈지 않으면 **자연적으로** 잡초가 자란다" 또는 "내가 잘못했다는 것을 알아. 하지만 그게 너무 **자연스럽게** 느껴졌거든." 아마 다음 예가 우리가 여기서 말하려는 핵심과 좀 더 가까울 것이다. "그 공원에는 아무도 살고 있지 않기 때문에 더 **자연적으로** 보였다." 각각의 경우에서 이 단어들은 그 체계의 특성 때문에 발생한 사건을 묘사한다. 세계를 '자연'이라고 말할 때 그것은 세상이 스스로 생성되고 스스로 유지되는 체계라고 말하는 것이며, 비록 무의식중이라 할지라도 우리는 정신적으로 세상으로부터 우리를 분리시킨다. 우리는 자신을 세상의 '정상적이 아닌'(nonnormal) 부분으로 생각한다. 이러한 사고는, 우리가 자연을 위해 할 수 있는 최선의 일은 우리 자신을 자연으로부터 제거해 내는 것이라는 결론에 이르게 한다. 자연은 "우리에게 너무 과분한 것이다."

많은 사람들은 이것이 마치 진리인 것처럼, 이런 사고 방식이 무엇을 의미하는지에 대해 한 번도 신중하게 생각해 보지 않은 채 살아가며, 어떤 경우에는 일평생 그렇게 살기도 한다. 지정된 '천연'지역으로부터 자신을 비롯한 모든 인간의 영향을 제거해 보려고 지속적으로 노력하는 사람들의 행위를 통해, 그리고 그들 자신이 인간이라는 것에 대한 부끄러움을 통해, 우리는 이러한 생각들이 외부 세계에 대한 우리의 반응과 태도를 결정한다는 것을 알 수 있다. 이러한 생각은 방에 들어가기 전에 노크를 하고, 자기를 소개하고, 방문 목적을 밝히는 것과 같은 정중한 행위가 아님에도 불구하고, 사람들의 사고의 주인이 되고 말았다.

이러한 사고에 대해 어떤 말을 하든지 그것은 성경적인 것이 아니다. 히브리인들은 그들 주변의 세상을 **창조 세계**라고 불렀다. 왜냐하면 (1) 그들은 그것이 스스로 존재할 수 없으며, 그러므로 **창조자**에 의해 부양받아야 한다고 믿었고 (2) 그들 자신을 세상에서 다른 피조물들과 함께 하나님의 목적과 기쁨을 위해 만들어져 존재하는 **피조물**로 바라보았기 때문이다.

우리는 새로운 사고 방식을 창조하고 길러 내야 한다. 세상을 가리킬 때 **자연**이라는 단어를 거부하고 의식적으로 **창조 세계**라는 단어를 사용함으로써, 우리는 이 일을 시작할 수 있다. 단어 사용에서의 단순한 변화가 우리에게 커다란 차이를 가져다 줄 것이다. 세상을 **창조 세계**라고 부르는 것은 그것이 (1) 하나님에 의해 만들어졌다는 것, (2) 하나님의 기쁨을 위해 존재한다는 것, (3) 하나님에 의해 유지된다는 것, (4) 인간을 포함한다는 것을 인정하는 것이다.

이런 방식으로 말하는 것은 또한 우리에게 몇 가지 기본적인 점을 부인하게 한다. (1) 세상은 스스로 만들어지지 않았다. (2) 세상은 자체의 목적과 즐거움을 위해 존재하지 않는다(우리 역시 마찬가지다) (3) 세상은 스스로 유지되지 않는다. (4) 우리 인간은 창조 세계와 분리될 수 없는 그 일부이다.

어떤 용어를 사용하느냐에 따라 그것은 우리에게 엄청난 차이를 가져다 준다.

토론 문제

1. 창조 세계에서 하나님을 증거하는 것들에는 어떤 것들이 있나? 그
   것은 하나님에 대해 무엇이라고 말하고 있는가?
2. 피조물에게 있어서 하나님은 창조주이심을 넘어 어떤 분인가? 시편
   104편에서 시편 기자의 기쁨의 근원은 무엇인가?
3. 당신은 어떤 사람이 자기 주변의 세상을 자연적으로 생성된 것으로
   보는지 아니면 하나님의 창조물로 보는지를 어떻게 알 수 있는가?
   당신은 이러한 구분을 개인적 행동과 자질을 통해 어떻게 보여 주겠
   는가?
4. 오늘날 우리가 살아가는 방식과 관련하여 이 장에서 언급한 개념들
   을 바르게 이해하는 것이 왜 중요한가?

제3장 창조 세계의 가치

시편 19:3-4

언어가 없고 들리는 소리도 없으나 그 소리가 온 땅에 통하고 그 말씀이 세계 끝까지 이르도다.

다윗의 시편 19편은 심오한 병치법과 함께 놀랄 만한 조화를 보여 준다. 이 몇 마디의 말씀에 다윗은 하나님의 두 가지 위대한 '책'을 아름답게 묘사하고 있다. 첫 번째는 신학자들이 **특별 계시**(special revelation)라고 부르는 것으로 성경에 계시된 '하나님의 말씀'이라는 책이고, 두 번째는 **일반 계시**(general revelation)라고 부르는 것으로 창조 세계에 계시된 '하나님의 사역(작품)'이라는 책이다. 그러나 다윗은 그 책들을 묘사하는 것 이상의 일을 했다. 즉 그것들 각각을 통해 하나님을 알 수 있다는 가능성을 극적인 표현으로 잘 서술한 것이다.

인간은 하나님이 창조하신 작품들 속에서 언제 어디서나 하나님의 계시를 보고 이해할 수 있다(롬 1:18-22). 그러나 성경에 "그 소리가 온 땅에 통하고 그 말씀이 세계 끝까지 이르도다"라고 표현되어 있을 정도로 그 증거가 널리 퍼져 있다 하더라도 그 의미는 명료하게 표현되어 있지 않다.[1] 이것은 루이스(C. S. Lewis)가 자연을 '이 벙어리 마녀'(this dumb witch)라고 부른 데서도 잘 나타난다. 디트리히 본회퍼가 언급했듯이 하나님의 작품 그 자체가 하나님을 증거하는 것은 아니다. 하나님의 말씀이 창조 세계를 증거하므로 그것들이 하나님을 증거하는 것이다. 하나님은 창조 세계가 자신의 작품임을 인정하시고, 말씀을 통해 그것들이 그분을 증거하고 있음을 주장하신다.[2]

그러므로 일반 계시만으로는 하나님에 대해 정확하게 배울 수 있는 것이 아무것도 없다. 그렇다고 해서 그 계시가 아무 가치가 없다는 것은 아니다. 왜냐하면 창조 세계는 성경이 개념으로밖에 가르칠 수 없는 것을 효과적으로 예증해 주기 때문이다. '영광'이란 개념을 이해하기 위해서는 반드시 성경을 공부해야 한다. 그러나 일단 그 개념을 알고 나면, 하나님의 창조 세계는 하나님의 영광이 어떤 것인지를 생생하고 화려하게 그리고 사실적으로 보여 준다.[3] 물론 기껏해야 천상적 실체의 그림자 정도에 불과하겠지만 말이다.

그러므로 창조 세계가 성경에 관한 계시를 만들 수는 없다. 그러나 창조 세계에 대한 성경의 일관된 계시는 바로 '좋았다'는 것이다(창 1장). 본회퍼가 말했듯이 "우리는 '그리고 하나님의 보시기에 좋았더라'는 말씀을 성경에서 반복해서 읽게 되는데, 이것은 두 가지 중요한 의미를 가지고 있다. 하나님의 작품은 하나님의 의지의 손상되지 않은 형상으로서 좋은 것이다. 그러나 그것은 오직 하나님의 창조물이기 때문에 좋은 것이다. 왜냐하면 창조주가 그것을 보고, 스스로 인정하며 '그것이 좋다'고 말했기 때문이다."[4] 이것이 하나님의 작품에 대한 성경 말씀의 기본적인 핵심이다. 그러나 오늘날 인류는 창조에 대한 이 기본적 관점을 이해하지 못하고 인정하기를 거부함으로써 보존 윤리의 위기를 맞게 된 것이다. 사람들이 하나님이 제시하신 윤리를 버리고 자신들의 것을 세우려 하기 몇 세기 전에 이미 호세아는 "저희가 바람을 심고 광풍을 거둘 것이라"(호 8:7)고 예언했다.

투산의 패러독스

애리조나 주의 투산 시는 미국에서 가장 빠르게 성장한 도시 중 하나다. 존 내스비트(John Naisbitt)는 「메가트랜드」(*Megatrends*)라는 책에서 투산 시를 '위대한 기회의 도시 10개' 중 하나로 선정했다.[5] 그 도시는 땅 속 수백 미터 아래에서 오랜 세월에 걸쳐 빗물이 스며들어 형성된 지하수층에서 물을 공급하고 있다. 그러나 이 수원지도 1년에 840억 갤런씩 고갈되고 있다.[6] 이렇게 빠른 속도로 말라 가는 물 문제는 특히 이 지역의 산업에 치명적으로 작용하여 이 도시의 성장을 위협하고 있다. 그래서 투산 시는 대대적인 공공 교육 캠페인을 전개하여, 두 해 만에 물 소비를 25% 줄일 수 있었다.[7] 그러나 투산 시의 인구는 매일 300명씩 늘고 있기 때문에[8] 물 부족이 해소되기는커녕 오히려 악화되고 있다. 투산 시는 투산 시의 인구가 48년 후에는 두 배가 될 것으로 예상하고 있다.[9] 만약 이 예측이 정확하다면, 50년 후에는 수원지가 말라 버릴 것이다.[10]

이것이 '투산 패러독스'의 비극이다.[11] 모든 사람이 보호하고 있으나 보존되는 것은 아무것도 없다. 많은 사람이 새로운 윤리를 찾고 옛 것을 버리기 위해 인류애에 호소했다. 그러나 이 새로운 윤리가 우리를 어디로 이끌고 있는가?

보존을 위한 노력만으로는 어떤 천연 자원도 확실히 보존할 수 없다. 왜냐하면 보존을 위한 절약은 인간을 물질적인 탐욕의 노예로 만들 수 있기 때문이다. 투산 시의 궁극적 목적은 성장이며, 성장은 수입을 의미한다. 물 보존은 목표가 아니라, 목적을 위한 수단일 뿐이다. 물을 지키기 위해서가 아니라 성장을 위해 물을 보존하고 있다. 그러나 아무도 하나님과 재물을 동시에 섬길 수 없다.

하나님의 형상이라는 거울마저도 빼앗긴 현대인은 자신이 모든 것의 기준이 되었다. 인간은 자신이 자연 환경 속에서 살고 있다는 것과 그 환경에 의지하여 삶을 영위해야 한다는 것을 안다. 그들은 생명 유지에 꼭 필요한 생물 자원을 지속적으로 그리고 안정적으로 공급받기 위해서는 보존해야만 한다는 것을 안다. 인간은 주변 환경 가운데서 자신에게 좋은 것만 보호하려고 노력한다. 그러한 환경의 아름다움이나 거기 사는 피조물들을 즐기기 때문이다. 그러나 모든 것에서 인간이 중심이 되고 있다. 우리 인간은 천연 자원으로 유지되는 현대의 삶의 방식을 문제삼지 않고 있다. 우리가 소중히 여기지 않는 것은 결국 지속적으로 유지될 수 없을 것이다. 인간의 이기심에 관한 문제는 결코 거론되지 않는다.

웬델 베리(Wendell Berry)는 "두 경제"(Two Economies)라는 제목의 논문에서 이러한 상태를 잘 묘사하였다.

> 산업 경제가 가장 좋아하는 단어 중 하나는 '통제'다. 우리는 모든 것이 '통제하'에서 유지되기를 원한다.…그러나 우리는 언제나 우리가 제한하기를 거부했던 것을 통제하려고 하며, 그리하여 통제를 끝없이 계속되는 불행한 일로 만든다. 만약 우리가 원인에 제한을 가하지 않는다면 결국 결과도 통제할 수 없을 것이다. 무제한적인 이기심을 부추기는 경제 제도 안에서 어떻게 자기 통제가 가능하겠는가?[12]

니콜라스 월터스토프(Nicholas Wolterstorff)는 베리와 똑같은 이야기를 했다. 「정의와 평화가 이루어질 때까지」(Until Justice and Peace Embrace)에서 그는 "경제가 다른 모든 것을 점령했다. 우리 사회는 경제화되어 왔다.…암세포가 퍼지듯이 경제는 다른 분야의 '고유한 영역'을 침범했다"고 썼다.[13] 정말로 그렇다. 우리의 세분화된 세계에서 경제는 환경과 경쟁하고 있다. 창조 세계를 보호하는 것은 수지맞는 일이 아니다.

미국 퍼시픽 노스웨스트(Pacific Northwest) 지방의 오래된 숲에 사는 멸종 위기의 점박이 올빼미(spotted owl)에 대한 논쟁은 우리의 관심을 끄는 한 예다. 대중 매체는 이 논쟁을 올빼미를 보호하는 것과 건축 자재 산업을 유지하는 것 중 하나를 선택해야 하는 문제로 단순화시킴으로써, 실제 문제를 왜곡시켰다. 그러나 사실은 너무나 다르다. 정말로 중요한 문제는 퍼시픽 노스웨스트를 비롯한 다른 지방의 숲이 지속적인 산출이 가능하도록 관리되고 있는가 아닌가 하는 것이었다. 독자적으로 평가하고 연구한 수많은 사람들은 그렇지 않다고 결론을 내렸다. 미국 국유림 관리에 가장 중요한 책임을 지고 있는 산림청은 목재를 팔아 돈을 벌고 있다는 비난을 받고 있다. 오레곤(Oregon) 주의 고용성은 1977년에서 1987년까지 벌목과 목재 가공 분야에서 12만 명 이상이 일자리를 잃어버렸다고 보고했는데 이것은 15%나 감소한 것이다. 이러한 감소세는 국유림 벌목이 오히려 10% 늘어난 기간에 일어났다.[14] 국유림 위원회(National Forest Council)의 위원장인 팀 허막(Tim Hermach)은 목재 벌목이 증가하던 때 고용율이 줄어든 것은 퍼시픽 노스웨스트 지방 목재의 60%가 가공되지 않은 채 수출되었기 때문이라고 결론지었다. 1991년 9월 뉴욕 타임즈 지에서 허막은 "우리는 제3세계 식민지 국가처럼 우리의 남아 있는 자원을 다른 나라 사람들을 위해 가공하지 않은 자재로 전환시켜 주고 있다"고 단언했다.[15]

사용자 만족

어떤 이들은 해결책은 보호뿐이라고 즉 최상의 피조물들을 가두어 두고, 하이킹, 등산, 캠핑, 관광과 같은 비소비적인 활동만을 허용해야 한다고 믿는다. 이렇게 하면 정말 가치 있고 아름다운 것들을 보호할 수 있을 것 같다. 그러나, 정말 그렇게 될까? 야외 휴양 관리 전문가들은 '사용자 만족'이라는 원리를 오랫동안 충실하게 지켜 왔다. 이 원리는 야외 휴양 경험의 질은 인간의 '만족도', 즉 각 개인의 기대치에 얼마나 부응할 수 있느냐에 의해 결정된다는 것이다. "아름다움은 보는 이의 눈에 있다"는 옛말은 이제 정량화되고 분석될 수 있다. 야외 휴양을 위해, 어떤 지역이 보호되어야 하는지 규명하기가 쉬워져야 한다. 그 지역은 사용자에게 최고의 만족을 줄 수 있는 장소여야 한다.[16] 어떤 이들은 이 기준이 적용된다면 인간이 '좋아하는' 자연은 틀림없이 보호되리라고 생각할 것이다.

정말 그렇기만 하다면 좋겠지만, 야외 휴양에 관한 최근의 연구는 불안한 경향을 보여 주고 있다. 시간이 지나면서 사람들은 **만족감이 줄지 않으면서도** 야외 휴양의 질이 점점 낮아지는 것에 놀랄 만큼 잘 적응하고 있다. 예를 들어 강변 휴양지에 대한 수많은 연구 결과는, 휴양지가 점차 사람들로 붐비는데도 만족도는 거의 또는 아무런 영향도 받지 않는다는 것을 보여 주고 있다.[17] 이러한 경향은 강변 휴양지에만 국한되지 않는다. 다니엘 더스틴(Daniel Dustin)과 리오 맥커보이(Leo McAvoy)는 다음과 같이 보고했다.

사람들은 사람이 붐빌 때 자연히 따르는 환경의 질 저하에 대해 점점 덜 민감해져 가고 있다. 북부 위스콘신(Wisconsin)에 있는 사도(Apostle) 섬의 국립 호수를 방문한 관광객에 대한 연구에서, 조사자들은 최근 이용이 증가함에 따라 방문객들이 환경의 질 저하에 대해 점점 더 관대해졌다는 것을 발견했다.[18]

이 조사 결과는 우리를 혼란스럽게 한다. 사용자의 만족도에 기초를 둔 휴양 계획과 관리는 실제적으로 환경의 질을 지속적으로 저하시킬 수 있다.[19] 유명한 보존주의자 알도 레오폴드(Aldo Leopold)는 수년 전에 이 점을 어떻게 알고 다음과 같이 말했는지 놀라울 따름이다. "아마 우리 손자들은 자연 그대로의 강을 볼 기회가 없겠지만 출렁거리는 물결을 타고 카누를 탈 기회는 결코 놓치지 않을 것이다."[20] 이 말은 정말 비극적이다. 인류는 매우 적응력이 뛰어나기 때문에 오히려 창조 세계의 아름다움을 인지하는 능력을 영원히 잃어버릴 위험에 처해 있다. 그렇다. 인류는 적응력이 뛰어나다. 사실 우리는 너무나 적응력이 뛰어나서 지구상의 어떤 지옥에서도 잘 적응할 수 있을 것이며, 심지어는 우리가 거기에 갇힌 죄수라는 것도 알지 못할 것이다. 르네 뒤보 (René Dubos)는 우리의 상태를 다음과 같이 잘 묘사했다.

현대 도시 생활은 인간이 별이 없는 하늘, 나무가 없는 거리, 모양새 없는 건물, 맛없는 빵, 기쁨 없는 축하 행사, 활기 없는 즐거움에 잘 적응하고 있으며 과거에 대한 경외, 현재에 대한 애정, 미래에 대한 소망이 없는 삶에도 잘 적응할 수 있다는 사실의 상징이 되어 왔다.[21]

삶은 생존 이상의 의미가 있다. 창조 세계는 보전 차원 이상의 의미가 있다. 만약 인간의 가치관과 즐거움이 창조 세계를 보호하는 유일한 목적이라면, 그러한 가치관과 즐거움은 창조 세계가 파괴되는 동안에도 존속될 것이다.

막다른 곳과 새로운 길

세상은 창조 세계에 대한 유대-기독교의 윤리가 환경 문제의 주범이라 생각하고 그것을 버렸다. 대신에 세상은 자기 자신의 윤리를 내세웠다. 그러나 그것은 오히려 더욱 혼란만 야기하는 윤리이며, '해결책' 없는 윤리이다. 하나님은 예레미야에게 이렇게 말씀하셨다. "내 백성이 두 가지 악을 행하였나니 곧 생수의 근원 되는 나를 버린 것과 스스로 웅덩이를 판 것인데, 그것은 물을 저축지 못할 터진 웅덩이니라" (렘 2:13).

현대 환경 윤리의 가장 큰 실패는 창조 세계의 가치를 확립하는 데 실패한 것이다. 창조 세계의 가치는 인간의 돈이나 필요에 의해 규정될 수 없다. 혹은 또 다른 극단으로, 인간을 동물 수준으로 끌어내리는

범신론적 사고에 의해서도 규정될 수 없다. 창조 세계의 궁극적 가치
는 창조 세계 자체 안에서는 발견될 수 없다. 웬델 베리는 다음과 같이
말했다.

보존에 대한 사고 방식은 분열되었고, 그 분열 속에는 재앙이 자리
잡고 있다. 그 분열은 '환경'의 몇몇 측면에 대한 계획된 보호와 나
머지 측면에 대한 부주의한 파괴에서 극명하게 볼 수 있다. 그것은
휴가 지향적인 것이거나 위기 지향적인 모습을 띄고 있다. 대개의
경우, 그런 사고 방식은 일상 생활이 그 생활의 근원에 어떤 영향을
주고 있는지에 대해 아직 민감하지 못하다.[22]

한 가지 해결책이 있고 한 가지 가치가 있다. 즉, 피조물에 대해서
또는 피조물을 위해서 인간이 행하는 그 어떠한 것에도 상관없이 창조
세계의 가치가 존재한다는 것이다. 그러나 그 해답과 그 가치를 위해
서 우리는 다른 길을 선택해야만 한다.

가치의 문제

광범위한 지식과 짜릿한 경험이 있다고 해서 참된 윤리를 만들어
낼 수 있는 것은 아니다. 가치의 문제가 가장 중요하며, 모든 윤리는 가
치를 정의할 수 있는 능력, 우리에게 무엇이 최고 선(supreme good)인
지 말해 줄 수 있는 능력에 따라 정립될 수도 있고 무너질 수도 있다.
유명한 보존주의자인 알도 레오폴드는 이 점을 잘 이해하고 있었다.
그는 다음과 같이 썼다.

나는 대지와의 윤리적 관계가 그것에 대한 사랑, 존경, 경외 그리고
그 가치를 존중하지 않고 성립된다는 것을 상상할 수 없다. 가치를
논할 때 물론 나는 경제적 가치 이상의 더 넓은 것을 말하는 것이

다. 즉 나는 철학적 의미에서의 가치를 말한다.[23]

그리고 가치에 대한 확실한 이해만이 올바르고 과단성 있는 행동을 할 수 있게 한다. 디트리히 본회퍼는 다음 시에서 이것을 잘 표현했다.

순간의 변덕에 흔들리지 말고 옳은 일을 용기 있게 행하라.
추측으로 현재의 시간을 낭비하지 말고 용감하게 실재를 붙들라.
자유는 행동할 때 오는 것이지 결코 생각의 나래 속에 있지 않다.
결단하고 거센 삶의 폭풍우 속으로 나아오라.[24]

우리 시대의 가장 슬픈 현상은 많은 공무원이 환경에 관한 일을 하면서 본회퍼가 묘사한 '옳은 일을 용기 있게 하는' 열정과는 너무도 거리가 먼 머뭇거림과 소심함을 보이고 있다는 것이다. 그러나 어쩌면 이러한 비난이 그들에게는 억울하게 들릴지 모른다. 그들이 열정이 부족한 것은 아마 이 문제의 진정한 가치를 모르기 때문일 수도 있다.

하나님의 창조 세계를 실제로 지속적으로 접촉해 본 사람이라면 누구나 그 속에 담긴 가치와 아름다움을 감지할 수 있을 것이다. 그러나 이러한 느낌은 이해하기가 어려울 수도 있으며 표현하기는 더욱 어려울 것이다. 하나님의 피조물을 볼 때 어떤 생각이 드는가? 솔로몬은 다음과 같이 기록했다. "내가 심히 기이히 여기고도 깨닫지 못하는 것 서넛이 있나니 곧 공중에 날아 다니는 독수리의 자취와…" 누가 성경에 이 이야기를 기록했는가? 누가 우리 마음에 이 그림자를 던졌는가? 우리가 기억할 수 없지만 다시 듣기를 갈망하는 그 노래를 누가 불렀는가? 과거의 어떤 이미지가 우리를 속이고 있는가?

선한 창조 세계
"태초에 하나님이 천지를 창조하시니라." 천지 만물은 혼돈과 공허 속에서 초월적인 하나님에 의해 말씀으로 창조되었다. 하나님은 진실로 자연과는 독립된, 자연을 초월한 분이시며 자연의 진화의 산물이 아니다. 세계와 우주는 그분의 생각이 표현된 것이다. 혼돈과 어둠과 불일치로부터 질서와 빛과 조화가 나왔다. 아무도 그 장면을 목격하지 못했다. 하나님 한 분만이 천사들과 함께 창조를 목격하셨다.

> 하나님이 가라사대 빛이 있으라 하시매 빛이 있었고 그 빛이 하나님의 보시기에 좋았더라.···하나님이 가라사대 천하의 물이 한 곳으로 모이고 물이 드러나라 하시매 그대로 되니라. 하나님이 뭍을 땅이라 칭하시고 모인 물을 바다라 칭하시니라. 하나님의 보시기에 좋았더라.···하나님이 가라사대 땅은 풀과 씨 맺는 채소···을 내라 하시매···하나님의 보시기에 좋았더라.···하나님이 두 큰 광명을 만드사···하나님이 그것들을 하늘의 궁창에 두어 땅에 비춰게 하시며···하나님의 보시기에 좋았더라.···하나님이 큰 물고기와 물에서 번성하여 움직이는 모든 생물을 그 종류대로, 날개 있는 모든 새를 그 종류대로 창조하시니 하나님의 보시기에 좋았더라.···하나님이 땅의 짐승을 그 종류대로, 육축을 그 종류대로, 땅에 기는 모든 것을 그 종류대로 만드시니 하나님의 보시기에 좋았더라(창 1장).

좋았더라, **좋았더라, 좋았더라**! 하나님의 보시기에 좋았더라! 창세기의 처음 25절에서 이 말씀이 여섯 차례나 반복된다. "하나님의 보시기에 좋았더라."

린 화이트 2세(Lynn White Jr.)는 자신의 유명한 논문 "역사적 근원"(Historical Roots)에서 그 동안 기독교는 모든 피조물이 인류에게 봉사하기 위해 지어졌으며,[25] '좋았더라'는 '우리에게 좋다'는 것을 의미한다고 가르쳤다고 주장했다. 실제로 그렇게 생각하는 사람이 많다. 그 중에는 세계적으로 뛰어난 학자들도 있다. 그러한 생각이 어떤 결과를 낳을 것인지는 줄리언 사이몬(Julian Simon)과 허만 칸(Herman Kahn)이 편집한 「자원이 풍부한 지구: 2000년을 준비하는 대응」(*The Resourceful Earth: A Response to Global 2000*)과 같은 책을 보면 알 수 있다. 예를 들어, 위기에 처한 종(種)이 가치가 있는지, 그리고 우리가 그들을 보호할 수 있을지에 대해 사이몬과 칸은 다음과 같이 말한다.

> 우리는 나그네 비둘기(passenger pigeon)*나 **우리에게 가치 있을 것 같**
> 은 다른 종들의 가치를 무시하지는 않는다. 그러나 우리는 새로운
> 종의 발달이 그랬던 것처럼, 수십억에 달하는 종의 멸절이 수세대
> 에 걸쳐 생명체의 생물학적 사실이었다는 것을 주목한다. 그리고
> 새로 발달된 종 가운데 어떤 것은 이미 멸종된 종보다 **더 인간에게 가**
> **치가 있는 것일 수 있다.**[26]

이 말은 이런 식의 사고 방식은 필연적으로 우상 숭배에 이르게 된다는 것을 보여 주는 좋은 예다. 인류를 모든 유용성과 가치를 측정하는 기준으로 삼는다면 결국 인간 이외의 생명을 무시하게 된다.

창세기의 가르침에 대한 린 화이트의 결론—창조 세계는 단순히 인간을 위해 존재한다—이 처음으로 제기된 것이 아님에도 불구하고, 그들은 여전히 훌륭한 본문을 잘못 해석하고 있다. 하나님이 창조 세계를 좋다고 선언하셨을 때, 하나님이 만물에게 명령을 끝내신 후에도 인간은 아직 존재하지 않았다. 인간은 하나님의 선언이 완성되기까지는 창조되지 않았으며(창 1:26) 창조 사역을 거의 마무리짓는 마지막

---

* 미국의 개척 시대가 시작되기 전까지 미국에서 가장 흔했으나 지금은 멸종된 새. 문헌에 의하면 1855년 뉴욕의 한 거래처에서 한 사람이 하루에 18,000마리의 비둘기를 매매한 기록이 있고, 1869년 한 해 동안 한 지역에서 750만 마리의 나그네 비둘기를 포획한 기록이 있다. 이러한 남획으로 인해 나그네 비둘기는 1914년 신시네티 동물원에서 최후의 한 마리가 죽음으로써 지구상에서 멸종되었다—역주.

단계에 태어났다. 그들은 하나님이 만드신 것에 대해 박수를 보내거나 평가하거나 비평하라는 요청을 받지 않았다. 창조 세계에 대한 인간의 견해는 불필요했다. 유일한 진짜 판관에 의해 판단은 이미 내려졌고, 평가는 이미 선언되었다. 일반적으로든 특별하게든 창조 세계는 좋았고, 창조주가 존재하기 때문에 그 가치 역시 존재한다. 창조 세계는 하나님의 영광을 위해 창조되었다.

악어와 하마

많은 피조물이 인간에게는 별로 **유용할** 것 같아 보이지 않는다. 예를 들면, 개구리, 두꺼비, 쥐, 벼룩이 우리에게 어떤 유익을 줄까? 그런가 하면, 어떤 것들은 확실히 우리에게 **쓸모 없게** 보인다. 욥과 하나님의 대화에 이 점이 잘 묘사되어 있다. 욥은 하나님께 왜 자신에게 불행을 허락하셨느냐고 물었다. 하나님은 이 질문에 직접 답하지 않으시고, 욥으로 하여금 바다의 괴물 악어를 비롯한 그분의 창조 세계에 관심을 집중하게 하신다.

> 네가 능히 낚시로 악어를 낚을 수 있겠느냐? 노끈으로 그 혀를 맬 수 있겠느냐? 줄로 그 코를 꿸 수 있겠느냐? 갈고리로 그 아가미를 꿸 수 있겠느냐? 그것이 어찌 네게 연속 간구하겠느냐? 유순한 말로 네게 이야기하겠느냐? 어찌 너와 계약하고 영영히 네 종이 되겠느냐?…손을 그것에게 좀 대어 보라. 싸울 일이 생각나서 다시는 아니하리라. 잡으려는 소망은 헛것이라. 그것을 보기만 하여도 낙담하지 않겠느냐? 아무도 그것을 격동시킬 용맹이 없거든 능히 나를 당할 자가 누구냐? 누가 먼저 내게 주고 나로 갚게 하였느냐? 온 천하에 있는 것이 다 내 것이니라(욥 41:1-4, 8-11).

여기서 하나님은 한낱 인간인 욥은 하나님의 공정성 여부를 물을 수 있는 위치에 있지 않다고 말씀하신다. 왜냐하면 하나님은 공정함이 구현된 실체이시기 때문이다. 하나님은 그 누구에게도 아무것도 빚지지 않으신다. 욥이 한 번도 다루어 보지 못했던 악어를 포함한 모든 것이 그분께 속해 있기 때문이다. 하나님이 무엇을 취하시든 주시든 그것은 그분의 소관이다. 이 세상에 존재하는 것은 모두 하나님의 창조 사역의 위대함을 드러내고 있다.

> 이제 소같이 풀을 먹는 하마를 볼지어다. 내가 너를 지은 것같이 그것도 지었느니라. 그 힘은 허리에 있고 그 세력은 배의 힘줄에 있고 그 꼬리치는 것은 백향목이 흔들리는 것 같고 그 넓적다리 힘줄은 서로 연락되었으며 그 뼈는 놋관 같고 그 가릿대는 철장 같으니 그것은 하나님의 창조물 중에 으뜸이라. 그것을 지은 자가 칼을 주었고(욥 40:15-19).

하나님은 욥에게 '유용한' 피조물을 제공하시지 않는다. 마치 그분은 자신이 만든 피조물들이 (우리에게) 얼마나 쓸모 없는지를 지적하시면서 완전한 기쁨을 느끼시는 것처럼 보인다. 하나님은 이렇게 결론을 내리신다. "땅 위에는 그것[악어] 같은 것이 없나니 두려움 없이 지음을 받았음이라. 모든 높은 것을 낮게 보고 모든 교만한 것의 왕이 되느니라"(욥 41:33-34).

악어와 하마는 욥에게 정말 쓸모가 없다. 그것들은 그를 난처하게 만들 뿐이다. 그러나 하나님은 정말 그 동물들을 좋아하신다. 여러 가지 이유가 있겠지만 그 중 하나는 그것들이 인간의 지혜를 좌절시키기 때문이다. 악어와 하마는 욥과 우리 인간들이 가지고 있는 지배에 대한 환상, 즉 우리는 '우리 운명의 주인이며 우리 영혼의 선장'이라는 생각을 깨뜨린다. 하나님은 욥의 관심을 그것들에게 돌리셔서 하나님이 누구신지—우리가 그럴 거라고 추측하는 하나님이 아니라—를 깨닫고 하나님을 다시 신뢰하도록 권면하시는 것이다.

어떤 현대인들은 이 모든 것이 바뀌었다고 생각한다. 그들은 이제 현대 과학을 통해 모든 것을 이해하고 지배할 수 있게 되었으며, 설혹 지금은 그렇지 않다 하더라도 언젠가는 그렇게 될 것이라고 믿는다. 그러나 다행스럽게도 현재 자기 분야에서 활동하고 있는 대부분의 과학자들은 그렇게 생각하지 않는다. 과학자들은 자기 분야에 대해 배우면 배울수록 점점 더 그것들을 이해할 수 없게 된다는 것을 잘 알고 있다. 과학 만능주의를 믿는 교만한 이들은 실험이 아니라 교과서를 통해, 생활 속이 아니라 교실에서 과학을 배운 사람들이다. 욥의 질문에 대한 하나님의 대답은 욥으로 하여금 자기 중심적인 초점을 제거하도록 돕는 것이었다. 하나님은 창조 세계로부터 반복되는 교훈을 통해 자신의 뜻을 말씀하신다. 누가 지구를 만들었는가? 누가 바다를 에워쌌는가? 누가 홍수를 일으켰는가? 하나님은 타조와 야생 당나귀, 말과 매 등 자신이 창조한 동물들을 욥이 자랑스럽게 생각하도록 만드신다. 이 모든 것에서 하나님은 자신의 창조물을 귀히 여기며 매우 기뻐하신다는 것을 나타내신다. 그리고 욥의 편에서 생각해 보면 욥은 삶의 초점을 회복하게 되었다. 욥은 더 이상 자신의 문제로 하나님의 불공정이나 우주의 가치를 평가하려 하지 않게 되었다. "내가 주께 대하여 귀로 듣기만 하였삽더니 이제는 눈으로 주를 뵈옵나이다. 그러므로 내가 스스로 한하고 티끌과 재 가운데서 회개하나이다"(욥 42:5-6).

욥은 재산을 되찾았고 그가 꿈꿨던 것보다 더 좋은 날들을 보게 되었다. 우리도 그럴 수 있을까? 죄의 본질은 하나님께 있는 것이 아니라 인간이 자신을 모든 것의 중심으로 만들려는 데 있다. 본회퍼는 이런 생각은 반드시 부끄러움에 이른다고 말했다. "인간은 하나님을 보는 대신 자기 자신을 본다."[27] 그러한 부끄러움은 비탄에 이르게 하고, 회복되기를 갈망하는 고통스럽지만 무력한 열망을 갖게 한다. 이러한 열망, 곧 창조 세계로부터의 무서운 소외감이 바로 현대 환경 윤리학이 말하고자 하는 문제다. 하나님은 모든 것을 연합시키고 삶 가운데서 올바른 관점을 가지게 하는 유일한 분이시다. 그러한 연합의 한 증거는 창조 세계와 우리의 관계를 포함한 모든 것에 대해 하나님 중심의 가치 체계를 가지는 것이다.

시대 정신

슬프게도 현재 기독교 저술로 받아들여지는 많은 글들이 이와 같은 성경적 가치 체계를 공유하지 않고 있으며, 오히려 매우 인간 중심적이고 우상 숭배적이다. 하나님의 진리는 현재의 기독교 문화로서가 아니라 참된 가치의 기준으로서 남아야 한다. 우리는 이것을 믿을 뿐만 아니라 믿음 안에서 그 실재를 경험할 수 있다. 그것은 우리가 창조 세계의 아름다움을 보고 그와 동시에 하나님이 부여하신 가치를 깨달을 때 형용할 수 없는 기쁨으로 찾아온다. 바로 그 순간에 우리는 하나님이 만드신 좋은 세상을 보게 된다.

기쁨, 아름다움, 가치는 학문적 토론에서는 논쟁할 수 있으나 삶에서는 논파할 수 없는 것이다. 나는 아이다호(Idaho) 주의 남동 지역에서 겪은 일을 통해 이것을 알았다. 우리가 탄 트럭은 동이 트기 전 안개 덮인 산악 도로를 달리고 있었다. 그 당시 나와 네 명의 젊은이는 아이다호 주의 살몬(Salmon) 국유림 지역의 산림청에서 근무하고 있었는데 나무를 심기 위해 멀리 떨어진 숲을 향해 달리고 있었다. 갑자기 자동차 앞 유리를 전부 덮을 만큼 큰 검독수리(golden eagle)가 우리 앞에 나타났다. 독수리는 날개를 활짝 편 채 겨우 2m 상공을 날고 있었는데, 그 그림자가 우리 트럭의 보닛을 뒤덮을 정도였다. 브레이크가 끽 하는 소리를 냈고, 몸이 앞으로 쏠렸다. 그 웅장한 피조물은 별로 힘들이지 않고 운전석 1m 가까이까지 왔다가 선회해서 산허리로 날아올라 회색빛 아침 안개 속으로 사라졌다. 우리 다섯 명의 목격자들은 입을 벌리고 한동안 독수리가 사라진 곳을 응시한 채 경이로움에 싸여 있었다.

모든 윤리 체계에서 가장 중요한 것은 가치에 관한 문제다. 우리가 논하는 사물의 실제적이고 고유한 가치를 정립하지 못한다면 우리의 윤리적 노력은 무용지물이 될 것이다. 그런데 바로 세속적인 윤리 체계가 그렇게 환경 문제에 접근하고 있다. 그들은 고군 분투하지만 자신을 묶고 있는 인간의 굴레에서 벗어나지 못한다. 어떤 인간의 가치가 선택되더라도 그 윤리 체계는 인간 중심적인 것이 될 수밖에 없다. 우리가 깊이 느끼고 간절히 필요로 하는, 창조 세계의 고유한 가치는 인정할 수도, 설명할 수도 없는 것이다.

자연과의 일체성을 주장하는 신비주의는 많은 환경주의자들에게 이러한 깊은 필요에 부응하는 듯이 보인다. 그러나 만약 인간 중심적 가치 체계가 실패한 곳에서 이러한 신비주의가 성공한다면 인간 중심적 가치 체계가 성공한 곳에서는 신비주의가 실패하게 된다. 이러한 신비주의는 우리가 일체성을 추구하는 대상인 자연의 고유한 가치를 명료하게 표현하지 못한다. 그 결과는 무엇인가? 만약 창조 세계의 고유한 가치가 인정되지 못한다면 그것은 결국 파괴되고 말 것이다.

우리는 이에 관한 적절한 사례를 국립 공원에서 찾아볼 수 있다. 북미의 14개 국립 공원에서 포유 동물 42개체군이 사라졌다. 현재 더 많은 개체군을 잃게 될 위험에 처해 있다. 왜 그렇게 되었을까? 수많은 국립 공원은 자연 자체가 아름다움과 가치를 지니고 있음에도 불구하고 일차적으로 인간에게 즐거움을 주기 위해 지정되었다. 그러한 공원들은 대개 덩치가 큰 포유 동물이 살기에는 비좁다. 게다가 공원 관리청은 사람들을 위한 공원 관리와 창조 세계를 위한 공원 관리 사이에서 어느 것을 택할지 흔들리고 있다. 전통적으로 사람들이 이겨 왔다. 옐로스톤(Yellowstone) 같은 몇몇 경우에는 공원 관리를 맡은 사람들이 공원 내 특정 대형 포유 동물을 멸종시키는 데 관여하기도 했다. 공원은 인간이 최대한 유용하게 이용할 수 있도록 관리되어 왔다. 그 결과, 많은 동물이 사라졌다.[28]

창조 세계를 돌보는 일

높은 산들은 산양을 위함이여, 바위는 너구리의 피난처로다.…이것
들이 다 주께서 때를 따라 식물 주시기를 바라나이다. 주께서 주신
즉 저희가 취하며 주께서 손을 펴신즉 저희가 좋은 것으로 만족하
다가 주께서 낯을 숨기신즉 저희가 떨고 주께서 저희 호흡을 취하
신즉 저희가 죽어 본 흙으로 돌아가나이다. 주의 영을 보내어 저희
를 창조하사 지면을 새롭게 하시나이다(시 104:18, 27-30).

하나님은 자신의 창조 세계를 귀하게 여기시므로 그것과 친밀한 관
계를 유지하신다. 하나님은 만물을 창조하셨을 뿐만 아니라 보살피신
다. 이 역시 창조의 참된 뜻의 일부라고 할 수 있는데, 이는 피조물들은
스스로 자신을 만들거나 돌볼 수 없기 때문이다. 창조물에 대한 하나
님의 참된 뜻은 우리 주변에 있는 동식물들이 보존되어야 할 뿐만 아
니라 회복되어야 한다는 것이다. 이는 인간이 동식물들이 살던 그 곳
을 지배하여 사용하기 전까지는 그것들이 바로 그 자리에서 살아 왔기
때문이다.

성경은 논리적 가치 체계를 제공한다. 성경은 창조 세계 전체 그리
고 특정한 창조 세계의 각 부분이 하나님이 부여하신 가치를 가지고
있다는 것을 보여 준다. 이것은 창조 세계가 **본래** 선한 것이라든가 하
나님과 상관 없이 자기 공로로 존재할 권리를 갖고 있다는 것을 의미
하지는 않는다. 창조 세계의 선함은 창조주로부터 나온 것이며 권리가
있어 어쩔 수 없이 주어지는 것이 아니라 사랑으로 값없이 주어진, 일
종의 '은혜'에 의한 선함이다.

실제로 성경은 인간이나 피조물의 권리에 대해서는 거의 언급하고
있지 않다. 성경 기자들은 사랑, 자비, 은혜 같은 다른 주제에 훨씬 많
은 흥미를 갖는다. 루이스의 책「거대한 이별」(*The Great Divorce*)에 등
장하는 한 인물은 이렇게 말한다. "내게는 권리가 없다거나 여기에 있

지 않아야 한다. 당신 역시 당신의 권리를 갖고 있지 않다. 당신은 그보다 훨씬 좋은 것을 얻게 될 것이다. 결코 근심하지 말라."[29]

그리고 피조물 역시 훨씬 좋은 것을 얻게 될 것이다. 결코 근심하지 말라. 권리가 아니라 소망을, 마땅한 것이 아니라 바라던 것을 갖게 될 것이다. 하나님은 단지 의무를 이행하시는 분이 아니다. 그분은 꿈을 이루신다. "피조물의 고대하는 바는 하나님의 아들들의 나타나는 것이니"(롬 8:19).

그 가치와 그 소망은, 우리가 들어 본 적이 없으나 다시 듣기를 열망하는 이야기를 이루고 있다. 그것들은 우리가 깨달을 수 없으나 보기를 갈망하는 비전의 그림자이다. 그것들은 우리가 잊어버렸으나 다시 부르고 싶어하는 노래의 메아리다. 그러나 우리가 이해하지 못하는 그 부름에 어떻게 대답할 수 있을까?

한때 우리는 대답했었다. 한때 우리는 어떻게 응답하는지 알고 있었다. "여호와 하나님이 흙으로 각종 들짐승과 공중의 각종 새를 지으시고 아담이 어떻게 이름을 짓나 보시려고 그것들을 그에게로 이끌어 이르시니 아담이 각 생물을 일컫는 바가 곧 그 이름이라"(창 2:19).

당신은 소중히 여기지 않는 것에 이름을 붙일 수 있는가? 당신의 아이가 아닌데 이름을 지을 수 있는가? 우리는 알고 소중히 여기고 사랑하는 것에 이름을 붙인다. 그리고 우리가 이름 붙인 것들은 우리를 안다. 그러므로 예전의 인간들은 하나님의 창조 세계를 두려워하지 않았으며 그들도 인류를 두려워하지 않았다. 인간은 그들의 이름을 불렀고 그들의 가치를 알았다. 그러나 인간은 이름 붙이는 것만이 아니라 그것들을 지킴으로써 창조의 즐거움에 동참했다. "강이 에덴에서 발원하여 동산을 적시고 거기서부터 갈라져 네 근원이 되었으니⋯여호와 하나님이 그 사람을 이끌어 에덴 동산에 두사 그것을 다스리며 지키게 하시고"(창 2:10-15).

이제 인간은 더욱 직접적으로 하나님의 뜻과 창조 세계의 삶에 참여한다. 단순히 아는 것보다 사랑하는 것이 더 나은 것과 마찬가지로, 단지 이름짓는 것보다는 돌보는 것이 더 낫다. 하나님은 필요가 아니라 사랑으로 창조 세계를 돌보도록 하기 위해 우리를 선택하셨다. 그러나 이 모든 것이 바뀌었고, 가장 비극적인 상황이 벌어졌다.

> 아담이 가로되 하나님이 주셔서 나와 함께하게 하신 여자 그가 그 나무 실과를 내게 주므로 내가 먹었나이다.…아담에게 이르시되 네가 네 아내의 말을 듣고 내가 너더러 먹지 말라 한 나무 실과를 먹었은즉 땅은 너로 인하여 저주를 받고 너는 종신토록 수고하여야 그 소산을 먹으리라. 땅이 네게 가시덤불과 엉겅퀴를 낼 것이라. 너의 먹을 것은 밭의 채소인즉 네가 얼굴에 땀이 흘러야 식물을 먹고 필경은 흙으로 돌아가리니 그 속에서 네가 취함을 입었음이라. 너는 흙이니 흙으로 돌아갈 것이니라 하시니라(창 3:12, 17-19).

우리는 창조 세계의 가치를 인식하지 못하게 되었고 창조 세계를 저주하는 대리인이 되었다. 이에 관해서는 다른 데서 더 언급해야 할 것이다. 그러나 그것이 에덴의 끝이었다. 그리고 지금까지 들어 온 모든 이야기 중에서 가장 슬픈 이야기이다.

우리는 모두 창조 세계의 가치에 다시 참여하기를 원하고, 창조 세계가 우리를 필요로 하고 인식하기를 원한다. 중서부 지역의 도시에서 살았을 때 도시 생활에 염증을 느낄 때면, 특히 주변이 노랑, 빨강, 금빛으로 물들던 10월에 나는 오우 세이블(Au Sable) 강 부근의 북부 미시건의 숲 속으로 달려가곤 했다. 숲의 아름다움을 느끼게 해주는 당단풍숲은 지난 70년 동안 더욱 무성해졌다. 그러나 나는 오우 세이블에서 일찍이 보았던 장관을 다시는 볼 수 없을 것이다. 어느 누구도 산등성이와 계곡 곳곳에 뻗어 있던 50m 높이의 거대한 백송과 적송을 다시는 볼 수 없을 것이다. 오우 세이블, 너는 내게 소중하지만, 우리 모두는 오래된 숲의 웅장했던 모습을 결코 알 수 없을 것이다. 우리가 너에게 탁자 다리나 톱으로 켜낼 원목 이상의 가치를 부여하지 않고 집이나 의자, 탁자와 침대를 만드는 데만 사용했기 때문이다. 그 결과 이제 화려했던 에덴의 영광은 영원히 사라져 버렸다.

나는 이제 오우 세이블 강 근처에서 살지 않는다. 그 곳의 추억과 그 곳에 대한 그리움 때문에 고통스런 날도 있다. 그러나 우리 인간 마음속 깊은 곳에는, 오래 전 우리가 분리되어 나왔던 곳에서 살고 그 일부가 되고자 하는 갈망이 있다. 우리는 창조주이신 하나님을 앎으로써 그리고 하나님이 그분의 창조 세계에 부여하신 가치를 재발견함으로써 분리되기 이전으로 되돌아가는 길을 찾을 수 있다.

토론 문제
1. 하나님이 보시는 창조 세계의 가치는 우리가 가치를 부여하는 것과 어떻게 다른가?
2. 우리는 인간에게 얼마나 유용하고 이익이 되는지에 상관 없이 피조물의 가치가 존재한다는 것을 어떻게 알 수 있는가?
3. 피조물이 매우 가치 있고 좋은 것이라는 것을 일상 생활에서 다른 사람들에게 어떻게 설명할 수 있는가?
4. 어떻게 해야 하나님이 창조 세계로부터 얻으신 것과 유사한 가치들을 우리도 얻으면서 그 피조물들을 사용하고 향유할 수 있는가?

제4장 흙에서 나와

파울로 그레고리오스(Paulos Gregorios)[1]

인간은 중개자이다. 인간은 하나님과 이 세상이라는 두 실재 사이에 있다. 인간은 그 둘을 공유하며 그 둘과 연합되어 있다. 인간은 그 둘 중 어느 쪽과도 떨어져서 살 수 없다. 그것이 바로 예수 그리스도가 육신을 입으신 이유이다.

"태초에 하나님이 천지를 창조하시니라"(창 1:1). 성경은 창세기의 첫 번째 문장으로 우리를 향한 하나님의 계시를 시작한다. 그리스도인은 보통 성경을 '하나님의 말씀' 이라고 말하는데 이것은 맞는 말이다. 처음부터 끝까지 성경의 가장 중요한 주제는 하나님이다. 데릭 키드너 (Derek Kidner)가 언급했듯이 "이 구절, 아니 이 책은 무엇보다도 그분 [하나님]에 대한 것이다. 그 외 다른 관심을 가지고 성경을 읽는 것은 잘못이다."[2]

성경의 첫 구절의 중요성을 놓치지 않는 것은 매우 중요하다. 이것은 이스라엘 인근 지역의 문화에 존재했던 신화와는 분명한 차이를 보이는 진술이다. 그 지역들의 신은 하나가 아니라 여럿이었고, 형태나 속성 모두 이 세상의 한 부분에 불과했다. 그러나 이스라엘의 하나님은 그분의 권능뿐 아니라 초월성을 선포하심으로 시작하신다. 그분만이 자유를 창조하시며 이 세상과 구별되신다. 그분만이 모든 것에 독창적인 형태를 주시고 그들을 존재하게 하시며, 그 어느 것에도 아무

것도 빚지지 않으신다.[3]

하나님의 창조 능력은 우리가 가지고 있는 능력과는 다르다. 우리도 손과 연장과 지력(知力)을 이용해서 많은 것을 만들어 낼 수 있으나, 우리가 만들어 낸 것들은 늘 한계가 있다. 그러나 창조주께서 말씀하시자 모든 것이 그대로 되었다. 그 때문에 우리는 마음이 놓이기도 하지만 동시에 놀라기도 한다. 우리는 성경에 쓰여 있듯이 "오직 주만이 거룩하시다"(계 15:4)라고 말할 수밖에 없다.

창세기에서 하나님의 마지막 창조 사역은 인간을 만드신 것이다. 이 사역의 중요성은 식물과 동물의 창조에 사용되었던 "땅은…내라"(창 1:24)는 말씀이 아닌 "우리가…만들자"(창 1:26)고 하신 어구를 통해 알 수 있다. 삼위일체 하나님은 아주 중요한 단계를 선포하신 것이다. 하나님이 자신의 형상을 닮은 피조물을 만드셨을 때 창조 세계는 완성되었다.[4]

창조 세계는 오로지 하나님의 의지와 사역 때문에 존재한다. 그리고 우리 인간은 창조주가 지으신 다른 모든 피조물과 연결되어 있다. 그러나 이것은 우리를 우주와 묶는 연결 고리의 시작일 뿐이다.

물질의 연계성

대학 교수인 나는 가끔 소그룹의 학생들을 데리고 캠퍼스의 콘크리트 숲을 벗어나 살아 있는 숲의 세계로 가곤 한다. 한번은 캠퍼스에서 차로 몇 분이면 갈 수 있는 포그웰(Fogwell) 숲에 갔던 적이 있다. 그곳은 125km²쯤 되는 작은 숲이었다. '잘 알려지지 않아' 인적이 드물었고, 호기심 많은 사람들에게 방향을 가리켜 줄 표지판이나 처음으로 오는 사람들을 도와줄 작은 길조차도 없었다.

우리는 최선을 다해 포그웰 숲을 헤쳐나갔다. 콩밭을 통과해 숲으로 걸어가면서 우리는 여러 가지를 측정하기 시작했다. 때는 10월 초였고, 밭의 대기와 토양 온도는 약 21°C였으며, 습도는 59%였다. 작물 사이로 땅에 내리쬐는 입사광은 1㎡당 1,000피트촉광이었고, 토양의 산성도는 pH 4.0으로, 정상적인 빗물 산성도의 열 배 이상이었다.

숲 속으로 들어가면서 우리는 측정을 계속했다. 그 곳은 작기는 했지만, 오래된 나무들이 있는데다가 강 하류에 위치한 삼림 군락이기 때문에 보존할 만한 가치가 있다고 생각되었다. 우리는 숲 속으로 계속 들어가면서 주목할 만한 일련의 변화들을 기록했다. 숲 속으로 50m 밖에 들어가지 않았는데도 대기 온도는 14.5℃, 토양 온도는 12℃로 떨어졌으며 습도는 71%로 올라갔다. 숲 속으로 들어갈수록 pH는 높아져서 증류수와 같은 pH 7.0(중성)을 나타내었다. 또한 우리 머리 위로 25-30m 가량 높이 솟아 있는 100년 된 너도밤나무와 단풍나무들이 하늘을 뒤덮고 있어 땅 표면에 도달하는 입사광은 1㎡당 40피트촉광에 불과했다.

나는 학생들에게 이렇게 물었다. "콩밭에서 단풍나무 쪽으로 들어오면서 왜 이렇게 갑작스런 변화가 일어났을까?" 학생들은 수관(樹冠)의 그늘이 입사광을 철저히 막아 대기와 토양의 온도가 낮아졌다고 정확하게 대답했다. 증산 작용으로 인해 식물 잎을 통해 수분이 증발하여 주변의 습도가 높아졌고, 죽은 식물이 분해되어 인공적으로 비료를 준 콩밭보다 숲 속의 토양을 더 좋은 상태로 완화시켜 식물 성장에 유익한 중성 토양을 만들었다.

나는 두 번째 질문을 던졌다. "이런 변화들은 숲에서 일어난 현상의 원인일까 아니면 결과일까?" 아무도 대답하지 못했다. 이러한 엄청난 변화는 부분적으로는 숲 자체에 의해 생겨난 결과다. 숲 속의 생명체들은 차례로 숲의 환경을 개선하는 데 기여한다. 그리고 태양, 대기, 식물, 토양은 서로 연결되어 있는 하나이다.

나는 통나무를 뒤집어 보았다. 노래기, 개미, 흰개미, 지네, 도롱뇽 등이 살기 위해 황급히 달아났다. 나는 또 다른 질문을 던졌다. "이 썩은 나무 끄트머리에서 나온 부스러기와 흙은 어디서 생겨난 것일까?"

그러자 답을 찾기 위해 마치 해적이 보물 상자를 찾듯이 여섯 쌍의 손이 썩은 통나무를 부수기 시작했다. 그러나 우리는 알 수 없었다. 통나무는 알아챌 수 없을 정도로 천천히 부서져서 흙이 된다.

나는 좀더 정확한 것을 알고 싶었다. 그래서 토양 표본을 얻기 위해 토양 추출 기구를 땅 깊숙이 박았다가 꺼냈다. 기구에 담긴 토양의 맨 위는 부식된 찌꺼기들이 가득 차 있었는데 대부분 썩은 나무에서 생긴 것이었다. 그 밑에 있는 토양은 부식된 것들이 더 잘게 부서져 있었지만 여전히 비옥한 검은빛을 띠고 있었다. 거기서 10cm쯤 더 내려가자 토양은 흑갈색에서 적갈색으로 밝아지기 시작했다. 기구의 바닥까지 토양은 다양한 변화를 보였다. 표면을 덮고 있는 비옥한 검은빛의 나뭇잎들이 바닥에 이르러서는 진흙투성이의 붉은 점토가 되었다. 여기서 학생들과 나는 또 다른 피조물의 연계성을 이해하게 된다. 숲이 자체의 환경을 만드는 것을 돕는 것처럼, 숲은 자체의 토양을 만드는데, 토양은 한때 그 곳에서 가장 많이 서식했던 것들의 사체로부터 만들어진다. 숲에서는 한 세대의 죽음이 다음 세대의 생명이다. 나무 밑둥치에서 형성된 토양처럼, 하나는 다른 하나와 합쳐진다.

측정은 이제 끝났다. 나는 집에서 그리 멀지 않은 강둑에 앉아 있다. 싸구려 팬케이크 시럽처럼 걸죽한, 갈색빛을 띤 그 강은 도시를 관통하여 천천히 북쪽으로 흐른다. 나는 물 위로 불과 1-2m밖에 떨어져 있지 않았는데도 그 안을 들여다볼 수 없었다. 개흙더미가 너무 많았다. 그 강은 강가에 있는 옥수수밭과 콩밭의 흙을 쓸어가 버린다. 그리고 숲은 잘려 나가고 비가 내린다. 농작물은 자라고 흙은 씻겨 나간다. 강은 우리가 끊어 버린 연결 고리, 즉 우리가 무시한 대지와 토양을 가져가 버린다.

하나님은 영적으로뿐만 아니라 물리적으로도 인간이 그 고리와 분리될 수 없도록 우주를 창조하셨다. 하나님은 지구에 있는 흔한 재료를 가지고 인간을 만드셨다. "여호와 하나님이 흙으로 사람을 지으시고 생기를 그 코에 불어넣으시니 사람이 생령이 된지라"(창 2:7).

　우리는 우리의 유한성을 인식함으로써 동일한 창조주 안에서 피조물과의 연계성을 인정하게 된다. 또한 우리는 구성 물질에서도 다른 피조물과 연계성을 가지고 있다. 구성 물질을 볼 때, 우리는 근본적으로 다른 생물들과 다르지 않다. 우리는 사슴이나 개구리, 혹은 곤충을 만들 때와는 다른 특별한 천상의 물질로 만들어진 것이 아니다. 우리 역시 다른 생물과 무생물들을 구성하고 있는 칼륨, 질소, 탄소, 산소, 수소 및 그 밖의 원소들로 구성되어 있다. 우리의 유전적 본질과 DNA 역시 다른 모든 생물과 똑같은 요소를 포함하고 있다. 지구의 구성 물질이 바로 우리를 구성하고 있는 기초 물질이다.

　이런 것을 설명하는 데 굳이 과학까지 들먹일 필요는 없겠지만, 과학은 동물과 마찬가지로 인간이 '흙으로' 지어졌다는 성경 말씀을 확실히 증명해 준다. 히브리어로 '아담'($'\bar{a}dam$)은 고유한 이름으로 사용될 수도 있으나 더 넓은 의미로 '인간' 혹은 '인류'를 의미하기도 한다. 히브리어 '다마'($'^a\underline{d}\bar{a}m\hat{a}h$)는 땅이나 땅의 흙을 의미한다. 로렌 윌킨슨(Loren Wilkinson)은 이렇게 기록했다. "이것은 마치 성경 저자가 하나님이 부식토로 인간을 만들었다고 선언하는 것과 같다."[5]

　우리의 자존심은 이러한 생각에 반박하려 할 것이다. 우리는 종종 다른 피조물과는 분리되고 구별된 것 같은 느낌을 즐긴다. 우리는 우리가 만들어 낸 환경, 즉 난방 시설이 되어 있는 빌딩이나 에어컨이 달린 차 등에서 대부분의 시간을 보낼 때 다른 피조물과는 다르다는 생각을 더 많이 한다. 그러나 전도서의 기자는 그것과 다르지만 더 분명한 시각을 가지고 다음과 같이 말한다. "내가 심중에 이르기를 인생의 일에 대하여 하나님이 저희를 시험하시리니 저희로 자기가 짐승보다 다름이 없는 줄을 깨닫게 하려 하심이라 하였노라. 인생에게 임하는 일이 짐승에게도 임하나니 이 둘에게 임하는 일이 일반이라. 다 동일한 호흡이 있어서 이의 죽음같이 저도 죽으니 사람이 짐승보다 뛰어남

이 없음은 모든 것이 헛됨이로다. 다 흙으로 말미암았으므로 다 흙으로 돌아가나니 다 한 곳으로 가거니와"(전 3:18-20). 물론 성경은 우리 존재의 많은 차원이 결코 죽음과 함께 끝나지는 않을 것이라는 점을 분명히 한다. 그러나 우리의 육체적 삶은 시작부터 끝까지 땅의 흙을 통해 이 세상의 생명에 연결되어 있다.

에티오피아에서 공산주의자들이 혁명을 일으키기 전에 당시의 황제인 하일리 셀라시(Haile Selassie)가 이집트를 공식 방문한 적이 있다. 그는 거기 머무는 동안 나일 강가를 걸으며 강둑에서 두 손 가득 진흙을 퍼올렸다. 손을 들어올리며 그는 "나의 조국이여"라고 소리쳤다.[6] 질서, 평화, 음식, 자유 등 사람들이 가장 가치 있다고 여기던 것들은 모두 나일 강의 진흙과 함께 씻겨져 버렸고, 기근과 혁명이 그것들을 대신했다. 우리 개인이나 정부 기관의 업적 등 우리가 인간의 독창성 덕분이라고 생각하는 것은 사실 모두 우리 주변의 창조 세계와 불가분의 관계로 묶여 있다.

모든 피조물은 공통된 물질로 이루어져 있기 때문에, 자신들의 창조주에게 찬양을 올린다. 그러므로 '화려한' 옷을 입은 들의 백합화(눅 12:27-28)와 '두려움 없게 지음받은' 바다의 괴물 악어(욥 41:33)가 그런 것처럼 "하늘이 하나님의 영광을 선포한다"(시 19:1). 신학자 조셉 시틀러(Joseph Sittler)가 말했듯이 "자연은 하나님으로부터 왔고 하나님과 떨어질 수 없으며 하나님의 영광을 발할 능력이 있다."[7] 하나님께 드리는 우리의 찬양은 창조 세계의 합창의 일부이다.

축복

하나님이 우리를 만드실 때 다른 피조물과 동일한 물질로 만드셨듯이 그분은 모든 피조물에게 동일하게 복을 주셨다. 인간뿐 아니라 모든 피조물이 생육하고 번성하라는 축복을 받았다(창 1:22).

이 축복은 세 가지 점을 보여 준다. 첫째, 하나님은 풍성하신 분이다. 하나님은 아무것도 창조할 필요가 없으셨으나 그렇게 하셨다. "여호와여 주의 하신 일이 어찌 그리 많은지요. 주께서 지혜로 저희를 다 지으셨으니 주의 부요가 땅에 가득하나이다"(시 104:24). 하나님의 풍성하심을 주장하는 것은 곧 피조물을 선물로 주신 것을 찬양하는 것이다. 그리고 그것은 우리가 모든 피조물과 함께 하나님의 은혜를 받은 자임을 아는 것이다.

둘째, 피조물에 대한 축복을 주장하는 것은 그 가치와 진가의 독립된 근원이신 하나님을 인정하는 것이다. "하나님이 세상을 이처럼 사랑하시기 때문에"(요 3:16) 모든 피조물은 가치가 있는 것이다. 욥기는 하나님이 자비와 공평하심으로 모든 피조물을 보살피신다고 묘사하고 있다. 욥은 하나님께 자신이 왜 고통을 당해야 하는지 물었다. 그러나 하나님은 모든 생물체는 하나님의 보살핌을 받고 있다는 말씀으로 욥의 질문에 대답하셨다. 문화 자체로 인해 괴롭힘을 당하고 있는 오늘날, 하나님은 욥에게 대답하신 것과 동일한 주제로 우리의 관심을 돌리실 것이다.

셋째, 피조물이 존재하고 또 계속 존재할 수 있는 것은 하나님의 축복 때문이다. 창조주 앞에서 피조물을 자유롭고 완전하게 해주는 존재의 축복 말이다. 하나님은 피조물에게 완전함(integrity)을 주셨으며 그로 인해 모든 생물이 생육할 수 있다. 모든 존재는 번식 능력의 면에서 볼 때 하나님의 본성과 창조성의 일부를 공유하고 있다(창 1:22). 지구에 생물이 번창하는 것은 창조주의 축복 때문이다.

그러나 축복은 일차원적이거나 일방 통행이 아니다. 그것은 피조물로부터 창조주에게로 흘러갈 수도 있다. 우리는 이 땅에서 우리에게 주어진 역할을 잘 수행함으로써 다른 피조물들이 그렇게 하듯이(시 145:21) 우리를 지으신 자를 송축한다(시 115:16-18). 그리고 우리가 그렇게 할 때 다른 피조물들뿐 아니라 우리 자신에 대해서도, 아시시의 프랜시스(Francis of Assisi)의 유명한 찬송시에 나오는 "만물로 그의 창조주를 축복하게 하고 겸손히 그분을 경배하게 하라"는 말을 적용할 수 있게 된다. 우리가 삶을 통해, 우주를 지으신 하나님을 축복할 수 있다는 것을 깨닫는다면 우리의 삶은 새로운 차원과 의미를 지니게 될 것이다.

이러한 논지에서, 우리는 지난 세월 동안 서구 교회에 강력한 영향을 준 "육체적인 것보다 정신적인 것이 더 중요하고 더 가치 있다"는 개념을 의식적으로 거부한다. 이 관점에서 보면, 세상은 그리스도인들에게 위협이 되며 그리스도인이 피해야만 하는 더러움의 근원이 된다. 또 그 이면에는 추상적이고 관념적인 것만이 진정한 존재라는 고대 영지주의적 이단 사상이 깔려 있다. "물질과 실체는 환영(幻影)이다"라는 견해를 받아들이는 것은 성경이 분명하게 가르치는 진리, 즉 우리 자신과 창조 세계의 연계성을 부인하는 것이다.

샬롬

모든 피조물은 하나님의 평안(shalom)을 공유하고 있다. '샬롬'(shalom)은 피조물에 대한 하나님의 완벽한 의지를 표현하는 히브리어이다. 이것은 종종 '평안'이라는 말로 번역되기도 하지만 '샬롬'이라는 용어는 우리가 보통 이해하는 것보다 훨씬 더 심오한 의미를 갖고 있다. 샬롬은 온전함과 행복을 표현하는 강력한 구약의 개념이다. 샬롬의 창시자는 하나님이시기 때문에 샬롬은 "긍휼과 진리…의와 화평"(시 85:10)과 관련이 있다. 그것은 "악인에게는 평강이 없다"(사 57:21)는 말에서 사악과 반대되는 단어이다.[8] 샬롬은 단순히 전쟁이 없는 상황을 설명하는 것 이상의 의미를 가지고 있다. 심지어 올바른 관계를 유지하는 것 이상의 의미를 가지고 있다. 가장 중요한 것은 샬롬은 모든 관계에서 기쁨과 즐거움을 발견하는 것을 함축하고 있다는 것이다. 니콜라스 월터스토프는 "샬롬은 인간이 하나님을 섬기는 것이 진정한 기쁨이라는 것을 인식할 때 완성된다"고 말했다.[9]

창세기의 창조 기사는 샬롬 상태에 있는 우주, 즉 평화, 질서, 행복, 기쁨이 있는 우주를 서술한 것이다. 샬롬이 지배하는 곳에서는 모든 피조물이 서로 올바른 관계를 가지며 창조주와의 관계도 올바른 상태로 존재하게 된다. 신학자 월터 브루거먼(Walter Brueggemann)은 이 점을 심사숙고한 후에 다음과 같이 말했다. "성경에 나오는 세계 역사의 중심 주제는, 모든 피조물이 하나이며 다른 피조물의 기쁨과 행복을 위해 조화와 안정 속에서 살아간다는 것이다."[10]

죄

세상은 샬롬의 조화 가운데서 창조되었으나 이제는 더 이상 그런 상태로 존재하지 않는다. 하나님의 형상으로 지음받은 인간은 이 땅에서 하나님의 대리인으로 창조되었다. 시편 기자는 하나님이 우리 인간에게 "주의 손으로 만드신 것을 다스리게 하시고 만물을 그 발 아래 두셨다"(시 8:6)고 썼다. 인간을 향한 하나님의 명령에는 다른 피조물의 이름을 지어 주는 창조적인 과정이 포함되어 있다. 이러한 책임은 다른 어떤 생명체에게도 주어지지 않았다.

그러한 책임은 오직 선택의 자유가 있을 때에만 존재할 수 있다. 만약 어떤 것이 정말로 선한 존재가 될 수 있으려면, 그것은 또한 정말로 악한 존재가 될 수 있어야 한다. 그렇지 않다면 그 선함은 본능적 행위에 지나지 않는다. 그러므로 나쁜 인간은 말을 듣지 않는 말〔馬〕보다 훨씬 나쁘다. 선택을 할 수 있다는 것은 인간에게 기쁨이 되기도 하고 슬픔이 되기도 한다. 하나님은 선택할 수 있는 피조물인 우리 인간에게 말씀하시기를 주저하지 않으신다. "내가 생명과 사망과 복과 저주를 네 앞에 두었은즉 너와 네 자손이 살기 위하여 생명을 택하고 네 하나님 여호와를 사랑하고 그 말씀을 순종하며 또 그에게 부종하라"(신 30:19-20). 우리는 선과 악 사이에서 계속해서 고군분투하며 우리의 선택의 자유를 경험한다. 그리고 우리의 선택은 엄청난 결과를 가져왔다.

아담과 하와는 하나님께 불복종하여 하나님이 만지지 말라고 특별히 지시하신 나무의 열매를 먹어 버렸다. 이 한 가지 사건이 모든 악과 이 세상에서의 인간의 실패를 이해하는 열쇠이자 인간 본성 자체를 이해하는 열쇠라는 것이 성경의 견해다. 우리는 바로 이 사건을 통해서 지금의 우리가 되어 버렸다. 사도 바울은 "한 사람의 순종치 아니함으로 많은 사람이 죄인이 되었다"(롬 5:19)고 말했다. 아담과 하와는 비합법적인 권력을 향한 욕망, 즉 "하나님과 같이"(창 3:5) 되려는 욕망 때문에 창조주에 대항하여 반란을 일으켰다. 그리고 우리가 그들의 반란에 동참하기로 선택함으로써 똑같은 죄의 결과가 우리의 삶 속에서 나타나고 있다.

인간 본성의 이러한 부분을 인식하지 못한다면 우리는 환경 윤리라는 세속 체계 속에 빠져 당황하게 되며 결국 실패할 수밖에 없을 것이다. 알도 레오폴드는 50여 년 전에 절망적인 심정으로 "멕시코, 남아메리카, 남아프리카, 오스트레일리아 각지에서 황폐함이 심하게 가속화되고 있지만, 나는 그것이 앞으로 어떤 결과를 낳을지 예측할 수 없다"고 했다.[11] 그러나 오늘날 우리는 그 곳뿐 아니라 그 밖의 다른 여러 곳의 앞날을 예측할 수 있으며, 역사학자 린 화이트 2세가 그 점을 다음과 같이 잘 요약했다. 즉 "좀더 나은 과학이나 좀더 나은 기술 그 어떤 것도 우리를 현재의 생태 위기에서 구할 수 없다."[12] 바로 그렇다. 창조 세계를 보호할 방법을 가지고 있으면서도 그렇게 할 마음이 없는 이 세상이야말로 인간의 악한 본성이 가장 분명하게 드러나는 곳이다. 그리고 이것을 인정하는 것이 믿음 없는 세상이 할 수 있는 가장 예리하면서도 고통스런 고백 중의 하나다. 그러나 그것은 사실이므로 우리는 이것을 인정하지 않을 수 없다.

하나님은 이러한 진퇴양난에 빠진 우리에게 말씀하신다. 그 목소리는 고통에 차 있다. 첫째, 하나님의 말씀은 모든 죄는 근본적으로 하나님을 거스르는 것임을 명확하게 정의하고 있다. 다윗은 시편에 "내가 주께만 범죄하여"(시 51:4)라고 씀으로써 이 말의 의미를 표현했다. 태만이든 범행에 의해서든, 고의적으로 저지른 범법이든 부주의한 과실이든, 그것은 궁극적으로 하나님을 거스르는 것이며 창조주의 거룩하심을 부인하는 것이기 때문에, 죄는 악으로 인식되어야 마땅하다.

비록 하나님이 말씀하시는 목소리가 고통에 차 있긴 하지만, 또한 자비로움으로 말씀하시는 것이다. 그 말씀이 우리에게 해답과 소망을 주는 진리를 가르쳐 주기 때문이다. 성경은 죄가 관계상에서 즉, 여러 측면에서 관계가 깨어지는 모습으로 드러나는 것임을 분명히 보여 준다. 세상에서 죄의 힘은 네 가지 기본적인 관계, 즉 인간과 하나님의 관계, 자기 자신과의 관계, 인간과 인간 사이의 관계, 인간과 피조물의 관계를 붕괴시킨다. 우리가 이 책에서 관심을 갖는 것은 네 번째 붕괴이다.

심판

'인간의 타락'은 신학적인 추상 개념이 아니다. 이것은 심오한 의미를 함축하고 있다. 하나님의 유일한 대리인으로 선택된 인간은 창조 세계 속에서 창조 세계와 좋은 관계를 맺으며 지내도록 지음받았다. 그러나 이제는 더 이상 그렇지 못하다. 이제 창조 세계 속에서 살아가는 것은 괴로운 몸부림이 되었고, 하나님이 주신 책임을 완수하는 것은 힘겨운 수고가 되었다. 아담과 하와는 하나님을 찾는 대신 하나님을 피해 몸을 숨겼다(창 3:8). 인간이 인간의 본성을 지배한다는 오늘날조차도 인간은 수치심과 두려움이라는 감정에 사로잡혀 있다. 하나님은 반역에 대한 대가로 그들을 책망하고, 비난하고, 저주하셨으며 이전에 그들이 살았던 완벽한 세상에서 그들을 추방하셨다.

인간뿐 아니라 그 주변 세상도 변해 버렸고, 인간의 불복종으로 인해 창조 세계는 하나님의 저주 아래 놓였다. 하나님은 아담에게 "땅은 너로 인하여 저주를 받고 너는 종신토록 수고하여야 그 소산을 먹으리라…네가 얼굴에 땀이 흘러야 식물을 먹고"(창 3:17-19)라고 말씀하셨다. 조화가 깨지고 분열이 생겼다. 앙리 블로셔(Henri Blocher)는 다음과 같이 말했다. "만약 인간이 하나님께 순종했다면, 땅을 축복하는 자가 되었을 것이다. 그러나 인간은 끝없는 욕심, 창조 질서 속에서 형성된 조화에 대한 멸시 그리고 근시안 속에서 창조 질서를 오염시키고 파괴하였다. 인간은 에덴을 사막으로 바꾸어 버렸다(계 11:18). 이것이 창세기에 기록된 저주의 주된 요점이다."[13]

이는 피조물이 악하다는 의미가 아니다. 구약(창 1장)과 신약(딤전 4:4) 둘 다 "하나님의 지으신 모든 것이 선하다"는 것을 증거하고 있다. 그러나 땅은 저주받은 모습을 드러냈다. 우리는 땅과 대적하게 된 것이다. 열매를 맺던 예전의 기름진 낙원은 이제 고된 노동을 해야만 식량을 내는 가시덤불 땅이 되어 버렸다. 우리가 이름을 붙여 주었던 피조물들은 이제 사람이 무서워 달아나거나, 우리를 해치려 한다. 그 후로 피조물을 향한 우리의 행위는, 선한 의도였다 할지라도 우리의 죄 때문에 언제나 좌절되었다. 키 큰 풀로 덮인 미국의 초원 지대나 중앙 아메리카의 열대 건조 삼림과 같은 피조물의 군집 전체가 소실되었을 때 우리는 이러한 사실을 조금이나마 엿볼 수 있었다.

나는 아직도 처음 비행기를 탔던 때를 기억한다. 공중으로 너무 높이 올라가서 무서웠기 때문이 아니라, 우리 인간이 지구상에서 만들어낸 엄청난 변화들을 처음으로 볼 수 있었기 때문이다. 하늘에서 보니 내가 그토록 아꼈던 식림지와 습지대는 마치 농장과 도시로 이루어진 바다 한가운데 있는 작은 섬처럼 보였다. 개척 시대 이전에 있던 동북 아메리카의 광대한 삼림도 이제 대부분 사라져 버렸다. 그러나 그 후 다시 비행기를 탔을 때, 아직 인간의 손길이 닿지 않은 곳이 이 세상에, 심지어 미국에도 많이 있다는 것을 알게 되었다. 나는 라인 크릭 협곡(Line Creek Canyon)의 절벽 아래쪽으로 급히 달려 내려가는 산염소를 볼 수 있었고, 몬태나에 있는 실버 런 고원(Silver Run Plateau)의 여름 사초(莎草) 지대에서 쉬고 있는 고라니도 아직 볼 수 있었다. 그러나 그 곳 역시 변화의 물결이 심한 바다에서 점점 줄어들고 있는 섬에 불과하다. 철저히 그리고 영구적으로 지구를 변화시키는 것이 우리 시대의 규칙이 되어 버렸다. 모든 변화가 다 나쁜 것은 아니지만, 하나님이 지으신 다른 피조물들의 필요보다 자신의 필요를 우위에 두려는 인간의 의지는 때로 끔찍한 것이 될 수 있으며, 십계명의 1, 2계명이 금지하고 있는 우상 숭배가 무엇인지를 보여 준다(출 20:2-3).

성경은 죄를 그저 영적인 현상에 불과한 것으로 다루지 않는다. 이사야는 인간이 율법을 범하여 땅이 그 거민 아래서 더럽게 되었다고 선언했다(사 24:5). 이스라엘이 하나님의 율법에 순종하지 않음으로 그 백성이 포로가 되었을 뿐만 아니라 모든 땅이 황폐해졌다. 선지자 호세아는 하나님을 대신하여 이스라엘 백성에게 말하기를, 그들의 죄악이 살아 있는 모든 것에 영향을 끼쳤다고 했다. "…이 땅에는 진실도 없고 인애도 없고 하나님을 아는 지식도 없고…그러므로 이 땅이 슬퍼하며 무릇 거기 거하는 자와 들짐승과 공중에 나는 새가 다 쇠잔할 것이요, 바다의 고기도 없어지리라"(호 4:1, 3).

하나님과 인간과 창조 세계 사이의 부조화로 말미암은 물리적인 영향은 잘 정리되어 기록되어 있다. 팔레스틴의 탐험가 존 커리드(John Currid)는 "고대 근동 지역에서…많은 땅이 벌채된 것은 자연적인 원인 때문이 아니라 주로 인간의 파괴 활동 때문이다"라고 말했다.[14] 「성경의 지리학」(The Geography of the Bible)의 저자인 데니스 밸리(Dennis Baly)는 "수천 년 전에는, 현재보다 훨씬 더 넓은 면적에서 삼림이 성장하는 데나 경작을 하기에 충분할 정도로 언덕의 흙이 두꺼웠다. 그러나 인간의 파괴 활동이 너무나 오랫동안 계속됨으로 인해…많은 지역에 더 이상 흙이 남아 있지 않게 되었다"고 논평했다.[15] 심지어 20세기 초에도, 팔레스틴을 자주 방문했던 탐험가 조지 아담 스미스(George Adam Smith)는 이스라엘을 묘사하면서 "그 땅은 헐벗고 굶주렸으며, 뼈가 튀어나왔다. 대부분의 땅이 민둥산이 되었으며…특히 구름이 낮게 깔리거나 사하라 사막에서 불어오는 열풍이 햇볕 사이로 흙 먼지를 날릴 때면 땅은 시체처럼 보였다"[16]고 했다.

하나님과 인간의 이러한 증언들은 우리의 미래가 결코 그리 밝지 않음을 나타내는 듯하다. 그러나 성경은 소망이 있다고 말한다. 정말 그렇다. 앞에서 언급한 절망과는 대조적으로 성경은 에덴에서처럼 이 땅에 샬롬이 다시 찾아올 것임을 자주 언급하고 있다. 하나님이 이루 신 구속 사역이 평화와 조화가 넘치는 세상에 새로운 질서와 자연을 가져다 줄 것이다(사 11:6-10; 55:12-13). 하나님, 곧 메시아가 오실 때 이 소망은 이루어질 것이다(사 9:6-7).

신약은 이 소망이 예수 그리스도를 통하여 어떻게 실현되었으며, 실현될지를 증거한다(눅 1:79; 2:14). 그분을 통해 평화가 도래하고 샬 롬이 주어진다(막 5:34; 요 20:19, 21, 26). 그분의 제자는 이 소식을 전 하는 자들이다(눅 10:5-11, 16; 행 10:36). 예수님은 세상을 구원하실 평 강의 왕이시다(사 9:6).

세상의 완전한 행복은 아직 이루어지지 않았지만 그리스도를 따르 는 자들은 그 때를 위해 세상을 준비시키라는 부름을 받았다. 오늘날 에는 영적인 측면에서 이러한 준비를 강조하는 경향이 있다. 이 땅에 서 하나님과 올바른 관계를 맺어 천국에서 그분의 샬롬을 즐기는 것으 로 말이다. 그러나 바울은 모든 피조물이 "하나님의 아들들의 나타나 는 것"(롬 8:19)을 고대한다고 기록하였다. 하나님의 자녀인 그리스도 인은 하나님의 나라가 도래하여 모든 것이 완전해지기를 갈망하며 창 조 세계가 샬롬의 상태로 회복되도록 노력해야 한다.

성경 전체에서 하나님의 나라에 대한 비전은 인간과 창조 세계가 조화롭게 살아가는 모습으로 나타난다. 신학자 랄프 스미스(Ralph Smith)는 "성경에 나오는 인물이 자연이 필요 없는 시대를 예견할 수 없었다면, 현대인들은 지금 자연과 평화를 이루는 일을 시작해야 할 것이다."[17]

보전

죄와 심판에도 불구하고 하나님은 창조 세계를 보전하기로 결정하셨다. 우리 인간은 하나님이 보살피시는 모든 창조 세계와 연결되어 있다. 디트리히 본회퍼가 말했듯이 '계속되는 창조'를 이야기하는 사람들은 타락의 현실을 무시하는 것이다. 오늘날 우리를 둘러싸고 있는 것은 다시 만들어진 피조물이 아니라 보전된 피조물이다. 죄악에도 불구하고 피조물은 혼돈과 공허 속으로 가라앉지 않는다. 그리고 우리는 세상이 그 자체를 위해 보전된 것이 아니라 하나님이 보시기 위해 보전된 것임을 이해하게 된다. 또한 이러한 보전은, 창조 세계가 여전히 보기에 좋다는 하나님의 선언이기도 하다.[18]

보전과 관련하여 창조 세계와 우리가 연계된 모습은 노아의 방주(창 6:14)에서 극적으로 묘사되어 있다. 요즘 설교에서 강조하는 바를 들어 보면, 방주는 인간을 대표하는 노아와 그의 가족만을 보호하기 위해 지어진 듯한 인상을 받는다. 만약 그것이 하나님의 유일한 목적이었다면 작은 배와 몇 개의 우산만으로도 충분했을 것이다. 그러나 방주는 피조물을 보전하기 위해 특별히 지어진 것이다(창 6:19-21). 여기서 우리는 홍수의 역설을 보게 된다. 우리는 심판의 측면에서도 창조 세계와 연계되어 있으며, 인간 및 인간 이외의 피조물들은 악에 대한 하나님의 심판으로 인해 파괴되었다. 그러나 우리는 또한 보전의 측면에서도 피조물과 연계되어 있으며 인간과 그 밖의 피조물들은 모두 보전된다. 사도 바울의 말로 하면 "그러므로 하나님의 인자와 엄위를 보는" 것이다(롬 11:22).

우리는 하나님이 보전하시는 모습을 바라보면서, 이 땅에서 하나님을 섬기는 한 측면으로서 보전이 얼마나 중요한지를 이해할 수 있다. 그러나 그것만이 하나님을 섬기는 유일한 길은 아니다. 앞으로 5장에서 살펴보겠지만 단순한 보전보다 더 좋은 것이 우리와 피조물 모두를 기다리고 있다. 그러나 우리가 타락한 세상을 향한 하나님의 대리인이라면 그분의 창조 질서를 보전하는 것이 지금 우리의 임무 중 하나다.

안식

하나님의 창조 사역은 "하나님이 안식하셨음이더라"(창 2:3)는 말씀과 함께 끝난다. 이 짤막한 진술이 우리가 그분과 그분의 피조물에 연결되어 있다는 중요한 개념을 이해하는 열쇠다. 그것은 바로 안식의 개념이다. 하나님이 창조 사역을 마치고 쉬신 것은 피곤했기 때문이 아니라, 모든 일을 이루고 난 후의 즐거움으로 안식하신 것이다. 그분의 휴식은 아무 활동도 하지 않는 것을 의미하지 않는다. 하나님은 창조하신 것들을 계속해서 양육하시기 때문이다. 신약에서는 예수님이 구원 사역을 마치신 후 다른 이들에게 자신의 사역으로 말미암은 유익을 주시기 위해 보좌에 '앉으신' 부분에서 이러한 안식을 찾아볼 수 있다(히 8:1; 10:12). 신약은 또한 모든 그리스도인에게, 삶에서 이러한 안식을 누리고 그리스도를 믿음으로 그 안식에 들어가라고 요청하고 있다(히 4:1). 안식일을 지키는 것은, 모든 피조물로 하여금 자신들이 하나님께로부터 왔으며, 영원히 그분께 속해 있고, 그분의 축복을 받는 수혜자임을 깨닫게 하는 것이다. 이것이 바로 안식일을 지키라는 하나님의 율법이 인간에게만 한정된 것이 아니라 동물이나 땅에게까지도 적용되어야 하는 이유다.

트로핌 뮈렌(Trophime Mouiren)은 「창조 세계」(The Creation)라는 책에서 이렇게 말했다. "창조 세계는 휴식과 기도로 인간이 그것에 의미를 부여하지 않는 한, 아무런 의미도 없다. 휴식은 그저 인간의 욕구를 채우기 위한 활동을 넘어 말씀을 바라보기 위한 것이고, 기도는 하나님의 복을 간구하면서 하나님께 무엇인가를 드리는 것이다."[19]

오늘날에는 안식일에 대한 개념이 많이 희석되었다. 그리스도인들조차 안식일을 지킨다 해도 안식일은 그저 하나님께 속해 있다는 상징이며 심신을 회복시키는 날일 뿐이다. 그러나 생태학 교수이자 정통파 유대교도인 데이비드 에렌펠드(David Ehrenfeld)의 생각을 고찰해 보면, 안식일에 대해 더 잘 이해할 수 있다. 에렌펠드는 율법을 엄격하게 지키는 유대인들은 휴식, 기도 그리고 일상적인 일을 삼가는 정도 이상으로 안식일을 지켰다고 기록했다. 세 가지 주의할 점이 언급되었는데, 그것은 아무것도 창조하지 말 것, 아무것도 파괴하지 말 것, 자연의 선물을 만끽할 것이다. 아무것도 창조하지 않도록 조심하는 것은 하나님이 최고의 창조자이심을 일깨워 준다. 아무것도 파괴하지 않도록 조심하는 것은 이 세상은 우리가 아무렇게나 망가뜨릴 수 있는 우리의 소유물이 아니라 하나님의 창조 세계임을 일깨워 준다. 인간의 발명품 대신 자연의 선물을 만끽하는 것은 그것이 하나님의 선물임을 일깨워 준다.[20] 이것이 바로 성경의 증거를 바탕으로 한 더욱 값지고 완전한 안식일 전통이다. 그러나 이러한 개념들은 오늘날의 그리스도인들에게는 너무 낯설어 우리를 곤혹스럽게 한다.

우리가 알고 있듯이 안식일을 준수하는 것은 땅을 관리하는 것뿐 아니라, 그 땅의 주인이자 창조주인 그분과의 관계에도 적용된다. 하나님은 모세에게 "그 땅으로 여호와 앞에 안식하게 하라"(레 25:2)고 말씀하셨다. 하나님은 7년마다 땅이 휴식해야 한다는 것까지 설명하셨다. 안식년이 되면 어떤 밭에도 파종하거나 농작물을 재배해서는 안 되었다.

안식년을 지키게 한 목적 중 하나는 하나님의 백성에게 더 큰 신앙을 가르치는 데 있었으나(레 25장), 생태학적으로도 중요한 의미를 갖는다. 사전에 잘 관리해 온 토지라면, 안식년에 토지를 경작하지 않는 것은 토지의 산출력이 회복되도록 도울 뿐 아니라 침식률을 줄일 수도 있다. 심지어 하나님은 일곱 번째 안식년 다음 해까지도(50년마다) 지킬 것을 요구하셨다. 이것이 희년이었다. '안식년의 안식'(레 25장) 때에는 땅을 경작하지 않는 것에 그치지 않고 원래 주인에게 재산을 돌려주고, 빚을 탕감해 주었으며, 노예는 자유롭게 해주었다. 하나님은 커다란 땅덩어리나 많은 돈이 극소수의 부자들 손에 집중되지 않게 하고, 노예 제도가 이스라엘 생활에 고착화되는 것을 막기 위해 희년을 제정하신 것이다. 실로 안식년이나 희년의 목적은 창세기의 저주를 뒤엎으려는 것이다. 사람들은 땀을 흘려 얻은 음식을 먹는 대신에, 안식하면서 (하나님이 주시기로 약속하신) 전년도의 소산물을 먹었다. 그리고 실제의 주인에게 감사하는 마음으로 책임감을 가지고 땅을 관리하였다. 하나님은 이 율법을 지키게 함으로써 이스라엘 백성이 그 땅에서 이방인인 동시에 체류자이고, 주인이 아니라 소작인이라는 것을 상기시키셨다.

그러므로 성경은 오늘날 대부분의 사람이 생각하는 것보다 훨씬 광범위하게 안식의 개념을 가르친다. 우리는 개인적으로뿐만 아니라 땅이나 다른 거주자들을 위해서도 안식일을 지킬 의무가 있다. 우리의 목적은 창조주이자 모든 것의 주인 되신 하나님을 향한 순종과 사랑을 보여 주며, 그분이나 그분의 창조 세계와의 영속적인 관련성을 확인하려는 것이다.

죄와 심판으로 인한 분리

성경에서 타락은 항상 실제적인 역사적 사건으로 다루어진다. 즉, 그 사건은 하나님께 불순종하려는 인간의 의도적인 결심으로 말미암은 것이었다. 이 사건은 네 가지 엄청난 분리를 가져왔다.

첫째, 인간과 하나님의 분리다. 아담은 "내가 동산에서 하나님의 소리를 듣고 두려워하여 숨었나이다"라고 말했다. 타락은 하나님과의 교제의 기쁨을 두려움의 관계로 변화시켰고, 창조 세계의 중심에 서 계신 하나님으로부터 애써 멀리 숨으려는 헛된 삶을 가져왔다.

둘째, 타락은 인간과 인간을 분리시켰다. 아담은 "하나님이 주셔서 나와 함께하게 하신 여자 그가 그 나무 실과를 내게 주므로"라고 말했다. 그는 한때 자신이 기뻐하며 경탄했던 피조물인 하와의 이름조차

부르지 않으며 변명했다. 여기서부터 인간의 책임 전가라는 오랜 습관
이 시작된다. "내게 열매를 준 그녀의 잘못입니다"라는 아담의 말은
"하와를 내게 주신 하나님의 잘못입니다"라는 의미를 내포하고 있다.
이로써 연합을 드러내도록 의도된 관계가 또 다른 분리의 재난이 되어
버렸다.

셋째, 각 사람은 자기 자신으로부터 분리되었다. 아담은 "내가 벗었
으므로 두려워하여"라고 말했다. 그는 창조된 상태 그대로인 육체적
벌거벗음뿐 아니라 영적인 벌거벗음을 느꼈던 것이다. 아담은 자기 영
혼이 거룩함을 벗어 버렸다는 사실과, 하나님 앞으로 직접 다가가는
일이 더 이상 가능하지도, 바람직하지도 않다는 것을 너무 늦게 깨닫
게 되었다.

넷째, 인간은 창조 세계와 분리되었다. "여호와 하나님이 에덴 동산
에서 그 사람을 내어 보내어"(창 3:23). 하나님의 축복으로 세상을 다스
리며 풍족하게 얻도록 지음받은 인간은 매일 황폐함을 경험하지 않을
수 없었으며 아담은 죽도록 일해야 겨우 생명을 유지할 수 있었다. 하
나님은 아담에게 이렇게 말씀하셨다. "땅은 너로 인하여 저주를 받고
너는 종신토록 수고하여야 그 소산을 먹으리라. 땅이 네게 가시덤불과
엉겅퀴를 낼 것이라. 너의 먹을 것은 밭의 채소인즉 네가 얼굴에 땀이
흘러야 식물을 먹고 필경은 흙으로 돌아가리니 그 속에서 네가 취함을
입었음이라. 너는 흙이니 흙으로 돌아갈 것이니라"(창 3:17-19).

우리가 여기서 관심을 갖는 것은 마지막에 언급한 인간과 창조 세
계 사이의 분리이다. 인간과 창조 세계는, 심판의 한복판에서 이루어
지는 보전 활동을 통해, 그리고 안식과 샬롬에 대한 약속과 경험(이것
은 다시 찾는 것이 불가능해 보였던 피조물과의 평화 및 하나님과의
평화를 미리 맛보는 것이다)을 통해, 죄로 인해 회복이 불가능해진 자
신들을 고치기에 충분한 구속자를 절실하게 필요로 하고 있다는 것을
보고 느끼기 시작한다.

토론 문제

1. 창세기 3장을 볼 때, 죄가 하나님에 대한 개인적인 불순종 이상의 의미를 포함한다는 증거는 무엇인가? 또한 죄가 모든 피조물에게 어떤 식으로 영향을 끼쳤는가?

2. 당신의 경험을 볼 때, 성경에서 묘사된 인간과 피조물 사이의 분리의 영향이라고 볼 수 있는 것에는 어떤 것들이 있는가? 이러한 영향들을 해결할 방법이 있는가?

3. 하나님과 함께하는 안식과 샬롬을 더욱 깊이 체험할 수 있는 방법은 무엇인가? 당신의 교회가 이러한 일을 할 수 있도록 격려할 수 있는 방법은 무엇인가?

제5장 언약과 구속

창세기 3장에는 인간이 선과 악을 깨닫게 되고, 그로 인해 에덴에서 쫓
겨난 타락의 경위가 묘사되어 있다. 성경 말씀은 단순히 두 사람이 한
장소에서 쫓겨난 사건이 아니라, 인간과 창조 세계 사이의 심각한 분
리에 대해 말하고 있다.

하나님은 아담에게 말씀하셨다. "땅은 너로 인하여 저주를 받고 너
는 종신토록 수고하여야 그 소산을 먹으리라. 땅이 네게 가시덤불과 엉
겅퀴를 낼 것이라. 너의 먹을 것은 밭의 채소인즉 네가 얼굴에 땀이 흘
러야 식물을 먹고 필경은 흙으로 돌아가리니 그 속에서 네가 취함을 입
었음이라"(창 3:17-19). 인간의 필요와 소망과 밀접하게 연관되어 있는
창조 세계의 필요와 소망, 즉 언약과 구속의 약속을 이해하고 싶다면
창세기 3장과 그 뒤에 이어지는 이야기들을 주의 깊게 살펴봐야 한다.

디트리히 본회퍼는 "하나님은, 타락하여 하나님과 화해하지 못하
고 도망치는 아담에게 저주와 약속의 말씀을 하셨다. 아담은 저주와
약속이 공존하는 이 세상에서 살아남도록 보전되며, 그 마지막 약속은

바로 죽음이다. 낙원은 파괴되었다"라고 썼다.[1]

언약

하나님은 이 세상, 즉 저주와 약속 사이에 있는 창조 세계와 인간 가운데서 언약을 세우셨다. 요즘 사람들은 **언약**(covenant)이라는 말을 잘 사용하지 않는다. 언약의 사전적 정의는 '둘이나 그 이상의 개인 혹은 단체 사이에 구속력 있는 합의를 하는 것으로, 계약 또는 협정'이다.[2] 하나님이 언약이란 단어를 사용하실 때는 사전적 정의보다 더 넓고 깊은 의미를 가진다. 하나님의 언약은 자격 없는 자들에게 베푸시는 주권적인 은혜와 호의인데, 하나님의 행동으로 그 관계가 안전하게 형성되는 것이다.

예를 들면, 하나님은 노아에게 복 주시고 다음과 같이 말씀하셨다.

내가 내 언약을 너희와 너희 후손과 너희와 함께한 모든 생물 곧 너희와 함께한 새와 육축과 땅의 모든 생물에게 세우리니 방주에서 나온 모든 것 곧 땅의 모든 짐승에게니라. 내가 너희와 언약을 세우리니 다시는 모든 생물을 홍수로 멸하지 아니할 것이라. 땅을 침몰할 홍수가 다시 있지 아니하리라(창 9:8-11).

이 언약에 대한 영원한 징표로 하나님은 극적인 시각적인 상징물을 선택하셨다.

내가 내 무지개를 구름 속에 두었나니 이것이 나의 세상과의 언약의 증거니라. 내가 구름으로 땅을 덮을 때에 무지개가 구름 속에 나타나면 내가 나와 너희와 및 혈기 있는 모든 생물 사이의 내 언약을 기억하리니 다시는 물이 모든 혈기 있는 자를 멸하는 홍수가 되지 아니할지라(창 9:13-15).

이렇게 해서 영구적이고 반복되는 하나님의 약속이 창조 세계에 주어졌으며, 심판의 매개물(비) 뒤에는 언제나 보전에 대한 약속이 뒤따랐다.

신학자들은 이 성경 말씀을 전통적으로 '노아의 언약'이라고 부른다. 그러나 그것은 사실 '창조 세계의 언약'(Creation covenant)이라고 부르는 것이 더 타당하다. 왜냐하면 이 언약은 (4장에서 논의했듯이) 창조 세계를 보전하고 결국에는 구속하시기로 하신 하나님의 결심의 일부이기 때문이다. 하나님은 언약을 통해 이 약속이 단순히 노아에게뿐 아니라 '땅의 혈기 있는 모든 생물'에게 적용된다는 것을 반복해서 선언하신다. 노아는 피조물의 대표로 행동한 것뿐이고, 실제로 하나님의 약속은 모든 피조물과 이 땅에 주어진 것이다.

> 땅이 있을 동안에는 심음과 거둠과 추위와 더위와 여름과 겨울과 낮과 밤이 쉬지 아니하리라(창 8:22).

이 언약에 대한 확언은 거듭 강조된다. 창세기 9:11에는 부정문이 두 번 나온다. "다시는 모든 생물을 홍수로 멸하지 아니할 것이라. 땅을 침몰할 홍수가 다시 있지 아니하리라." 이와 같이 '…을 하지 않겠다'는 의미로 쓰인 히브리어는 우리말보다 더 강력하고 더 감정에 호소하는 진술이다. 그것은 바로 "절대로, 절대로 다시는 하지 않겠다"는 의미다.

이 언약은 다섯 가지 중요한 특징을 가진다. (1) 언약의 창시자와 계약자는 하나님이시다. (2) 언약의 범위는 하나님의 보살핌과 보호 아래 있는 모든 피조물을 포함한 온 우주다. (3) 언약은 노아나 그 밖의 생물들의 가치와 상관없이 무조건적으로 주어진다. (4) 지구가 존재하는 한 언약은 지속될 것이다. (5) 언약의 이행은 오직 창조자의 은혜에 의한 것이다. 이 모든 것을 살펴볼 때 이 언약은 하나님의 은혜로 정해지고 완성된다. 수혜인이 그것을 이해하든 못 하든 그 언약은 이행되는 것이다. 참새 한 마리가 어떻게 하나님의 보살핌을 이해할 수 있겠는가?(눅 12:6) 마찬가지로 수혜인이 언약이 주는 유익을 얻기 위해 할 수 있는 일은 아무것도 없으며, 또 하나님께 언약을 이행하라고 요구할 수도 없다. "누가 주의 마음을 알았느뇨? 누가 그의 모사가 되었느뇨?"(롬 11:34)라는 말씀처럼 말이다.

교회가 주일학교 교육 과정의 지식 수준에 자부심을 갖고 있는 시대에, 노아의 이야기가 아이들에게나 적합한 것으로 생각되는 것은 비극적인 일이다. 장난감 방주 속에 든 종이 기린이나 하마가 놀이방의 아이들을 즐겁게 해주는 반면에, 나이가 든 그리스도인들은 무지개로 상징되는 하나님의 위대한 약속은 잊어버려도 좋은 것으로 여긴다.

요한계시록에서는 피조물과의 이 언약이 다시 한 번 무지개로 상징된다. "내가 곧 성령에 감동하였더니 보라 하늘에 보좌를 베풀었고 그 보좌 위에 앉으신 이가 있는데 앉으신 이의 모양이 벽옥과 홍보석 같고 또 무지개가 있어 보좌에 둘렀는데 그 모양이 녹보석 같더라"(계 4:2-3). 신학자 비슬리 머레이(G. R. Beasley-Murray)는 이 환상에 대해 다음과 같이 썼다. "무지개의 목적은 우선적으로 하나님의 형상을 숨기는 것이다. 그렇지만 무지개는 이 땅에 사는 인간을 향한 분노를 억제하겠다는 하나님의 언약을 영구적으로 상기시키는 것이기 때문에(창 9:13), 무지개와 범상치 않은 구름이 이런 역할을 수행하는 것은 매우 의미심장하다. 그러므로 하늘에 있는 언약의 기념물은 바로 천사의 시계(視界)에서는 숨겨진 하나님의 영광이다."[3] 즉 하나님은 우리와 우리의 죄에 대한 그분의 분노 사이에서 자신의 존재를 나타내는 상징물을 가지고 창조 세계와의 언약을 확증하셨다.

이 언약을 이해하는 것은 역사적, 신학적 흥미 이상의 중요한 의미를 가진다. 이는 하나님이 이 세상에 두신 생명의 진정한 가치를 깨닫고, 그들을 보전하기로 하신 하나님의 결심을 이해하는 데 기초가 된다.

현대의 논쟁

전문적인 과학 잡지인 "생명과학"(*BioScience*) 1989년 1월호에는 일리노이 대학 수의학과 명예 교수인 노먼 레빈(Norman Levine)과 자연 보호와 멸종 문제의 세계적 대가인 노먼 마이어즈(Norman Myers) 사이의 짧은 논쟁이 실렸다. 레빈은 멸종 위기에 처한 종을 구하려는 시도는 시간과 자원을 낭비하는 것이라고 주장했다. 그는 "멸종은 진화 과정에서 피할 수 없는 것이며 진보를 위해 필수적인 것이다. 끊임없이 새로운 종이 생겨나고 있으며, 그들은 멸종한 종보다 환경에 더 잘 적응한다"고 말했다.[4] 이어서 "진화는 일어나며 앞으로도 계속될 것이다. 진화 과정에서 인간이 생겨났듯이 언젠가는 다른 생물이 인간을 대치할 수도 있다. 그것을 저지하는 것은 바람직한 일이 아니며 가능하지도 않다. 사멸하기 시작한 종을 보전하려 할 때 우리는 바로 이런 일을 시도하는 셈이다"라고 결론내렸다.[5]

이에 반하여, 마이어즈는 현재 멸종이 예전보다 빠르게 일어나고 있기 때문에 우려된다고 하였다. 그는 "장기적으로는, 진화의 창조적 수용력이 감소함에 따라 종 분화가 전례 없이 느린 속도로 일어날 것이 틀림없다"고 말했다.[6] 마이어는 이러한 종 다양성의 감소가 후대에 가서는 의심할 여지 없이 진화 과정을 빈약하게 할 것이라고 주장했다.

마이어즈는 멸종 위기에 처한 종을 구해야 하는 두 번째 이유를 다음과 같이 설명했다. 그는 멸종 위기에 처한 종들이, 사람이 이용해도 좋을 수준으로 개체수가 충분히 회복된다면 언젠가는 인간의 필요를 채워 주고 가치 있는 자원을 제공할 수도 있다고 강력히 주장했다. 그는 멸종 위기 종인 남미의 황금비단털원숭이(golden tamarin monkey)—실제로는 명주원숭이(marmoset)라고 부르는—를 예로 들어 설명한다. 마이어즈는 황금비단털원숭이의 사촌인 솜머리명주원숭이(cotton-topped marmoset)가 '암 연구에 매우 적합한 모델'이라는 것이 밝혀졌음을 상기시키며, "비단털원숭이가 어떤 의학적 이용 가치를 지니고 있을지는 아무도 모른다"고 말했다.[7]

두 사람 모두 중요한 문제를 제기했다. "멸종 위기에 처한 종을 구해야 하는 이유(와 가치)는 무엇인가?" 그러므로 그들의 주장은 분석해 볼 만한 가치가 있다. 레빈은 진화가 과거에도 일어났고 지금도 일어나고 있기 때문에 앞으로도 계속해서 일어나야 한다고 주장한다. (레빈이 여기서 사용한 '…라야 한다' 는 표현은 '…이 바람직하다' 는 의미로 보인다). 레빈은 현재의 생명, 심지어는 인간의 생명까지도 최고의 가치로 여기지 않는다("진화 과정에서 인간이 생겨났듯이 언젠가는 다른 생물이 인간을 대치할 수도 있다"). 그는 진화 과정 자체를 최고의 가치로 여긴다. 또한 그는 인류의 운명뿐 아니라 자신의 운명도 진화에 의해 통제된다고 생각하기 때문에 별다른 의문을 갖지 않고 진화의 결과를 받아들이며 그것이 좋다고 생각한다. 루이스의 소설 「침묵의 혹성으로부터」(Out of the Silent Planet)에 나오는 물리학자 웨스턴(Weston)처럼 레빈은 진화의 과정 중에 어떤 일이 일어날지 알지 못하면서도, 진화가 많이 일어나기를 바란다. 레빈의 관점에 따르면, 진화는 생물학적 과정이었다가 저항할 수 없는 운명의 힘으로 바뀌게 되며, 그 결과에 상관 없이 가치가 부여된다.

비록 표면상으로는 레빈과 의견을 달리하지만, 마이어즈는 레빈의 세계관을 수용한다. 그렇게 함으로써 마이어즈는 멸종 위기에 처한 종이 진화 과정과 미래의 종 분화 속도에 어떤 기여를 하느냐에 따라서 그것의 가치를 정의한다. 다시 한 번, 아무도 알아차리지 못하는 사이에 진화는 생물학적 과정 상태에서 존재에 대한 이유로 변하고 만다. 위기에 처해 있든 그렇지 않든 현재의 종은 이 생물학적인 신(진화)을 만족시키기 위해 바쳐지는 제물이 될 것이다. 마이어즈는 이러한 이론적 해석에 완전히 만족하지 못했는지, 멸종 위기의 종을 구해야 하는 두 번째 이유로 인간의 실용주의에 호소한다. 그의 설명은 사실상 "황금비단털원숭이가 보호되어야 하는 이유는 언젠가 그것이 암(또는 에이즈나 불임 혹은 감기)을 치료하는 데 쓰일 수도 있기 때문이다"라고 말하는 것이나 다름없다. 그러나 만약 이러한 주장이 진지하게 받아들여지면, 다음과 같은 결과를 초래하게 될 것이다. 즉, 사람들은 비단털원숭이나 그 비슷한 종들을 모두 생체 실험용으로 길러 죽일 것이다. 피조물이 지닌 진정한 가치를 정의하기는커녕 그것을 언급조차 할 수 없게 된다. 어느 누구도 그 존재조차 알아차리지 못하게 되는 것이다.

종의 가치를 경제적이며 인간 중심적인 동기에 두는 마이어즈의 비극적 주장은 '상업적 보존'의 한 형태로 간주되는 소위 바다거북 농장에서 생생하게 드러난다. 바다거북의 일종인 녹색거북이 그 주요 대상이다. 사람들은 야생 녹색거북의 '여분의' 알을 수거하여 사육장에서 부화시킨 후에 적당한 크기로 자라면 시장에 내다 판다. 이런 행위가 야생 거북에 대한 수요를 감소시켜, 미래에 야생 거북의 개체수가 보호될 것이라고 가정한 것이다.[8]

"보존 생물학"(*Conservation Biology*)이라는 잡지의 전 편집자였던 데이비드 에렌펠드는 이와 같은 접근 방법이 내포하는 탐욕과 어리석음에 대해 논평했다. 그는 "보존 사업"(The Business of Conservation)이라는 논문에서, 거북이를 가둬 놓고 기르는 데서 발생하는 여러 가지 어려운 문제들은 제쳐 두고라도, 그러한 접근 방법은 실제적으로 바다거북 생산에 대한 세계적 수요를 증가시킬 것이라고 지적했다. 이러한 수요의 증가는 합법적으로 야생 거북의 알을 수거하려는 수요를 더 크게 만들 뿐만 아니라, 사람들로 하여금 더 많은 야생 거북을 밀렵하고자 하는 유혹을 떨쳐 버릴 수 없게 만들 것이 분명하다. 밀렵은 언제나 양식보다 비용이 적게 들 것이다.[9] 그러한 제품을 원하는 상류층 소비자들은 자신의 취향에 대해 어떠한 변명을 늘어놓을지라도 결코 인정받을 수 없을 것이다. 에렌펠드는 간결하게 이 사례를 요약하였다. "전 세계적인 수요의 힘은 모든 안전 장치를 서서히 파괴시킨다.…

그러므로 상업적인 녹색거북 양식은 필연적으로 우리를 악순환의 소용돌이로 몰고 갈 것이며, 결국 남아 있는 개체군은 점점 더 멸종의 위험에 처해질 것이다. 조금만 더 생각해 보았다면 이러한 보존 전략은 세우지 않았을 것이다."[10]

이것이 바로 인간의 욕구나 필요에 따라 모든 피조물의 가치를 측정하는, 소위 모든 가치 체계나 윤리 철학이라고 불리는 것들의 운명이다. 이것은 또한 위기에 처한 종을 구하자는 마이어즈의 가치 체계가 궁극적으로 다다를 곳이기도 하다.

우리가 마이어즈와 레빈 두 사람 사이의 짧은 지상 토론을 통해 복잡한 윤리적 논점에 대한 광범위한 해결 방법을 찾고자 하는 것은 무리일지도 모른다. 그러나 가장 실망스러운 것은 레빈이나 마이어즈 둘 다 가장 중요한 질문인 "생물의 가치는 무엇인가?"에 대해 언급하지 않았다는 것이다. 철학적, 윤리적으로 매우 중요한 문제들이 그 논점들을 재정의하면서 무시되기 일쑤다.

그러한 논쟁은 세속 윤리의 도덕적 황폐함과 지적 빈곤함을 보여준다. 참된 진리를 찾고자 하는 모든 사람은 이와 같은 피상적인 의견 교환에서, 하나님의 말씀에 감사하기보다는 이성을 추구하려는 모습을 볼 수 있어야 한다. 창세기 9장의 언약은 피조물의 가치를 정확히 볼 수 있게 하며, 그것을 하나님의 직접적인 공급과 보호 아래 두게 한다. "내가 내 언약을 너희와…너희와 함께한 모든 생물 곧 너희와 함께한 새와 육축과 땅의 모든 생물에게 세우리니…다시는 모든 생물을 홍수로 멸하지 아니할 것이라"(창 9:9-11).

하나님이 스스로 보호하기로 맹세하신 것을 파괴하려는 인간의 계획, 무지함 또는 이기심으로 일을 처리하려는 사람들의 운명은 어떻게 될까? 보전을 언약하신 하나님께 불순종한 결과, 위험에 처한 전 세계 생물의 운명은 어떻게 될까? 이것은 자신의 피조물을 보호하겠다는 그분의 언약에 달려 있다. 그것은 하나님이 이미 창조 세계에 부여하신 가치와 하나님의 구속 의지와 밀접하게 연관되어 있다. 그리고 우리는 그것이 아주 중요하다고 믿고 있다.

계속되는 언약

인간과 인간 이외의 모든 피조물과 맺은 하나님의 언약 관계는 노아의 언약으로 끝나지 않았다. 하나님과 백성 사이의 언약은 아브라함(창 15:1-21; 17:6-8), 모세(출 19-24장) 그리고 다윗(삼하 7:5-16; 시 89편)과의 언약으로 이어진다. 하나님은 노아에게 하셨던 것처럼 각기 그들에게 주권적으로 은혜를 베푸셨다. 하나님과 그 백성의 관계는 출애굽기의 말씀에서 잘 드러난다. "너희로 내 백성을 삼고 나는 너희 하나님이 되리니 나는…너희 하나님 여호와인 줄 너희가 알지라"(출 6:7).

하나님의 언약이 은혜의 언약이라고 해서, 하나님의 형상으로 지음받은 인간이 자기 마음대로 행동해도 괜찮은 것은 아니다. 주님은 "신실하신 하나님이시라. 그를 사랑하고 그 계명을 지키는 자에게는 천대까지 그 언약을 이행하시며 인애를 베푸시되"(신 7:9)라고 말씀하셨다. 그분은 또한 그 약속에 대해 이렇게 말씀하신다. "너희가 이 모든 법도를 듣고 지켜 행하면 네 하나님 여호와께서 네 열조에게 맹세하신 언약을 지켜 네게 인애를 베푸실 것이라"(신 7:12). 모세의 언약은 십계명으로 시작되지만, 개인적, 사회적, 정치적, 종교적 활동의 모든 영역으로 그 원리가 확장되었다. 언약의 영적 실체는 하나님이 일상 생활의 모든 영역에서 자기 백성을 드러내기로 작정하신 것이다.

피조물과 맺은 그러한 언약이 실제적으로 함축하는 의미는 레위기 25장에서 잘 드러난다. 이 장에서 하나님은 자기 백성이 그분이 주신 땅에 대해 어떤 태도를 가져야 하는지를 가르치기 위해 강력한 기준을 규정하신다. 하나님은 땅을 관리하는 것뿐 아니라 사람들의 탐욕을 억제시키기 원하셨다. 이런 이유로, 그분은 이스라엘 백성에게 '땅의 안식년'을 지키라고 명하셨다.

너희는 내가 너희에게 주는 땅에 들어간 후에 그 땅으로 여호와 앞
에 안식하게 하라. 너는 육 년 동안 그 밭에 파종하며 육 년 동안 그
포도원을 다스려 그 열매를 거둘 것이나 제 칠 년에는 땅으로 쉬어
안식하게 할지니 여호와께 대한 안식이라. 너는 그 밭에 파종하거나
포도원을 다스리지 말며 너의 곡물의 스스로 난 것을 거두지 말고
다스리지 아니한 포도나무의 맺은 열매를 거두지 말라. 이는 땅의
안식년임이니라. 안식년의 소출은 너희의 먹을 것이니 너와 네 남종
과 네 여종과 네 품꾼과 너와 함께 거하는 객과 네 육축과 네 땅에
있는 들짐승들이 다 그 소산으로 식물을 삼을지니라(레 25:2-7).

하나님은 자기 백성뿐 아니라 백성에게 유산으로 물려 주신 땅에도
관심을 가지셨다. 그분의 관심은 지금도 계속된다. 만약 우리가 창조,
타락, 그리스도의 순서로만 복음을 제시한다면 창세기 3장부터 마태
복음 1장은 일종의 대괄호이며 그리스도는 마리아의 아들일 뿐만 아
니라 하와의 아들일 수도 있다는 인상을 주게 된다. 이것은 엄청난 실
수다. 하나님은 자기 백성의 필요를 채우기 위해서뿐 아니라 하나님과
함께하는 삶이 어떠해야 하는지에 관한 전체적인 창조 질서의 증거를
제공하기 위해서도 자기 백성들에게 '젖과 꿀이 흐르는' 땅을 주시기
를 주저하지 않으셨다.

이스라엘이 번영한 것은, 땅을 상품처럼 취급했기 때문이 아니라
하나님으로부터 빌린 것으로서 생각하여 잘 돌보았기 때문이다. 그러
한 율법을 엄격히 지킴으로써 다음 여러 세대에 걸쳐 땅을 기름지게
하고, 이스라엘 백성이 타락한 세상에서 구속받은 피조물의 모델이 되
게 하는 것이 하나님의 의도였다. 이스라엘에게 이러한 의무가 있었기
때문에 땅과 관련된 문제는 곧 종교적인 문제였다. 땅을 남용하는 것
이 곧 죄(즉 하나님을 거스르는 범죄 행위)로 취급되고, 하나님이 주신
땅에서 살 권리를 박탈당하는 것은 당연한 일이었다.

하나님은 예언자들을 통해 자기 백성에게 땅을 남용하는 것에 대해 축복과 형벌이라는 측면에서 반복적으로 경고하셨다. "그러므로 너희 곧 너희의 동족이나 혹시 너희 중에 우거하는 타국인이나 나의 규례와 법도를 지키고 이런 가증한 일의 하나도 행하지 말라.…그 땅이…너희를 토할까 하노라"(레 18:26, 28).

그리스도인은 그러한 언약을 진지하게 받아들일 때만 하나님이 이 세상과 그 가운데 사는 우리의 삶을 유지시킨다는 심오하고 깊은 진리를 설명할 수 있다. 그러나 슬프게도 이스라엘 백성은 땅을 잘 보살피라는 하나님의 율법에 결코 순종하지 않았다. 아마 그들도 우리처럼 현실 세계에서 그 명령에 순종하는 것이 불가능하다는 것을 알았을 것이다. 그러나 하나님의 율법은 언제까지나 무시되어도 좋은 것이 아니다. 역대하 36장은 다음에 나오는 유다 왕국에 관한 글로 마감된다.

무릇 칼에서 벗어난 자를 저가 바벨론으로 사로잡아 가매 무리가 거기서 갈대아 왕과 그 자손의 노예가 되어 바사국이 주재할 때까지 이르니라. 이에 토지가 황무하여 안식년을 누림같이 안식하여 칠십 년을 지내었으니 여호와께서 예레미야의 입으로 하신 말씀이 응하였더라(대하 36:20-21).

이스라엘 백성이 추방당한 데는 여러 가지 이유가 있지만, 이 말씀에 나타난 유일한 이유가 이스라엘이 땅을 남용하였기 때문이라는 것은 주목할 만하다. 그러므로 백성들은 '땅이 그 안식년을 다 누릴 때까지' 포로 생활을 하였다.

구속의 필요성

브라질의 어느 시골에서 사역했던 가톨릭 사제인 죠심 모라이스 테이버리스(Josim Morais Tavares) 신부는 1986년 5월 10일 청부 살인업자의 손에 암살당했다. 테이버리스 신부는 시골 영세 농민 단체를 돕기 위해 설립한 '천주교 농지 위원회'(Catholic Church's Pastoral Land Commission)의 지역 책임자였다. 그는 여러 번 죽을 고비를 맞았으나, 그 해 4월까지는 그의 생명을 노린 수많은 암살 시도에도 불구하고 살아 남았다. 그러한 위협을 당한 뒤 테이버리스 신부는 이렇게 말했다. "이 모든 일에도 불구하고 나는 계속해서 싸울 것이다. 평화를 가져오고 형제애가 있으며 정의로운 세계를 창조하기 위한 그리스도인으로서의 사명을 완성하기 위해 노력할 것이다.…나의 신앙에 정치적 순결과 나사렛 예수 그리스도의 부활의 능력이 함께하기를!"[11]

테이버리스 신부의 죽음은 북미 지역의 저녁 뉴스에 방송될 만큼 중요하거나 특별하게 취급되지는 않았다. 그러나 그 사건은 인간과 피조물 둘 다에 대항하는 것이었기 때문에 우리가 사는 세상의 악함을 증명해 주었다. 야고보는 "너희가 욕심을 내어도 얻지 못하고 살인하며 시기하여도 능히 취하지 못하나니"(약 4:2)라고 말했다. 원하는 것을 얻기 위해서라면 무슨 일이든 서슴지 않는 인간의 탐욕은 어느 곳에서나 땅을 빼앗고 인간을 억압한다. 이전과 마찬가지로 구속을 간절히 필요로 하는 인간의 상태가 여전하므로 하나님의 말씀은 현재도 유효하다. 이사야는 다음과 같이 경고했다.

가옥에 가옥을 연하며 전토에 전토를 더하여 빈틈이 없도록 하고 이 땅 가운데서 홀로 거하려 하는 그들은 화 있을진저 만군의 여호와께서 내 귀에 말씀하시되 정녕히 허다한 가옥이 황폐하리니 크고 아름다울지라도 거할 자가 없을 것이며(사 5:8-9).

우리의 삶의 현실은 이와 같아서 반복해서 하나님을 실망시키고 있다. 우리의 죄악이 우리 각자에게만 영향을 끼친다고 하더라도, 매우 심각한 결과를 초래할 것이다. 그러나 죄는 더 큰 결과를 낳는다. 죄악은 우리를 하나님으로부터 분리시켰을 뿐만 아니라 우리를 둘러싸고 있는 세상과도 분리시켰다. 도덕적 행위는 생태학적 의미를 내포한다.

> 이스라엘 자손들아, 여호와의 말씀을 들으라. 여호와께서 이 땅 거민과 쟁변하시나니 이 땅에는 진실도 없고 인애도 없고 하나님을 아는 지식도 없고 오직 저주와 사위와 살인과 투절과 간음뿐이요 강포하여 피가 피를 뒤대임이라. 그러므로 이 땅이 슬퍼하며 무릇 거기 거하는 자와 들짐승과 공중에 나는 새가 다 쇠잔할 것이요 바다의 고기도 없어지리라(호 4:1-3).

"이 땅에는 진실도 없고 인애도 없고 하나님을 아는 지식도 없고"라는 표현은 현대 문화 속에서 언약이 깨어졌다는 것을 확실하게 말해 주고 있다. 현대인은 다른 무엇보다도 도덕적 죄악이 생태계를 황폐하게 만들었다는 것을 믿기 어려워한다. 그러나 그것은 예나 지금이나 우리를 향한 하나님의 말씀이다.

우리가 지은 죄의 도덕적, 물질적 결과를 직면하지 않고 환경의 재난으로부터 '세상을 구하려는 것'은 현대 환경 운동과 그 기반이 되는 뉴 에이지 같은 철학 사상의 특징이다. 이런 식의 사고에 대한 좋은 예는 「지구의 꿈」(The Dream of the Earth)의 저자인 철학자 토머스 베리(Thomas Berry)의 글 속에서 발견할 수 있다. 베리는 독자들에게 성경에서 '자연의 신학'(theology of nature)을 찾는 것은 잘못이라고 경고한다. 그는 우리가 전 세계적인 환경 의식의 시대에 살고 있으며, 이 시대는 우주의 새로운 역사를 만들어 내기 위해 우리를 필요로 한다고 믿는다. 베리가 신봉하는 이야기는 다음과 같다. 우주 자체가 우리를 가르치는 선생님이다. 즉, 우주의 운명이 곧 우리의 운명이고, 우주의 가치관이 지구의 의식인 우리의 가치관이라는 것이다.[12]

베리를 비롯한 다른 여러 환경 철학자들은, 우주 자체와 그것의 진화를 인간을 향한 하나님의 첫 번째 말씀으로 생각했으며, 우리가 그 것에서 도덕적 기준을 끌어내야 한다고 주장한다. 그러나 이러한 사고 방식의 비극적인 실패는 죄악의 실체와 거기에서 빠져 나오려는 각 사람의 소망을 고려하거나 설명할 수 없다는 데 있다. 뉴스위크 지의 케네스 우드워드(Kenneth Woodward)는 베리와 대화를 나누고 그의 사상을 자세히 검토한 후에 다음과 같이 논평했다. "인류가 환경에 대항하여 죄를 저질렀다는 것은 의심할 여지가 없으나, 인류는 또한 자신과 하나님에 대해서도 죄를 저질렀으며, 이것이 바로 생태적 시대에서조차 구속에 관한 이야기가 여전히 힘을 갖는 이유다."[13] 이제 우리가 생각해 볼 이야기는 바로 이 구속에 관한 것이다.

구속

우리 자신과 이 세상 가운데 존재하는 악의 실재는 우리를 구속의 실재, 혹은 적어도 구속에 대한 소망의 실재로 향하게 하였다. 배가 고프다고 해서 곧 밥을 먹을 수 있는 것은 아니다. 그러나 위가 없는 사람이 배고파한다면 그것은 이상한 일일 것이다. 죄로 인해 안팎에서 억압받는다고 해서 그것이 곧 자유롭게 되리라는 것을 의미하지는 않는다. 그러나 죄의 노예 상태가 우리에게 예정된 것이라면, 우리가 항상 좀더 나은 무언가를 소망하고 기대해야 한다는 것은 무척 이상한 일이다.

요즘은 언약이 잘 이해되지 못하는 것처럼, 구속의 개념 역시 제대로 이해되고 있지 않다. 간단히 말하자면, 구속은 몸값을 지불하고 죄에서 해방되는 것이다. 구속은 언약과 동떨어진 개념이 아니라 본래 그 안에 있는 것이다. 안식의 언약은 또한 구속의 시작을 의미했다.

칠월 십일은 속죄일이니 너는 나팔 소리를 내되 전국에서 나팔을 크게 불지며 제 오십 년을 거룩하게 하여 전국 거민에게 자유를 공포하라. 이 해는 너희에게 희년이니 너희는 각각 그 기업으로 돌아가며 각각 그 가족에게로 돌아갈지며(레 25:9-10).

50년마다 돌아오는 희년은 일곱 번째 안식년의 다음 해다. 모든 노예가 풀려나고 50년 간 얻은 모든 재산이 원래 주인에게로 돌아가는 때가 바로 이 '안식년의 안식년'이었다. 이 해에는 씨를 뿌린다거나 농작물을 거두어들이지 않았다. 하나님은 어느 누구도 궁핍하지 않도록 희년 바로 전 해에 양식을 풍성히 주실 것을 약속하셨다. 인간과 창조 세계는 하나가 되어 이 위대한 축제를 함께 즐겼다. 아담에게 내린 저주는 얼굴에 땀을 흘려야만 음식을 먹을 수 있는 것이었다. 그러나 희년에는 이 참기 힘든 수고에서 벗어나 하나님의 자유를 아는 기쁨을 누렸다. 에덴의 저주가 거꾸로 회복되기 시작하는 것이다.

이스라엘 백성은 믿음과 순종이 없었기 때문에 (믿음과 순종은 흔히 생각하는 것처럼 서로 반대되는 것이 아니라 서로 보완하는 것이다) 하나님이 의도하신 희년을 완전히 즐기지는 못하였다. 하나님에 대한 믿음을 저버리고 자신을 믿기로 한 그들의 결심은 자유를 수고로, 풍요를 빈곤으로 바꾸었다. 오늘날 사람들의 자기 의존성은 인간의 교만의 발로이며, 이 또한 자유를 수고로, 풍요를 빈곤으로 바꾸는 대가를 치르게 한다.

인간이 그러한 속박을 자청한 것이지만, 하나님은 스스로 노예가 되기를 선택한 백성을 긍휼히 여기시며 말씀하신다. 전과 같이 그분은 언약을 하시는데, 이제는 구속의 언약을 말씀하신다.

그 날에는 내가 저희를 위하여 들짐승과 공중의 새와 땅의 곤충으로 더불어 언약을 세우며 또 이 땅에서 활과 칼을 꺾어 전쟁을 없이 하고 저희로 평안히 눕게 하리라. 내가 네게 장가들어 영원히 살되 의와 공변됨과 은총과 긍휼히 여김으로 네게 장가들며 진실함으로 네게 장가들리니 네가 여호와를 알리라. 여호와께서 가라사대 그

날에 내가 응하리라. 나는 하늘에 응하고 하늘은 땅에 응하고 땅은
곡식과 포도주와 기름에 응하고 또 이것들은 이스르엘에 응하리라
(호 2:18-22).

이스르엘은 이스라엘에 있는 실제 장소이지만, 또한 그것은 히브리
어로 '하나님이 심으신다'는 뜻을 가지고 있다. 그 의미를 알면 우리
는 다음과 같은 메시지의 아름다움을 이해할 수 있다.

내가 나를 위하여 저를 이 땅에 심고 긍휼히 여김을 받지 못하였던
자를 긍휼히 여기며 내 백성 아니었던 자에게 향하여 이르기를 너
는 내 백성이라 하리니 저희는 이르기를 주는 내 하나님이시라 하
리라(호 2:23).

하나님이 새로운 땅에 씨를 뿌리시고 몸소 그 안에 거하실 때, 그분
은 그 땅이 그분과 우리 모두에게 응답할 것이며, 우리 또한 응답할 것
이라고 하셨다. 창조 세계는 언제나처럼 삶의 질서 속에 살게 될 것이
며, 우리는 그 일부가 될 것이다. 그러므로 시편 기자와 선지자들이 산
이 엎드려 절을 하고 나무가 박수를 친다고 말했을 때, 그들은 원시적
이고 어리석은 명상 따위에 빠진 것이 아니다. 그들은 어떻게 피조물
의 본성이 변하여 지금은 불가능해 보이는 방법으로 하나님과 우리에
게 반응하게 될지를 묘사하기 위해 인간의 행동(절하고 박수치는 것)
을 빌린 것이다.
그러나 현재의 창조 세계를 파괴시키고 새로운 것을 만들어 내지
않고, 어떻게 이런 일들이 가능할까? 구속이 이 질문에 대답해 줄 것이
다. 그리고 그 목소리는 다시 한 번 언약에서 나온다.

나 여호와가 말하노라. 보라 날이 이르리니 내가 이스라엘 집과 유

다 집에 새 언약을 세우리라.…곧 내가 나의 법을 그들의 속에 두며 그 마음에 기록하여 나는 그들의 하나님이 되고 그들은 내 백성이 될 것이라. 그들이 다시는 각기 이웃과 형제를 가리켜 이르기를 너는 여호와를 알라 하지 아니하리니 이는 작은 자로부터 큰 자까지 다 나를 앎이니라. 내가 그들의 죄악을 사하고 다시는 그 죄를 기억치 아니하리라(렘 31:31-34).

그러나 이 새 언약은 새로운 종류의 규칙을 가진 언약이라기보다는 새로운 백성을 위한 언약이다. 이 새로운 종류의 언약이 실행되기 위해서는 창조 세계뿐만 아니라 인간 본성에도 근본적인 변화가 있어야 한다.

하지만 이것을 안다는 것 자체만으로 우리의 기분이 더 좋아질 것 같지는 않다. 오히려 우리의 절망을 더 깊게 할 뿐이다. 30여 년 전에 알도 레오폴드는, 땅이 더 잘 관리되기를 바란다면 먼저 인간의 마음이 근본적으로 바뀌어야 한다는 것을 잘 알고 있었다. 그는 이렇게 썼다. "우리가 지적으로 강조하는 것 즉 충성, 애정, 신념들에 본질적인 변화가 없다면 윤리에 중요한 변화가 생길 수 없다."[14]

레오폴드는 말년에 그러한 인간 본성의 변화 없이 진정한 환경 윤리를 세우려는 시도는 쓸데없는 일임을 뼈저리게 깨달았다. 그는 말했다. "사람들은 환경 보존을 쉽게 만들려다가 그것을 시시한 일로 만들어 버렸다. 그것은 마치 빵을 구걸하는 역사의 논리에 돌을 건네 주고 돌과 빵이 얼마나 비슷한지를 애써 설명해야 하는 고통을 겪는 것과 같다."[15]

우리는 역사의 논리가 어떤 의미를 갖는지를 해석하기 전에, 하나님의 언약의 논리를 이해해야만 한다. 보존을 위한 미미한 노력 이상을 기대하기 전에 우리는 그 언약의 협력자가 될 마음이 있어야 한다.

그리스도의 언약

깨질 수 없는 노아의 언약과는 달리, 하나님의 다른 언약들은 인간의 불순종 때문에 계속해서 깨진다. 인간은 자신에 대해서든 창조 세계에 대해서든 계속해서 죄의 지배를 받고 죄의 조종을 받고 있다. 결과는 양쪽 모두 죽는 것이다. 구속 없이는 죄의 노예 상태가 계속될 것이며, 죽음과 심판의 끝없는 순환이 계속될 것이다.

이 모든 일을 볼 때, 우리는 다른 피조물과 마찬가지로 구속자를 필요로 하고 구속자에 대한 소망을 가지고 있다는 것을 처절하게 깨닫게 된다. 우리 스스로 새로운 본성이나 새로운 피조물에 도달하겠다는 희망을 가질 수 없기 때문이다.

하나님의 사역에 의해 인간의 본성은 변화되기 시작한다. 이전의 언약들은, 하나님이 자신을 창조 세계와 인간과 동일시하셨을 뿐 아니라, 예수 그리스도의 인격 속에서 창조 세계의 일부가 되셨을 때 완성된 실체의 그림자에 지나지 않는다. 예수 그리스도는 인간과 창조 세계를 위해 대신 죽으시고 부활하심으로써, 인간이 저지른 죄의 대가인 죽음을 제거하여 주셨다. 그분의 죽음은 하나님에 대한 인간의 불순종과 그로 인해 창조 세계에 끼친 피해에 대한 값을 치를 수 없었던 인간의 죄값을 대신 지불했다. 구속은 값을 요구하며, 성경은 그 값에 대해서 "그의 피로 말미암아 구속"(엡 1:7)하였고 "그리스도께서 우리를 위하여 저주를 받은 바…우리를 속량하셨으니"(갈 3:13)라고 설명한다.

죽음을 이기신 그분의 부활은 이 세상에 새로운 생명의 힘이 시작되었다는 것을 나타낸다. 사람들이 자신이 저지른 죄를 용서받기 위해 그리스도를 믿을 때 그리고 하나님의 권위 아래서 살 때, 구속의 역사는 시작된다. 새로운 법을 우리의 가슴과 마음에 새기신다는 하나님의 약속의 의미가 뚜렷해진다. 이러한 변화를 일으키는 주체는 성령 안에서 행하시는 하나님의 인격이다. 이러한 하나님의 사역으로, 인간은 착한 사람이 되려 했던 헛된 노력으로부터 실제로 새로운 피조물이 되기 시작하는 것으로 구조되었다. 새로운 언약의 시작으로 그들은 이제 하나님을 '아버지' 라고 부를 수 있는 관계가 된 것이다.

성경에서는 예수 그리스도의 언약을 "때가 차매"(갈 4:4)와 "영원한 언약의 피"(히 13:20)로 설명한다. 그 언약에 들어온 자들에게 미치는 언약의 유익은 하나님께 순종하는 삶을 살 때 성령의 권세를 갖게 되고, 죄의 속박에서 자유케 되며, 본성과 성품이 그리스도를 닮아 가기 시작한다는 것이다.

우리는, 구속이 개인의 삶에서 시작된다는 것을 이야기했다. 그러나 그것이 전부가 아니다. 언약을 생각할 때 하나님과 인간의 관계에만 초점을 맞추고 나머지 피조물들과의 밀접한 관계는 무시하는 것이 기독교 공동체 내에서 흔한 일이었다. 이것은 언약에 관한 많은 글이 하나님과 인간에 중점을 두고 쓰였고(이 점은 성경이 바다수달이나 점박이올빼미가 읽도록 쓰인 것이 아니라 인간에게 읽혀지고 이해되도록 쓰였기 때문에 수긍이 가는 면이 있다), 또 신학자들도 인간을 강조하고 다른 모든 피조물은 무시해 왔기 때문이다. 20세기의 영향력 있는 개신교 신학자 칼 바르트(Karl Barth)는 창조 세계는 이 구속 사역에 포함되지 않는다고 단호하게 말했다. 그는 "창조 세계의 목적과 의미는 인간과 맺은 하나님의 언약의 역사를 가능하게 하는 데 있다. 예수 그리스도 안에서 인간은 피조물의 시작이며 중심이고 극치다"라고 말했다.[16]

창조 세계가 단지 하나님의 언약과 구원의 드라마가 상영되는 무대나 버팀목에 불과하다는 생각은 성경적이지 않다. 바르트의 견해가 이런 면에서 결함이 있다는 것은 성경뿐 아니라 다른 신학자들에 의해서도 지적되어 왔다. 저명한 구약 성경학자 제라드 폰 라드(Gerhard von Rad)는 "나는 구약 성경의 많은 부분이 우리가 그동안 전혀 관심을 갖지 않은 자연에 대해 이야기해 주고 있다고 생각한다. 만약 내가 옳다면 오늘날 우리는 역사적 영향을 받은 철학이라는 편협한 관점으로 구약의 신학적 문제들을 보는 매우 심각한 위험에 처해 있다"고 지적했다.[17]

구속에서 창조 세계가 차지하는 위치는 구약과 신약 모두에서 두드러진 특징이다. 이미 앞에서 살펴본 구속자를 갈망하는 피조물의 소망은 구약 성경의 예언서들에서 흔한 주제다. 이와 같은 창조 세계의 소망이 성취되는 것은 신약에 언급되어 있다.

그리스도의 죽음과 부활은 개인에게 중대한 영향을 미칠 뿐 아니라 창조 세계에도 크게 영향을 미친다. 그리스도를 통한 하나님의 구속의 은혜는 인간의 죄값을 지불할 뿐 아니라 억눌린 우주도 함께 구속한다. 이것은 그리스도가 하신 일의 격을 떨어뜨리는 것이 아니라 오히려 더욱 높이는 것이다. 아담의 죄가 모든 창조 세계에 영향을 끼쳤던 것처럼 그리스도께서 산 제물이 되심으로 모든 창조 세계를 구속하셨다.

그리스도의 구속의 결과는 신약 성경 전체를 통해 명확히 설명되어 있다. 그리스도의 삶과 죽음 그리고 부활로 이루어진 하나님과의 화해는 모든 피조물에게도 이루어졌다. 바울은 이 점을 확실히 깨달았다.

> 그[그리스도]는 보이지 아니하시는 하나님의 형상이요 모든 창조물보다 먼저 나신 자니 만물이 그에게 창조되되 하늘과 땅에서 보이는 것들과 보이지 않는 것들과…만물이 다 그로 말미암고 그를 위하여 창조되었고…아버지께서는 모든 충만으로 예수 안에 거하게 하시고 그의 십자가의 피로 화평을 이루사 만물…을 그로 말미암아 자기와 화목케 되기를 기뻐하심이라(골 1:15-16, 19-20).

분명히 이 구절에 쓰인 '만물'은 그리스도께서 창조하신 우주 전체를 뜻하는 '만물'과 똑같은 것이다. 이 외에도 많은 신약 구절이 그리

스도께서 모든 반역의 무리를 이기신 것과 그 결과 하나님의 목적과
의도된 질서가 모든 창조 세계에서 회복된다는 것을 강조한다(롬
8:19; 고후 5:19).

이러한 우주적 구속의 메시지는 신약에만 한정되지 않는다. 노아
홍수 후에 맺은 언약은 단지 노아에게만 주어진 것이 아니라 "나와 너
희와 및 너희와 함께 하는 모든 생물 사이에"(창 9:12-13) 주어졌다는
것을 상기하라. 이사야에게 주신 구속의 약속은 하나님의 구원과 회복
사역에 참여하는 모든 피조물의 모습으로 가득 차 있다. "다시는 너를
버리운 자라 칭하지 아니하며 다시는 네 땅을 황무지라 칭하지 아니하
고 오직 너를 헵시바라 하며 네 땅을 뿔라라 하리니 이는 여호와께서
너를 기뻐하실 것이며 네 땅이 결혼한 바가 될 것임이라"(사 62:4).

내가 어렸을 때 즐겨 부르던 노래가 하나 있다.

구원받았기 때문에 좋아서 불렀던 노래가 있었네.
오 나의 구세주, 구원자, 왕이시여,
그로 인해 나는 구원받았네.…

나는 가사의 의미를 제대로 알기도 전에 이 노래를 불렀던 것이 기억
난다. 그러나 후렴구를 이해한 후 이 노래는 참된 찬양이 되었다. 이 노
래가 더 가슴에 와 닿는 까닭은 그것이 독특하게 내게 개인적이고 직
접적으로 다가왔기 때문이다.

구속은 분명 개인적이지만, 결코 개인적인 것으로만 끝나지 않는
다. 때로 우리는 주변의 모든 사람과 모든 것을 잊어버릴 정도로 이 메
시지를 개인의 전유물로 삼아 버린다. 우리는 구속받았다는 데 만족하
여 구속이 지닌 더 넓은 의미를 무시해서는 안 된다. 모든 창조 세계가
구속 사역의 대상이라는 것을 안다고 해서 결코 그리스도를 향한 나의
사랑이나 구원의 기쁨이 감소되지 않는다. 오히려 그것은 나의 신뢰와

예배와 헌신을 받기에 합당하신 구세주를 밝히 드러내 준다. 왜냐하면 그분의 구속 사역은 나만 구하는 데 그치는 것이 아니라, 우주의 본질을 영원히 변화시킬 수 있을 정도로 강력하기 때문이다.

디트리히 본회퍼는 우리의 구속과 창조 세계의 구속 사이에 연관성이 있다는 비밀을 깨달았던 것 같다. 다음 글을 보면 이러한 점이 잘 드러나 있다.

> 골고다 언덕과 십자가, 피, 상처입은 몸…. 얼마나 이상한 천국인가! 생명의 나무가 하나님이 고통받고 죽어야 할 나무였다니 얼마나 이상한 일인가! 그러나 사실 그것이 하나님의 나라이며 부활이다. 타락하여 하나님의 보호를 받고 있는 우리 인간들에게 천국 이야기는 생명의 나무, 즉 그리스도의 십자가로 끝맺는다.[18]

구속은 단지 부활의 승리를 뒤돌아보거나 영광스러운 미래만을 바라보는 것이 되어서는 안 된다. 구속의 실재는 우리에게 현재 우리가 누리고 있는 자유를 찬양할 의미와 힘을 준다. 생명은 무의미한 지루함이나 하찮은 것이 아니다. 우리는 "값 주고 사신 바" 되었기 때문에 삶으로 하나님께 영광을 돌려야 한다(고전 6:20). 하나님의 자녀 된 우리는 나머지 피조물에 대한 특별한 의무가 있다(롬 8:18-22). 실제로, 성경은 모든 피조물이 하나님의 자녀들이 나타나기를 갈망하고 있다고 말한다(롬 8:19). 하나님과의 언약 아래 살고 있는 우리는, 피조물을 회복시키는 과정에도 참여한다. 물론 이 일을 완성시키실 분은 하나님이지, 결코 우리 인간이 아니다. 그러나 우리는 창조 세계를 다스리시는 그리스도의 사역의 실재를 설명해야 하며, 또한 우리와 맺은 하나님의 언약에 순종하여 살 때 창조 세계가 치유된다는 기대를 가지고 살아야 한다. 그렇게 살 때, 우리는 다음과 같은 아미쉬의 속담을 이해할 수 있을 것이다.

"우리는 부모로부터 땅을 물려받은 것이 아니라 우리 자손들에게서 그것을 빌려 쓰고 있는 것이다."

토론 문제

1. 창세기 9장에 묘사된 언약의 대상은 누구인가? 이 언약의 조건은 무엇인가? 이 언약이 하나님과 인간 사이에 독점적으로 세워진 것이 아니라는 증거는 어디에 나타나 있는가?
2. 성경에서 무지개는 일관되게 무엇을 상징하는가? 이것은 왜 창세기 9장의 언약에 대한 적절하면서도 힘있는 상징물이 되는가?
3. 성경에서 인간과 피조물은 언약과 구속에 대해 어떤 식으로 연관되어 있는가?
4. 창세기 9장의 언약의 말씀이 오늘날 의미하는 바는 무엇인가? 창조 세계가 우리와 함께 구속될 것이라는 것을 아는 것은 왜 중요한가?

제6장 다스림과 정복

창세기 1:28

생육하고 번성하여 땅에 충만하라, 땅을 정복하라, 바다의 고기와 공중의 새와 땅에 움직이는 모든 생물을 다스리라.

'통치자'라고 하면 당신은 어떤 생각이 드는가? 또 '정복'이라는 단어를 들으면 어떤 단어가 떠오르는가? 아마 허식, 권력, 힘, 교활함, 강압 등과 같은 단어가 떠오를지 모른다. 우리는 통치자나 정복자들에게서 흔히 이러한 특징들을 볼 수 있다. 린 화이트 2세가 자신의 유명한 글에서, 기독교는 "인간이 정당한 목적을 위해 자연을 이용하는 것이 바로 신의 뜻이라고 주장한다"[1]고 썼던 것이나, 알도 레오폴드가 새로운 토지 윤리가 "그 토지 공동체의 정복자로부터 그 사회의 시민인 보통 사람에 이르기까지 모든 인류(Homo sapiens)의 역할을 바꿀 것이다"[2]라고 주장한 것은, 그들이 창세기 1:28을 인정하기 싫어했다는 것을 보여 준다.

만약 통치자와 정복자들의 명단을 작성해 본다면 그것은 성인이나 봉사자들의 명단과는 분명 다를 것이다. 우리 인류의 역사는 수백만 명의 부도덕한 사람들이 서로 '다스리고 정복하기' 위해(다르게 말하면, 착취하고 지배하기 위해) 피흘린 비극의 역사다. 이 방면에서 성공적이었다고 할 수 있는 징기스칸, 느부갓네살 왕, 줄리어스 시저, 헤롯 대왕, 훈족의 아틸라(Attila) 왕, 스탈린, 마우쩌둥, 히틀러, 이디 아민 (Idi Amin) 같은 이름은 역사의 한 페이지를 무고한 사람들의 피로 흠뻑 적시고 우리 마음에 어두운 그림자를 드리운다. 이러한 면에서 세상 사람들이 창세기 1:28의 내용 즉 "땅을 정복하고 모든 생물을 다스리라"는 말씀을 부정적인 이미지와 관련시켜 생각하는 것은 이해할 만하다. 그러나 이것은 창세기 1:28에 쓰인 다스림과 정복을 잘못 해석했기 때문이다. 모든 단어는 두 가지 차원의 의미를 가진다. 첫째는 그 단어의 문자적인 정의, 즉 그 개념이 표현하는 실제적이고 객관적인 내용이다. 둘째는 그 단어에 내포된 의미 곧 함의(含意)이다. 여기서 함의란 그 말이 세상에서 쓰이면서 획득된 의미 곧 그 단어가 연상시키는 이미지를 말한다. 정의와 함의가 항상 같은 것은 아니므로, 정의와 함의를 혼동할 경우 단어를 잘못 이해하게 된다.

하나님의 말씀이 우리에게 어떤 의미가 있는지를 이해하기 위해서는, 말씀을 직접 전해 들은 아담과 하와가 하나님의 말씀을 어떻게 이해했는지를 살펴보고 그들이 그 말씀에 어떻게 반응했는지를 살펴볼 필요가 있다. 아담과 하와는 (원래는) 우리와 같지 않았다. 그들은 선악을 알지 못했다. 죄가 없고 순결했으며 타락하지 않았다. 그들은 우리 역사에서 계속 되풀이된 인간 대학살도 알지 못했다. 다스림과 정복이 그들에게 의미하는 것은 무엇이었을까? 이보다 더 중요하게는, 하나님께 다스림과 정복은 무엇을 의미하는 것일까? 이 질문에 답하기 위해서는 성경에서 '다스림'과 '정복'이 어떻게 쓰이는지를 살펴보아야만 한다.

땅을 정복하라

먼저 정복의 경우를 살펴보자. 우리는 아담이 정복이라는 단어를 어떤 의미로 이해했는지를 유추해 나감으로써 성경이 말하는 정복의 의미를 비로소 이해할 수 있을 것이다. 땅을 정복하라는 하나님의 말씀은 '모든 동물을 죽이고 잡아먹으라'는 뜻은 아닐 것이다. 하나님은 아담에게 "내가 온 지면의 씨 맺는 모든 채소와 씨 가진 열매 맺는 모든 나무를 너희에게 주노니 너희 식물이 되리라"(창 1:29)고 말씀하셨다. 이 말씀을 들은 아담이 타조나 하마를 맛있는 고깃덩어리로 보지는 않았을 것이다. 또 아담과 아내 하와는 비록 벌거벗었으나 부끄러워하지 않았기 때문에(창 2:25) 몸을 가리기 위한 동물 가죽이나 모피가 필요하지도 않았을 것이다. 또 땅을 정복하라는 하나님의 말씀은 광물을 캐고 개발하라는 뜻도 아니었을 것이다.

우리가 알 듯이 현대 과학 기술은 인간의 두 가지 근본적인 필요에 의해 발전되어 왔다. 하나는 직접적인 환경을 통제하는 것, 좀더 구체적으로 말하면 따뜻함을 유지하는 것이고, 또 다른 하나는 식량 생산을 늘리는 것이었다. 그러나 아담이 살던 시대에는 이런 것들이 필요 없었다. 오늘날에도 식량이 풍부하고 주변 환경이 따뜻한 열대 기후에 사는 원주민 사회에서는 과학 기술이 거의 발달하지 않았으며, 그들은 옷도 거의 걸치지 않고 산다. 어떻게 그럴 수 있을까? 그들에게 필요한 것은 무엇일까? 그 곳에 사는 사람들은 벌거벗은 상태를 부끄러워하지 않을 뿐더러 불편해하지도 않는다. 이러한 상황을 본다면 **정복**이라는 말은 '고도로 발달한 농업의 시작'을 의미하지는 않는다. 하나님이 에덴 동산을 "다스리고 지키라"(창 2:15)고 지시하셨지만, "여호와 하나님이 그 땅에서 보기에 아름답고 먹기에 좋은 나무가 나게 하시니"(창 2:9)라고 말씀하신 그 땅을 다스리고 지키는 것은 분명히 유쾌한 임무였을 것이다.

대부분의 사람이 "다스리고 정복하라"는 구절에서 연상하는, 자원을 개발하는 행위에 대해 함께 생각해 보자. 아담의 시대에는 그러한 행위가 어울리지 않는다. 실제로도 자원 개발은 당시에는 아무 명분이나 의미가 없었을 것이다. 이 문맥에서, **정복**이라는 단어는 하나님이 창조하신 것을 그분의 방법과 목적에 부합하게 계속 유지시키는 것을 말한다. 죄가 없는 세상에서는 그 일이 어렵거나 불쾌하지 않았을 것이라고 말한다면, 우리가 아담에 대해 너무 몰인정한 것일까?

실제로 아담이 처음(아마도 처음이자 마지막)으로 한 정복 행위는 동물에게 이름을 지어 주는 일이었다. 여기서 우리는 하나님이 만드신 것들에 질서를 부여하면서 하나님과 협동하고 있는 아담을 볼 수 있다. 혼돈으로부터 질서를 만드신 이는 하나님이다. 그러나 하나님은, 우리 인간이 필요에 의해서가 아니라 사랑을 가지고 그분의 창조 질서 사역에 지속적으로 동참하기를 바라신다. 하나님이 말씀하시는 정복이란 바로 이러한 개념이다.

모든 생물을 다스리라

많은 사람이 땅을 정복하라는 말보다 모든 생물을 '다스리라'는 말을 이해하는 데 더 큰 어려움을 겪는다. 인간이 자기 자신을 통치자로 생각하고, 그 외 피조물을 지배 대상으로 본다면 모든 피조물은 멸망할 수밖에 없을 것이다. 우리 중에 진정으로 훌륭한 통치자의 예를 찾아보기 힘들기 때문이다. 물론 몇 명은 있겠지만 말이다. 그러나 우리는 '다스림'의 의미에 대해 부정적인 결론을 내리기 전에 먼저 하나님이 말씀하시는 '다스림'이 어떤 의미인지를 알아보아야 한다.

하나님은 통치자이시며, 우리에게 자기 자신을 통치자로 묘사하는 것을 주저하지 않으신다. 때때로 그분은 피지배자에 대한 생각과 감정을 우리와 공유하셨다. 하나님의 백성인 이스라엘 사람들이 왕에 대한 생각을 품기 훨씬 전에 하나님은 그들에게 왕권에 대한 예언적 지침을 주셨다. 이것은 그들의 왕을 이 세상의 다른 통치자들과 뚜렷이 구분시켜 줄 것이었다.

왕 된 자는 말을 많이 두지 말 것이요 말을 많이 얻으려고 그 백성을 애굽으로 돌아가게 말 것이니 이는 여호와께서 너희에게 이르시기를 너희가 이 후에는 그 길로 다시 돌아가지 말 것이라 하셨음이며 아내를 많이 두어서 그 마음이 미혹되게 말 것이며 은금을 자기를 위해 많이 쌓지 말 것이니라. 그가 왕위에 오르거든 레위 사람 제사장 앞에 보관한 이 율법서를 등사하여 평생에 자기 옆에 두고 읽어서 그 하나님 여호와 경외하기를 배우며 이 율법의 모든 말과 이 규례를 지켜 행할 것이라. 그리하면 그의 마음이 그 형제 위에 교만하지 아니하고 이 명령에서 떠나 좌로나 우로나 치우치지 아니하리니 이스라엘 중에서 그와 그의 자손의 왕위에 있는 날이 장구하리라(신 17:16-20).

아이러니하게도, 이 말씀을 지키지 않아 몰락을 자초한 사람은 바로 이스라엘의 위대한 왕으로 불리는 솔로몬이다. 그는 700명의 아내와 300명의 첩을 두었을 뿐 아니라 다음과 같이 행했다.

솔로몬이 병거와 마병을 모으매 병거가 일천사백이요 마병이 일만 이천이라.…왕이 예루살렘에서 은을 돌같이 흔하게 하고…솔로몬의 말들은 애굽에서 내어 왔으니…. 솔로몬 왕이 바로의 딸 외에 이방의 많은 여인을 사랑하였으니 곧 모압과 암몬과 에돔과 시돈과 헷 여인이라.…솔로몬이 나이 늙을 때에 왕비들이 그 마음을 돌이켜 다른 신들을 좇게 하였으므로…시돈 사람의 여신 아스다롯을 좇고 암몬 사람의 가증한 밀곰을 좇음이라. 솔로몬이 여호와의 눈 앞에서 악을 행하여(왕상 10:26-30; 11:1-6).

하나님의 언행

만약 하나님이 인간 왕을 우리와 다른 방법으로 평가하셨다면 자기 자신에 대해서는 더 엄격한 기준을 적용하셨을 것이다. 왜냐하면 하나님은 우주의 가장 훌륭한 통치자이시며 은하계의 제왕이자 태양계의 황제이시기 때문이다. 그러면 하나님은 어떻게 백성을 다스리시는가? 이스라엘 백성에게 주신 하나님의 가장 큰 약속은 언젠가는 예언자나 선지자 또는 왕을 매개로 하지 않고 그분이 직접 그들을 다스리시겠다는 것이다.

이사야는 "한 아기가 우리에게 났고 한 아들을 우리에게 주신 바 되었는데 그 어깨에는 정사를 메었고, 그 이름은 기묘자, 모사라, 전능하신 하나님이라, 영존하시는 아버지라, 평강의 왕이라 할 것임이라. 그 정사와 평강의 더함이 무궁하며 또 다윗의 위에 앉아서 그 나라를 굳게 세우고"(사 9:6-7)라고 기록했다. 오늘날 우리는 이 말씀이 온 우주와 역사에서 가장 훌륭하고 강력한 통치자인 하나님의 아들, 메시아 예수 그리스도에 대한 예언이었다는 것을 안다. 그러면 예수님은 어떻게 다스리셨는가? 그분의 언행을 통해 알 수 있듯이 다스림에 대한 예수님의 생각은 세상 사람들의 생각과는 매우 다르다. 예수님은 이렇게 말씀하셨다.

이방인의 집권자들이 저희를 임의로 주관하고 그 대인들이 저희에게 권세를 부리는 줄을 너희가 알거니와 너희 중에는 그렇지 아니하니 너희 중에 누구든지 크고자 하는 자는 너희를 섬기는 자가 되고 너희 중에 누구든지 으뜸이 되고자 하는 자는 너희 종이 되어야 하리라. 인자가 온 것은 섬김을 받으려 함이 아니라 도리어 섬기려 하고 자기 목숨을 많은 사람의 대속물로 주려 함이니라(마 20:25-28).

예수님의 삶을 보면서 우리는 이 말이 결코 공허한 미사여구가 아니었음을 알 수 있다. 예수님이 체포되기 전날 밤 최후의 만찬석상에서 제자들에게 남기신 교훈에서도 이러한 사실을 볼 수 있다.

저녁 먹는 중 예수는 아버지께서 모든 것을 자기 손에 맡기신 것과 또 자기가 하나님께로부터 오셨다가 하나님께로 돌아가실 것을 아시고 저녁 잡수시던 자리에서 일어나 겉옷을 벗고 수건을 가져다가 허리에 두르시고 이에 대야에 물을 담아 제자들의 발을 씻기시고 그 두르신 수건으로 씻기기를 시작하여⋯저희 발을 씻기신 후에 옷을 입으시고 다시 앉아 저희에게 이르시되 내가 너희에게 행한 것을 너희가 아느냐? 너희가 나를 선생이라 또는 주라 하니 너희 말이 옳도다. 내가 그러하다. 내가 주와 또는 선생이 되어 너희 발을 씻겼으니 너희도 서로 발을 씻기는 것이 옳으니라. 내가 너희에게 행한 것같이 너희도 행하게 하려 하여 본을 보였노라(요 13:3-5, 12-15).

하나님이 보시기에 다스리는 자는 곧 섬기는 자이다. 그렇기 때문에 하나님은, 창조 세계를 섬김으로써 생물을 다스리고 정복하라고 명하신 것이다. 사실상 통상적으로 "다스리고 지키라"고 번역하는 창세기 2:15의 히브리 문장은 "섬기고 보전하라"로 표현하는 것이 정확하다.

하나님은 이 세상을 다스리시면서 이 세상을 조화로운 상태로 놓아두셨지, 믿지 않는 자들을 강제로 가두고 고통을 주어 가며 자신의 말씀을 받아들이도록 강요하지 않으셨다. 언젠가는 하나님의 말씀이 성취될 날이 올 것이다. 현재로서는 하나님은 인내와 친절과 자비로 다스리시며, 정부의 권위로 인간의 악행을 제한하고 언제 어디서나 모든 생명체의 필요를 공급하심으로써 "해를 악인과 선인에게 비춰게 하신다"(마 5:45). 시편 기자는 "[여호와께서는] 손을 펴사 모든 생물의 소원을 만족케 하시나이다"(시 145:16)라고 적고 있다.

하나님은 사람들이 자신을 인정하지 않을 때에도 사랑과 자비를 베푸셨다. 하나님은 아무에게도 그 사람이 할 수 있는 것 이상을 바라지 않으셨으며, 그분의 모든 소유, 심지어 생명까지도 우리에게 주셨다. 그분은 제자들에게 믿지 않는 자를 위해 기도하라고 하시고 그들에게 해

를 입힌 자를 축복하라고 명하셨다. 우리 각 사람을 향한 그분의 사랑은
영원하다. 하나님은 우리에게 하신 것처럼 모든 생물을 다스리신다.

> 저가 구름으로 하늘을 덮으시며 땅을 위하여 비를 예비하시며 산에
> 풀이 자라게 하시며 들짐승과 우는 까마귀 새끼에게 먹을 것을 주
> 시는도다(시 147:8-9).
>
> 이것들이 다 주께서 때를 따라 식물 주시기를 바라나이다. 주께
> 서 주신즉 저희가 취하며 주께서 손을 펴신즉 저희가 좋은 것으로
> 만족하다가 주께서 낯을 숨기신즉 저희가 떨고 주께서 저희 호흡을
> 취하신즉 저희가 죽어 본 흙으로 돌아가나이다. 주의 영을 보내어
> 저희를 창조하사 지면을 새롭게 하시나이다(시 104:27-30).

잭 코트럴(Jack Cottrell)은 "창조주와 그분의 창조 세계 사이에는
진정으로 친밀한 관계가 존재하는 것 같다. 우리는 하나님이 모든 자
연계를 사랑하시며 마치 정원사가 사랑스러운 장미를 조심스럽게 옮
길 때처럼 애정과 관심으로 자연계를 돌보시는 것에 감동을 받는다"
고 썼다.[3] 그는 하나님의 뜻을 잘 알고 있는 것 같다. 하나님은 자기 백
성 이스라엘을 위해 선택한 땅을 이렇게 묘사하신다.

> 네가 들어가 얻으려 하는 땅은 네가 나온 애굽 땅과 같지 아니하니
> 거기서는 너희가 파종한 후에 발로 물 대기를 채소밭에 댐과 같이
> 하였거니와 너희가 건너가서 얻을 땅은 산과 골짜기가 있어서 하늘
> 에서 내리는 비를 흡수하는 땅이요 네 하나님 여호와께서 권고하시
> 는 땅이라. 세초부터 세말까지 네 하나님 여호와의 눈이 항상 그 위
> 에 있느니라(신 11:10-12).

하나님은 사랑과 관심으로 창조 세계를 다스리시고, 일상적인 방법

으로든 특별한 방법으로든 그들이 필요로 하는 것을 주신다. 그분은 우리의 상상을 초월하는 아주 세심한 지식으로써 다스리신다. 예수님은 "참새 두 마리가 한 앗사리온에 팔리는 것이 아니냐? 그러나 너희 아버지께서 허락지 아니하시면 그 하나라도 땅에 떨어지지 아니하리라"(마 10:29)고 말씀하셨다. 이 말씀은 하나님이 참새의 장례식에 참석하신다는 의미일까? 예수님의 말씀에 따르면 확실히 그렇다.

하나님의 형상

모든 피조물 중에서 인간만이 하나님의 형상을 따라 만들어졌다고 한다. 물론 이 말은 우리의 겉모습이 하나님과 똑같이 생겼다는 것을 의미하지는 않는다(그리고 우리는 아침에 거울을 보면서 이 사실에 감사해야 한다). 인간이 하나님의 형상으로 지음받았다는 의미를 이해하기 위해서 우리는 원래 이 이야기를 직접 들은 사람들에게 **형상**이라는 말이 역사적으로 무엇을 의미했는지를 이해할 필요가 있다.

고대 사람들은 대부분 다신을 믿었다. 사람들은 대개 신의 형상과 특징을 나타내는 우상을 만들어 그것을 숭배했다. 그러나 우상 숭배자 중에서도 현명한 사람들은 우상 자체를 신이라고 믿지 않았다. 다만 우상은 신의 상징물로서 신을 형상화하여 나타내고 그 힘을 발휘하고 그의 존재를 확실하게 나타내는 대상이라고만 생각했다. 신에게 예배할 때 우상 사용을 금지했다는 점에서 여호와는 다른 여러 고대 신들과는 달랐다. 이 점은 십계명의 두 번째 계명에 잘 나타나 있다. "너를 위하여 새긴 우상을 만들지 말고 또 위로 하늘에 있는 것이나 아래로 땅에 있는 것이나 땅 아래 물 속에 있는 것의 아무 형상이든지 만들지 말며"(출 20:4).

이 명령은 거짓 신들에 대한 우상 숭배를 금할 뿐만 아니라, 참 신이신 하나님께 예배드릴 때에도 우상을 만들어 숭배하는 것을 금한다. 그렇기 때문에 하나님이 직접 빚으신 유일한 피조물인 사람을 제외하고는 다른 어느 피조물에서도 그분의 형상을 찾아볼 수 없는 것이다.
"하나님이 가라사대 우리의 형상을 따라 우리의 모양대로 우리가 사
람을 만들고"라는 문장을 이해했다면 "그로 바다의 고기와 공중의 새
와 육축과 온 땅과 땅에 기는 모든 것을 다스리게 하자"(창 1:26)는 문
장도 이해할 수 있을 것이다. 하나님의 형상으로 지음받은 인간이 그
밖에 또 무엇을 할 수 있겠는가?

우리는 모든 피조물과 함께, 생육하고 번성하라는 축복을 공유하고
있지만, 하나님의 형상대로 지음받은 우리에게는 특별한 책임이 주어
졌다. 다른 피조물에게 하신 것처럼 하나님은 인간에게도 "생육하고
번성하라"고 축복하신 후 "땅에 충만하라, 땅을 정복하라, 바다의 고기
와 공중의 새와 땅에 움직이는 모든 생물을 다스리라"(창 1:28)는 말씀
을 덧붙이셨다.

다스리고 정복하라는 하나님의 말씀 후에, 아담과 하와에게는 에덴
에서 해야 할 세 가지 특별한 임무가 주어졌다. 처음 두 가지는 에덴 동
산을 경작하고 지키는 일이었다. 그리고 나중에 주어진 세 번째 일은
동물의 이름을 짓는 것이었다.

경작(cultivating)은 어떤 변화와 성장 그리고 개발을 의미한다. 그것
은 우리가 우정을 '개발한다'(cultivating)고 말할 때처럼 긍정적이고
건설적인 방향으로의 변화와 성장을 의미한다. '경작'은 어떤 것이 그
자체의 본질적이고 고매한 목적을 달성하게 하는 데 도움을 주는 것을
의미한다. 히브리인들은 이 개념을 아주 잘 이해하고 있었다. '경작하
다'라고 번역된 히브리어 '아바드'('ābad)는 '섬기다' 또는 좀더 문자
적으로 표현하면 '누군가의 종이 되는 것'을 뜻하는 단어에서 파생되
었다. 농경 사회에서는 경작을 이러한 의미로 이해하는 것이 자연스럽
다. 달리 어떤 방법으로 땅을 섬길 수 있겠는가?

또 우리는 에덴을 '지키라'는 말씀이 무엇을 의미하는지 알고 있
다. 그것은 에덴을 보전하고, 보호하고, 유지시키는 것을 의미한다. 정

복하고 지키라는 두 명령이 아담이 에덴을 돌보는 것을 묘사하는 데 사용된 것을 보면, 하나님과 아담에게 그 둘이 모순된 목표를 의미하지 않는다는 사실을 알 수 있다. 에덴을 정복하라는 말은 분명히, 하나님이 에덴에 부여한 선함과 아름다움을 지키고 간직하라는 의미이며, 또한 관리(경작)함으로써 에덴 동산 안에 숨겨진 좋은 점들을 드러내도록 에덴에 봉사하라는 의미이다. '지키다'라고 번역된 히브리어 '사마르'(šāmar)는 민수기 6:22-26의 유명한 축도문에도 사용되었다. 여호와는 모세에게, 자신이 다음과 같은 말로 이스라엘 자손을 축복하셨음을 아론과 그의 아들들에게 전하라고 하셨다. "여호와는 네게 복을 주시고 너를 지키시기를 원하며 여호와는 그 얼굴로 네게 비춰사 은혜 베푸시기를 원하며 여호와는 그 얼굴을 네게로 향하여 드사 평강 주시기를 원하노라." 분명히 우리 인간은 하나님이 우리를 '지키시듯' 에덴을 '지키라'는 명령을 받았다.

이름을 짓는다는 것은 이름을 짓는 대상을 아주 구체적이고 상세하게 안다는 것을 뜻한다. 대부분의 사람은 참새라는 말에 오로지 작은 갈색 새만 생각하겠지만 훌륭한 조류학자는 Swamp Sparrows, Chipping Sparrows, Field Sparrows, Fox Sparrows, Song Sparrows, Vesper Sparrows, Lark Sparrows 등 적어도 열두 종의 참새를 구별한다. 아담이 모든 생물의 이름을 지은 것은 그가 이런 종류의 지식을 가지고 정당한 권위를 행사했음을 의미한다. 또한 이름을 짓는다는 것은, 우리 개인의 이름이 의미하는 것처럼, 사물의 본질을 인지하고 가치를 부여하는 것을 뜻한다.

앞에서 언급한 경작하기, 지키기, 이름 짓기와 같은 세 가지 행위를 종합해 보면, 비록 간략하기는 하지만 타락 이전의 인간이 어떻게 타락 이전의 세상을 다스렸는지를 어렴풋이 알 수 있다.

대안

이와 같은 몇몇 성경 구절을 통해 우리는 하나님이 지구를 "다스리고 정복하라"고 하신 말씀이 무슨 뜻인지를 이해할 수 있을 것이다. 이 말씀은 린 화이트 2세가 생각한 것처럼, 20세기의 현대 기술 문명으로 무장된 초기 히브리인들의 교만에 대한 언급이 아니라, 창조 세계를 섬기고 보호해야 할 우리의 올바른 위치를 받아들이라는 요청인 것이다. 우리가 올바른 위치에 있을 때만이, 우상 숭배자들이 돌과 나무의 형상에서 헛되이 찾았던 우리 주님의 형상—이 세상에서의 하나님의 활동의 중심이자 통로가 되는—을 소유할 수 있다. 에덴의 상황과 우리를 다스리시는 하나님의 통치의 모범을 보건대, 다스리고 정복하라는 명령은 결코 '자연에 대한 독재적인 권력 행사'를 의미하지 않는다. 오히려 그 말씀은 하나님의 위대한 피조물인 인간이 창조 세계의 종이 되어 섬겨야 함을 의미한다. 우리는 그리스도의 모범을 통해, 다른 피조물의 복지를 우리 자신의 복지보다 우위에 두고, 그들에게 이로운 것이 무엇인지를 먼저 생각하며, 종이 되어 모든 피조물을 다스려야 한다는 가르침을 받는다.

이러한 일을 성공적으로 해 내기 위해서 우리는 올바르게 반응해야 한다. 그러기 위해서는 창조 세계에서 우리의 올바른 위치를 받아들여야 한다. 우리는 흙으로 빚어진 창조물이며, 창조 세계를 보호한다는 가장 고상한 이유는 제쳐 두더라도, 우리 자신의 생존을 위해서 건강한 창조 세계가 필요하다. 우리는 창조 세계의 일부분이지만, 또한 창조 세계에서 특별한 위치에 있다. 우리는 창조 세계에서 우리의 위치를 인정할 뿐 아니라, 그에 따른 책임도 인정해야 한다.

오늘날 대부분의 세속 환경 윤리는 피조물에 대한 인간의 지배권을 손상시키고 있으면서도 그것을 요구하고 있다. 그래서 알도 레오폴드는 「모래 땅의 사계」(A Sand County Almanac, 푸른숲)라는 책의 한 페이지에서 자연계의 일반 구성원이자 시민으로서 우리 인간의 역할을 받아들이라고 말하면서도, 뒤에 가서는 야생은 '문명의 인공물을 만들어 내기 위해 필요한 가공하지 않은 원료'이므로 보호되어야 한다고 말하고 있다. 다시 말하면 자연이 우리 인간 사회에 가치가 있기 때문에 그것을 보호해야 한다는 것이다.[4]

이러한 세속 환경 윤리와 대조적으로, 성경은 모든 피조물 중에서 인간은 지배자라는 특별한 지위를 부여받았으며, 우리 인간은 하나님이 위임하신 대로 모든 생물을 보호할 책임이 있다고 말하고 있다. 군주제 국가에서는 후임자가 없는 상태에서 왕이 제위를 포기하는 경우, 극심한 혼란 상태가 초래될 수 있다. 마찬가지로 하나님이 우리에게 맡기신, 창조 세계를 돌볼 정당한 책임을 포기한다는 것은 그 책임을 악용하는 것만큼이나 나쁜 결과를 초래하게 된다. 문제는 인간이 자연을 지배하느냐 마느냐 하는 것이 아니다. 우리는 우리가 원하든 원하지 않든 이미 (최소한 어느 정도는) 자연을 지배하고 있다. 우리가 진정 생각해야 할 문제는 어떻게 지배할 것이냐이다. 즉 지구의 절대 군주가 될 것이냐 아니면 하나님의 청지기가 될 것이냐이다. 우리는 성경적 관점에서, 창조 세계의 '지배자'로서의 우리의 역할을 열정과 겸손의 자세로 받아들여야 한다. 열정의 자세로 받아들여야 하는 것은 하나님이 우리에게 주신 특별한 임무, 즉 하나님의 형상을 이 땅에 심으라는 임무를 수행함으로써 하나님과 함께 기쁨을 나눌 수 있기 때문이다. 또 겸손의 자세로 받아들여야 하는 것은 우리가 똑똑하고 잘나서가 아니라 하나님의 선택으로 우리가 이러한 임무를 부여받았으며, 하나님은 우리가 창조 세계를 돌보는 것뿐만 아니라 창조 세계에 대한 우리의 모든 행동에 대해서 우리에게 책임을 물으실 것이기 때문이다.

함축된 의미

창조 세계를 다스리고 정복하라는 말씀에 관한 기독교적 관점을 이해하려면 우리는 네 가지 면에서 이 문제를 살펴보아야 한다. 첫 번째 는 **지식**이다. 만약 우리가 하나님처럼 창조 세계를 다스리고자 한다면, 창조 세계란 무엇이며 그것이 어떻게 작용하는지에 대한 이해에서부 터 출발해야 한다. 고기와 우유가 수퍼마켓에서 난다고 생각해서는 안 된다. 솔새를 참새로 착각한다거나 가문비나무를 소나무로 착각하는 일도 없어야 한다. 또한 이들 사이에는 어떤 관계가 있는지 그리고 다 른 것들과는 어떤 관계를 맺고 있는지에 대해서도 알아야 한다. 우리 는 아담이 각각의 생물을 보고 종류대로 그 특징에 맞는 이름을 붙이 면서 생물을 이해했던 그 방법대로 생물을 이해하는 법을 배워야 한 다. 우리는 오직 이러한 방법을 통해서 창조 세계와 각 피조물의 특별 한 필요를 발견할 수 있을 것이다.

그러나 지식만으로는 부족하다. 이 세상에는 많은 것을 알고 있으 면서도 아무것도 신경쓰지 않는 사람들이 많다. 지식 다음으로 뒤따라 야 할 것은 **관심**이며, 그와 관련된 일체성이다. 하나님이 우리의 관심 사를 그분의 관심사로 만드셨던 것처럼 우리가 감히 하나님의 형상으 로 창조 세계를 다스리려 한다면 창조 세계의 관심사를 우리의 관심사 로 만들기 시작해야 한다.

지식과 관심은 **희생**을 낳는다. 단순히 기술을 개발한다고 해서 환경 문제가 근본적으로 해결되는 것은 아니다. 순무즙을 더 많이 짜내기 위해서 순무를 꼭 쥐어짤 수는 있다. 그러나 순무를 가꾸고 돌보는 입 장이라면 그것은 올바른 방법이 아니다. 창조 세계를 더 세게 쥐어짜 는 것이 아니라 거기에 가볍게 손을 갖다 대는 것이 필요하다. 우리는 스스로 더 많이 희생하고 다른 피조물들의 고통은 덜어 줄 수 있는 생 활 방식을 개발해야 한다. 이것은 여기서 간단히 언급함으로써 해결될 문제가 아니므로 나중에 더 자세히 언급하도록 하겠다.

마지막으로, 우리는 창조 세계를 **구속**하기 위해 일해야 한다. 왜냐 하면 그것이 창조 세계를 향한 하나님의 궁극적인 목적이기 때문이다.

어떤 그리스도인은 예수님이 곧 재림하실 것이므로 지금 창조 세계에 무슨 일이 일어나고 있는지는 그리 중요하지 않다고 말한다. 그러나 사도 바울은 이와 같은 종말론에 동의하지 않을 것이다. 바울은 로마서에서 이렇게 말하고 있다.

> 피조물의 고대하는 바는 하나님의 아들들의 나타나는 것이니 피조물이 허무한 데 굴복하는 것은 자기 뜻이 아니요 오직 굴복케 하시는 이로 말미암음이라. 그 바라는 것은 피조물도 썩어짐의 종노릇한 데서 해방되어 하나님의 자녀들의 영광의 자유에 이르는 것이라. 피조물이 다 이제까지 함께 탄식하며 함께 고통하는 것을 우리가 아나니(롬 8:19-22).

예수님이 다시 오신다는 사실, 그리고 지금 당장 오실 수도 있다는 가능성은 창조 세계를 돌보아야 할 우리의 책임에 의미와 긴급함을 더해 준다.

창조 세계를 다스리는 우리의 사역의 목적과 결과는 인간뿐 아니라 모든 생물에게 주어진 복, 즉 '생육하고 번성하는' 것을 돕는 것이다. 지금 인류는 50억 명이 넘어서 이 지구상에 이미 꽉 차 있다. 인구는 이 정도면 충분하다. 그러나 다른 피조물들은 어떤가?

5월의 어느 날 저녁, 나는 학생들을 데리고 미시건 북부의 숲에 있는 작은 연못으로 갔다. 해가 질 무렵 우리는 블루베리와 양치류 덤불 속 연못 가장자리에서 자라고 있는 미국소나무(jack pine) 아래 앉아 있었다. 우리 위쪽 언덕에서는 청개구리가 울기 시작했다. 이맘 때면, 3-5cm에 불과한 작은 청개구리 수컷은 암컷을 유인하기 위해 물가에서 노래를 한다. 그들은 크고 날카로운 소리로 단숨에 "개굴"하고 운다. 봄철이면 낮 동안 울 때도 있지만, 가장 요란한 합창 소리는 어두워지면서부터 시작하여 밤 동안 내내 지속된다.

앉아 있는 시간이 길어질수록 주위는 점점 어두워졌으며, 더 많은 청개구리들이 울기 시작했다. 동시에 청개구리들은 언덕 아래로 움직이기 시작하여 연못으로 모여들었다. 우리는 그들이 점점 가까이 오는 것을 알 수 있었다. 그들의 노랫소리뿐 아니라 물가로 가기 위해 양치류와 솔잎 위로 뛰어다니며 기어가는 작은 소리가 조금씩 더 가까이 다가왔기 때문이다. 점점 더 가까이, 점점 더 큰 소리를 내면서, 더 많은 청개구리가 우리 주위에 모여들었다. 어두워지면서 수많은 청개구리들이 여기저기에서 노래하고 다투었다. 주위는 어두웠지만 청개구리들을 볼 수 없을 정도는 아니었다. 그들은 노래를 부를 좋은 장소를 찾기 위해 양치류 위로 기어오르고 있었으며, 목에 공기를 잔뜩 집어넣어 터질 정도로 공기 주머니를 부풀렸다. 그리고 가까이 앞으로 뛰어나와서 귀청이 찢어질 듯한 "개굴" 소리를 냈다. 그 소리가 어찌나 크던지 머리가 다 울리고 서로 대화를 할 수 없는 지경이었다. 그러나 청개구리들에 몰입해 있던 우리에게 그것은 크게 문제되지 않았다. 청개구리들은 합창을 끝내고 사라졌으며, 우리는 순수한 즐거움과 생명력을 만끽하며 함께 크게 웃어 제쳤다. 청개구리의 합창은 아주 작은 한 피조물이 생육하고 번성하기 위한 위대한 노력의 순간을 보여 주었다.

인생이 무미건조하다고 느껴질 때, 때로 나는 그 개구리들과 그들이 준 교훈을 떠올린다. 청개구리들은 생명으로 가득 찬 발 밑의 세상을 엿볼 수 있게 해주었다. 지구 곳곳의 생명들은 생육하고 번성하기 위해 전력을 다해 애쓰고 있다. 인간은 그러한 생명들을 파괴하고 있다. 그러나 구속을 약속받은 피조물을 알고 그들을 돌보는 사람들이 맛보는 기쁨은 말할 수 없이 크다.

교회

이러한 구속 사역은, 그리스도인 개인에게 맡겨진 땅에서 개인적으로, 또 교회에게 맡겨진 땅에서 협력하여 시작해야 한다. 가정에서, 농장에서, 교회의 땅과 캠프에서, 캠퍼스와 휴양지 등지에서 우리는 이 원리대로 평생을 살아가야만 할 것이다. 프란시스 쉐퍼가 말했듯이 교회는 하나님의 방법으로 사역하는 것을 몸소 보여 주는 '시험 공장'(pilot plant)이 되어야 한다.[5] 우리가 가정에서 철저히 그 일들을 실천하는 헌신적인 삶을 보여 주지 않는다면 결코 우리 이웃을 동참시킬 수 없을 것이다. 우리는 이웃에게 영향력을 미칠 수 있는 자가 되어야 한다. 우리가 직접 영향을 미칠 수 있는 영역은 넓지 않다. 그러므로 우리는 말과 행동으로 회사나 지방 단체들을 설득할 수 있어야 한다. 이것이 우리가 현재 우리의 통제 밖에 있는 창조 세계의 구속에 영향을 미칠 수 있는 유일한 방법이다.

이러한 생각들은 깊이 음미해 볼 만하다. 이 책의 후반부에서 이러한 태도에 따르는 실제적인 문제를 많이 다루게 될 것이다. 지금 당장은 다스리고 정복한다는 것이 무엇을 의미하는지를 기억하기만 하면 된다. 하나님이 다스리신 것처럼 다스리고 하나님이 정복하신 것처럼 정복하기 위해서는, 우리의 사고와 전략을 모두 바꾸어야만 한다. 창조 세계를 다스리는 것은 섬기는 것을 의미한다. 이 외에는 자연에 대한 어떠한 태도도 예수 그리스도를 닮아 가는 삶, 창조 세계를 돕는 삶, 세상의 증인으로서의 삶이 되지 못한다.

토론 문제

1. 이 세상을 다스리는 면에서 경작하기, 지키기, 이름 짓기는 각각 어떤 의미를 지니고 있는가? 오늘날 우리는 이러한 행위를 어떻게 피조물에 적용할 수 있겠는가?
2. 당신은 다스림와 정복이라는 말을 들을 때, 어떤 사람과 어떠한 활동들이 떠오르는가? 이와 관련하여 세상에서 말하는 그 말의 의미와 성경의 정의는 어떻게 다른가?
3. 하나님의 형상으로 지음받은 인간이 피조물에 대해 바른 책임감을

갖는다는 말은 어떤 의미인가? 피조물에 대해서 책임 있는 행동을 하기 전에 인간이 하나님의 형상을 지니는 것이 필수적인 까닭은 무엇인가?

4. 다스림과 정복에 대한 성경적 관점을 따르는 이들은 어떤 태도로 자신의 역할을 받아들여야 하는가? 우리가 겸손해야 할 이유는 무엇인가?

제7장 오늘날 하나님의 창조 세계

쟈크 엘룰(Jacques Ellul)[1]

하나님은 역사를 주관하신다. 만약 그리스도인으로서 우리가 역사의 흐름에 어떤 영향을 줄
수 있다면, 그것은 하나님의 뜻에 충실함으로써만 가능하다.

40년 전에 레이첼 카슨(Rachel Carson)은 「봄의 침묵」(*Silent Spring*)에
서 이 세상이 환경 위기에 처해 있다고 발표했다.[2] 바로 그 해(1962년)
에 세계 인구는 30억을 돌파했다. 또 전 세계적으로 살충제 사용이 유
행처럼 번져 많은 종이 사라지고 있었다. 그 때까지만 해도 사실상 환
경법은 존재하지도 않았으며, 환경 보호국도 없었고, 스모그는 로스앤
젤레스 같은 대도시에서나 볼 수 있는 문제로 생각되었다.

　　그러나 요즘에는 유치원부터 대학에 이르기까지 모든 교육 과정에
환경 관련 과목이 의무적으로 포함되어 있다. 또 연방과 주의 법률로
대기 및 수질 보호, 살충제 사용을 비롯한 환경에 관한 많은 문제들을
규제하고 있다. 수백만 에이커에 달하는 야생 보호 구역이 전국에 분
포되어 있으며, 국립 공원이 확장되어 휴양지가 많아졌을 뿐 아니라
야생 생태계도 보호할 수 있게 되었다.

　　우리가 이러한 성공 사례들을 지적할 수도 있지만, 오늘날에는 40년
전보다 훨씬 더 많은 문제들이 생겨났다. 하나님의 창조 세계의 청지

기인 그리스도인은 지구 파수꾼으로서의 역할을 깨달아야 할 뿐 아니라 방주의 상태를 올바로 인식해야 한다. 오늘날의 창조 세계에 관심을 가질 때 우리는 약 2,000년 전, 피조물이 썩어짐의 종노릇에서 해방되기를 고대하며 탄식하고 있다고 한 사도 바울의 말을 기억하게 된다(롬 8:19-22). 지금은 피조물의 탄식에 다시 한 번 귀를 기울여야 할 때다.

인간의 존재

"하나님이 그들에게 복을 주시며 그들에게 이르시되 생육하고 번성하여 땅에 충만하라, 땅을 정복하라, 바다의 고기와 공중의 새와 땅에 움직이는 모든 생물을 다스리라 하시니라"(창 1:28). 언뜻 생각하면 우리는 이 명령을 수적인 면에서는 잘 지킨 것 같다. 1800년까지는 지구의 인구가 10억에도 미치지 못했다. 인구가 20억으로 늘어나는 데 130년이 걸렸고(1930년), 그 후 30억이 되는 데는 30년밖에 걸리지 않았다. 1987년에는 인구가 50억에 이르렀다. 레이첼 카슨이 환경 위기를 경고했던 1962년에 30억이었던 인구가 20세기가 끝나기 전에 1962년 인구의 두 배가 될 것이다.

인간의 존재가 창조 세계에 미치는 영향과 그 의미는 무엇인가? 성경은 인류에게 지구에 충만하라고 했다. 언제 지구가 가득 차게 될 것인지 우리가 어떻게 알 수 있을까? 피조물의 수용 능력은 어느 정도나 될까? 하나님으로부터 부여받은 청지기의 사명을 감당하기에는 이미 너무 인구가 불어난 것은 아닌가? 계속되는 인구 증가에 교회는 어떻게 대응해야 할 것인가?

모두 아주 중요한 질문들이다. 그러나 교회가 교회의 신학과 사명과 관련하여 이런 질문들을 숙고한 것은 최근의 일이다. 성경은 인구 성장이나 적절한 인구 수에 대해서 침묵하고 있다. 피조물이 언제 땅에 충만하게 될지는 알려 주지 않고, 다만 지혜를 구하라고 말한다. 예

수님은 비유를 통해 선한 청지기의 예를 많이 보여 주셨다. 이 경우, 몇
몇 계시는 창조 세계 자체에서 나올 수 있는 것들이다. 인간이 지배하
고 있는 대지의 풍경을 볼 때 우리는 (시 104편에 묘사된 피조물의 모
습처럼) 이 땅이 아름다움과 평화로움으로 가득 차 있다고 느끼는가?
아니면 그 밖의 다른 느낌이 드는가? 언제 인구가 지구의 수용 능력을
초과할 것인가? 그리고 그 결과는 어떻게 될 것인가?

급속한 성장은 대부분의 개발 도상국에서 볼 수 있는 특징인데, 결
국 땅 부족이라는 비극적 상황을 초래할 것이다. 1985년에 출간된 "오
늘의 인구"(*Population Today*)라는 잡지는 "20세기 말까지 땅 부족 문
제가 개발 도상국 인구의 2/3를 매우 심각하게 괴롭힐 것이다"라고 예
견했다.[3] 1980년과 2000년 사이에 이들 나라의 경작지는 1인당 0.37ha
에서 0.25ha로 줄어들 것으로 예상된다. 또한 개발 도상국의 폭발적인
인구 증가는 농경지 문제에 있어서도, 최상의 농경지를 보유한 미국이
나 캐나다와 비교하여 심한 불균형을 초래할 것이다.[4] "오늘의 인구"
는 이렇게 지적한다. "이것은 빈곤으로 어려움을 겪고 있는 제3세계의
경제와 맞물려, 단지 충분한 땅을 가지고 있느냐 없느냐 그 이상의 문
제를 야기시킨다."[5] 미래의 인류를 먹여 살리기 위해서는 현재와는 다
른, 훨씬 강화된 국제적 협력과 무역 그리고 선견지명이 필요하다.

안타깝게도, 이미 세계 곳곳의 비옥한 농경지들이 다른 용도로 많
이 전환되었다. 1967년과 1975년 사이, 미국의 주요 농경지 중 250만ha
가 도시와 주거 지역으로 전환되었다. 캐나다에서는 도시 팽창으로 인
해 전체 농경지의 절반이 사라졌는데, 그 중에는 캐나다에서 가장 좋
은 농경지의 5%가 포함되어 있다. 그 때문에 이들 농경지 100에이커에
서 얻을 수 있는 생산량에 도달하기 위해서는 캐나다의 서부 지방 땅
240에이커가 필요했다. 영국과 프랑스에서도 10년마다 농경지의 2%가
사라지고 있다.[6] 선지자 아모스는 대풍요의 날에는 밭 가는 자가 곡식
베는 자의 뒤를 이을 것이라고 예언하였다(암 9:13). 그러나 머지않아

이 아모스의 예언은 정반대로 나타날지도 모른다. 땅이 부족해지면 척박한 땅에서, 전통적인 농지에서 수확할 수 있는 것보다 훨씬 빠른 속도로 곡식을 수확해야 하기 때문이다.

개발 도상국의 도시화는 의료 시설, 학교, 교회와 같은 충분한 사회 복지를 제공할 수 없을 정도로 빠르게 일어난다. 1950년과 1989년 사이에 브라질의 도시 인구는 전체 인구의 34%에서 71%로 증가했다. 멕시코 시티의 인구는 1962년에는 500만이었으나, 1985년에는 1,730만으로 늘어 이제 세계에서 가장 큰 도시가 되었다. 이러한 도시화는 도시 인구뿐 아니라, 시골 인구에도 큰 영향을 미쳤다. 1970년과 1982년 사이, 사하라 사막 이남의 아프리카에서 있었던 도시로의 대규모 인구 이동은 심각한 문제를 야기했다. 이 기간에 도시 인구는 매년 6%씩 증가했다. 이로 인해 중앙 집중화된 대도시권이 형성되었고, 그 지역은 정부의 관심과 자금을 독차지하게 되었다.[7]

오늘날 교회가 전 세계로 퍼져 나가면서 수많은 선교사들이 환경이 가장 심각하게 파괴된 나라들로 파송되고 있다. 피조물이 신음하고 있을 때, 가난한 자들은 불균등한 부의 분배로 고통받고, 선교사들은 환경 문제라는 태풍의 눈으로 곧장 다가간다. 이러한 인식이 싹터 1990년에 미국 장로교회 총회에서는 세계적인 환경 문제를 논의한 '생태 정의'(ecojustice)에 관한 성명을 발표했다. 선교사의 역할은 무엇인가? 교인들의 역할은 무엇인가? 교회가 주린 자와 병든 자를 위한 사역에 힘쓸 때(마 25장), 질병 자체보다는 증상만을 다루고 있는 것은 아닐까 하는 의구심이 든다. 인구 과잉으로 생태계가 파괴되어 기아와 질병이 발생했을 때 우리는 교회가 어떤 일을 해야 하는지를 먼저 질문해 보아야 한다. 우리는 굶주린 자들이 곡식을 살 수 있도록 돈은 주지만, 가족 계획에 대해서는 침묵했다. 벌거벗은 산에 나무를 심고 고갈된 땅을 회복시키는 일은 가난한 자를 돕는 것이라고 여겨지지 않았다. 실제로 이런 일만이 장기적인 해결책이다. 창조 세계가 회복되면 온전한 상태가 되어, 사람들은 자족할 수 있는 상태로 돌아갈 것이다.

교회는 인간에게만 관심을 두고, 동산 전체를 지켜야 할 청지기로서의 책임을 망각한 죄를 지었다. 교회가 성경의 메시지를 온전하게 이해할 때만이 인간에게만 초점을 맞춘 편협한 신학적 견해는 변화될 수 있다. 이 장의 나머지 부분에서 우리는 오늘날 우리가 관심을 가져야 할 창조 세계의 당면한 문제 몇 가지에 초점을 맞출 것이다.

인간의 필요를 채워 주는 재생 불가능한 자원

돈이 다 떨어져 본 경험이 있는가? 소비자인 우리는 생활비의 수입 지출 균형을 맞추는 데 익숙하다. 그리스도인인 우리는 현명한 청지기로서 우리의 재능을 잘 사용하라는 성경의 훈계를 받고 있다. 대부분의 사람들에게, 이것은 수입, 저축, 상속 등 재정 자원을 의미한다. 저축이나 상속 재산만 가지고 살아간다면 머지않아 돈이 바닥날 것이다. 장기적으로 필요한 것들을 공급받기 위해서는 수입이 있어야 한다.

이러한 원리를 천연 자원에 적용시키면 어떤 설명이 가능할까? 화석 연료는 창조 세계의 저축 구좌에 해당하며, 탄소 저장물은 오랜 기간에 걸쳐 축적된다. 풍부한 광물은 창조주가 인간의 필요를 채워 주기 위해 예비하신 선물이다. 적절하게 사용한다면, 미래에 사용할 수 있는 양은 충분하다. 그러나 낭비한다면, 대부분의 광물 자원은 몇 십 년 내에 바닥이 날 것이다. 또한 수입의 측면에서도, 우리는 충분한 공급을 받는 축복을 받고 있다. 태양 에너지, 바람, 흐르는 물, 삼림과 그 밖의 생물 자원은 영구적이거나 자연적으로 재생된다.

불행하게도, 우리는 지구의 자원을 관리할 때에는 개인의 재산을 관리할 때만큼 지혜롭지 못하다. 우리는 소위 개릿 하딘이 말한 '공동의 비극'(The tragedy of the commons) 때문에 고통받고 있다.[8] 세계의 자원은 어느 한 사람에게 속한 것이 아니기 때문에 공동의 재산으로 간주된다. 그러나 그것을 돌볼 책임은 누구에게 있는가? 저마다 자원을 사용할 권리는 주장하면서도, 아무도 그 보전은 책임지려 하지 않는다.

　이러한 문제를 야기한 주된 요인이 자본주의라고 주장하는 사람들도 있다. 성장 경제학은 대부분의 국가의 사고 방식을 잠식했다. 그러나 성장 경제학은 한정된 천연 자원의 보존 혹은 피조물의 남용과 관련된 부정적 요인들에는 관심을 보이지 않는다. 지속적인 성장이 건강한 경제에 유익하고 필수적이라는 원리가 작용하면서 자원은 경제 성장의 수단으로 전락하고 있다. 우리는 최대의 성장을 위해서는 최대로 자원을 이용해야 한다고 말한다.

　서구에서 부(富)의 축적이 창조 세계에 미친 초기의 영향은 「대지에서의 변화」(Changes in the Land)라는 책에 잘 기록되어 있다.[9] 유럽의 식민지 개척자들이 신천지에 도착한 이후 몇 십 년 만에 북아메리카 동부의 사슴, 비버, 칠면조, 물새 및 그 밖의 많은 종이 몰살되었고, 넓은 면적의 삼림이 파괴되었다. 천 년 동안 아메리카의 원주민들을 부양한 피조물들이 국제 교역이라는 새로운 체계에 상품으로 공급되면서 약탈되었다.

　20세기 초에는 미시건, 위스콘신, 미네소타의 북부 호수에 풍부했던 거대한 적송과 백송들이 사라졌다. 미시건에서, 이 거대한 삼림이 어떤 모습이었는지를 보고 싶은 사람은 하트윅 소나무 주립 공원(Hartwick Pines State Park) 내의 40에이커에서 그 일면을 볼 수 있다. 거기서 그리 멀지 않은 곳에, 미시건의 벌목 왕 데이비드 워드(David Ward)의 이름을 딴 데워드(Deward)라는 유령 마을이 관목과 덤불이 뒤덮인 황량한 대지 위에 웅크리고 있는데, 19세기 말과 20세기 초 이 상업 도시 주변의 나무 벌채로 인해 이 곳은 80년이 지난 지금에도 회복되지 못하고 있다. 데워드는 한 예에 지나지 않으며, 오랜 옛날부터 지구 곳곳에서 이 같은 일이 반복되었다. 모든 경제는 궁극적으로 자원에 기초를 두고 있으며, 자원을 사용하지 않고 유지될 수 있는 경제는 없기 때문에 이러한 일이 일어난다.

풍요로운 삶의 부정적 측면

미국은 전 세계 자원을 매우 많이 소비한다. 많은 품목의 일인당 소비량이 다른 선진국의 두 배다. 일본이나 스웨덴과 비교해 보았을 때, 자연 보호에 대한 강조나 재활용도에서도 뒤떨어지는데, 이는 환경 문제를 유발하는 중요한 요인이다. 미국은 세계 석유 매장량의 3%를 보유하고 있으나, 세계 석유 소비량의 30%를 소비하고 있다. 세계 인구의 5%도 되지 않는 미국은 전 세계의 가공 처리 광물 자원과 재생 불가능한 에너지의 1/3을 소비하고 있다. 그 직접적인 결과로, 세계 대기 오염과 수질 오염의 약 1/3을 만들어 낸다.

산업혁명 이후로 자원 사용은 인구 증가와 비슷하게 지수적으로 증가했다. 많은 중요한 광물들이 미국에서 고갈되어 공급이 중단되었으며, 다른 곳에서 자원을 들여오고 있다. 석유가 대표적인 예이다. 아랍과 통상이 금지되었던 1973년에, 미국은 석유 공급의 30%를 수입하고 있었다. 그러나 1990년에 이르러서는 미국 내 석유 사용량의 50% 이상을 수입하고 있다. 미국 군대는 석유 공급을 지속적으로 유지하기 위해 1985년에 페르시아의 걸프 전쟁에 뛰어들었는데, 이러한 군사 비용을 합쳐 석유 가격을 산정하면 석유의 미국 소비자 가격은 실제로 배럴당 495달러였다. 이는 현재 가격의 28배에 달한다. 1990년 이라크가 쿠웨이트를 침공했을 때 미군이 이에 대항함으로써 비슷한 가격 상승 현상이 발생하였다.

비록 과학자들이 환경 위기가 심각하여 신속하고 집중적인 관심이 필요하다고 경고하고 있지만, 변화의 수레바퀴는 천천히 모든 것을 짓밟고 있다. 정부 관료들은 세계 경제의 불필요한 붕괴를 막기 위해, 더 많은 연구와 생산 지연 정책을 적극 추천하고 있다.[10] 연속적으로 9년간 미국의 연료 경제에 큰 증가가 없었던 1994년에 미국의 자동차 산업은 더욱 가속화되었다. 같은 시기에, 국가 지도자들은 연료 위기를 핑계로, 석유 시추와 생산을 위한 국립 야생 보호 지역을 지정했다.

재생 가능한 자원

우리가 물려받은 재생 불가능한 자원이 과도하게 소비되고 있다면, 재생 가능한 자원은 어떤가? 목재, 물고기, 야생 동물, 신선한 물, 초원 및 토양 같은 자원은 스스로 다시 회복할 수 있는 기제를 가지고 있다. 재생 가능한 자원의 재생 속도를 아는 것은 매우 중요하다. 그 속도에 따라 우리가 자원을 이용하는 속도가 정해지기 때문이다. 만약 우리가 어떤 자원이 재생되는 속도보다 더 빠르게 그것을 개발한다면, 원금과 이자를 구별할 수 없을 것이고, 수입은 곧 바닥날 것이다. 만약 우리가 자원을 과도하게 사용한다면, 우리 아이들에게 제공되어야 할 자원들이 그들이 그것들을 사용할 나이가 되기도 전에 고갈될지도 모른다.

토양과 삼림은 피조물 중에 주목할 만한 부분이다. 아무리 좁은 면적의 삼림이나 초원이라도 거기에는 수백 종과 수백만의 살아 있는 개체가 서식하고 있으며, 이들은 각기 자기 자기 환경에서 물질과 에너지의 활발한 교환에 참여한다. 개체가 죽으면 몸 속에 저장된 에너지와 물질이 분해자에 의해 분해된다. 그 에너지는 분해자의 생명을 유지시키며, 분해된 물질은 흙으로 돌아가 미래에 영양분으로 사용된다. 이러한 분해 과정은 적당한 토양의 pH와 생태계의 살아 있는 구성원에게 필요한 필수 미네랄의 일정한 흐름을 유지시켜 준다. 예를 들면, 지렁이와 여러 무척추 동물들이 토양에 뚫어 놓은 구멍은 식물 성장에 필수적인 공기와 물의 통행을 원활하게 한다.

자연적인 상태에서는 대개의 경우, 분해 속도가 토양 생태계를 성장시키고 안정하게 하는 흡착 속도보다 높거나 비슷하다. 그러한 토양은 자연적으로 회복되는 능력을 갖고 있다. 최적 조건하에서 1세기에 약 표토 4cm 정도가 회복되는 매우 느린 속도이긴 하지만, 토양은 회복 가능하다.

그러나 우리가 토양을 이용할 때 토양의 자기 회복 능력을 항상 고려하는 것은 아니다. 전형적인 미국 농장은 그 좋은 예이다. 농작물의 수확량을 최대로 증대시키기 위해 우리는 시비(施肥)를 하여 천연 영양 물질의 공급을 늘린다. 농부는 수확물로 인해 영양분이 빠져 나가는 것을 보충하기 위해 밭에 비료를 뿌리곤 했다. 비료는 유기 물질로서 그 물질의 소비자들에게는 먹이가 된다. 천연 비료를 대체한 화학 비료는 작물에 영향을 주는 잡초와 곤충을 선택적으로 제거하는 살생 물질을 포함하고 있는데 이 때문에 토양이 손상되었다. 활동적인 토양 생태계가 사라지면서 그것을 지탱해 주던 토양의 자연 치유 능력도 사라져 버렸다. 토양의 기본 영양을 대체할 수 있는 것은 없다.

토양 생태계의 생물 구성원이 사라지는 동시에, 현대 영농법은 토양의 연간 재생 속도를 훨씬 초과하여 막대한 양의 토양을 침식시켰다. 1930년대의 황진(Dust Bowl, 미국 중서부에 몰아친 흙모래 폭풍 −편집자 주) 피해는 큰 교훈을 준 바 있다. 불행히도, 현재의 침식률은 1920년대 말이나 1930년대 초의 수준을 초과한다. 땅에서 좀더 많은 돈을 벌기 위해 농부들은 종종 땅뿐 아니라 미래도 희생시키고 있다. 오늘날 토양은 전세계 농경지의 1/3 수준의 침식률을 넘어 더욱 빠르게 침식되고 있다. 미국 농경지는 이미 표층 토양의 1/3을 상실한 것으로 추정된다. 미국 중서부의 옥수수 재배 지역에서는 표토층의 손실이 50%를 넘고 있다.

1983년에 글렌 밀러(Glen Miller)라는 농부는 퍼시픽 노스웨스트의 비옥한 팔로즈 평야(Palouse Prairie)에 위치한 워싱턴 주의 콜팩스(Colfax) 서쪽 지역에 21,000에이커(약 2,500만 평)에 달하는 땅을 경작하고 있었다. 자기 농장의 보존과 관련하여 밀러는 다음과 같이 말했다. "만약 내가 아무것도 빚지지 않았다면, 그건 식은 죽 먹기다. 나는 그 언덕을 사들여서 보존 상태로 내버려 둘 수 있다.…그러나 만약 우

리가 그 땅을 보존한다면 나는 필요한 돈을 벌 수 없을 것이다. 가을이
되면 그들은 당신에게 어떻게 보존하였는지를 묻지 않는다. 채권자들
은 내가 돈을 지불하기만 한다면, 어디서 돈을 벌었는지에 대해서는
전혀 신경 쓰지 않는다."[11]

족장 아브라함처럼, 글렌 밀러는 자신이 사용하는 땅을 소유하지
않았다. 그가 소유한 땅은 묘 자리 두 개뿐이다. 밀러는 이렇게 말했다.
"우리가 돈을 지불하고 사용하는 장소는 없다. 그것들은 모두 저당잡
혀 있다."[12] 아브라함은 자신의 땅이 하나님의 선물임을 알고 있었기
때문에 결코 '저당잡힌' 적이 없다. 그러나 현재 미국에서, 우리는 은
행보다 더 많이 지불할 수 없는 부채를 쌓아가고 있는지도 모른다. 농
부이자 작가인 웬델 베리는 다음과 같이 썼다. "현재 '더 많은 물건'을
비축하는 것—그리고 그 과정에서 표토, 화석 연료, 물 등의 물자를 다
써 버리는 것—은 우리가 미래에 대해 갚을 수 없는 빚을 지는 것이다.
즉, 우리가 지금 '사용'이라고 부르는 행위가 미래에는 '도둑질'이라
고 불리게 될 것이다."[13]

우리 농장의 절반만이 황진 시기에 배운 토양 보존을 위한 조치를
취하고 있다. 표층 토양 유실이 심한 농장에서는 이미 농작물의 수확
량이 크게 줄었다. 우리는 어떻게 침식을 막을 수 있는지를 알고 있다.
그렇지만 등고선을 따라 쟁기질하고, 계단식으로 농지를 정비하고, 불
필요한 땅을 정리하고 바람막이를 설치하기 위해서는 비용이 많이 든
다. 그리고 일시적으로 생산량도 줄어들 수 있다. 그래서 대개 사람들
은 이런 방법을 사용하지 않는다. 특히 토양이 고갈된 후에 농장을 세
금 손실액으로 처리할 수 있는 대형 법인 농장에서는 더욱 그렇다.

그러나 토양 유실만 세금을 탕감시키는 것이 아니다. 네브라스카,
캔사스, 콜로라도, 오클라호마, 텍사스, 뉴멕시코 밑에 있는 광대한 지
하수층인 오갈라라(Ogallala) 대수층에서 물을 퍼올려 쓰는 농부들은
대체 불가능한 중요한 자원을 고갈시키고 있으면서도 아무 비용도 지

불하지 않는다. 대신에, 그들은 지하수가 부족한 해에는 물 부족에 따른 세금 감면 혜택을 신청할 수 있다. 고갈되면 될수록 그 액수도 커진다.[14]

토양처럼, 삼림 역시 원 상태로 복구될 수 있는 것보다 더 빠른 속도로 소비되고 있다. 요즘 우리는 열대 삼림 벌채에 대한 이야기를 자주 듣는다. 잘 알려진 열대 삼림 중 절반 이상이 깨끗이 벌채되었으며, 매년 조지아(Georgia) 주만큼 넓은 삼림 지역이 계속해서 사라지고 있다. 데이비드 스콜드(David Skold)와 콤프톤 터커(Compton Tucker)가 위성 사진을 사용하여 연구한 결과, 1978년에서 1988년까지 매년 15,000km²씩 브라질 아마존 지역의 삼림이 벌채되는 것으로 나타났다.[15]

토양과 삼림은 밀접하게 연관되어 있다. 브라질의 마나우스(Manaus)에서는 총 강우량의 1/4이 직접 증발하며 강우량의 절반은 식물의 증산 작용을 통해 대기로 되돌아간다. 나머지 1/4은 땅에 흡수되지 않고 빗물의 형태로 대서양으로 흘러간다. 같은 지역이 벌채되었을 경우, 그 비율은 크게 달라진다. 총 강우량의 3/4은 바다로 흘러가고, 1/4만이 증발 혹은 식물의 증산 작용을 통해 대기로 되돌아간다. 이렇게 되면 결과적으로 상대 습도가 줄어들어 강우량이 줄어든다. 한때 귀중한 토양을 보호해 주던 삼림이 없어지면, 이제는 비가 와도 더 이상 물의 범람과 땅의 침식을 막아 줄 수 없다. 그래서 열대림의 유실은 대지와 그 주변 기후에 모두 영향을 미치게 된다.[16]

삼림 벌채는 열대 지역에만 국한된 것이 아니다. 미국에서도 삼림이 유실되고 있다. 미국 산림청(Forest Service)은 30만 평방마일의 삼림 지대를 관리하고 있는데, 수확량을 유지하도록 법의 규제를 받고 있다. 산림청은 다섯 가지 기본 우선 순위를 두고 토양을 관리하는데 하나는 목재 수확이지만, 나머지는 수계(水界) 유역, 광물, 목초지, 야생 생물/휴양지 관리이다. 그러나 미국의 야생성(Wilderness Society)을 비롯한 그 밖의 보호 기구들은 이러한 정책이 제대로 실행되고 있지 않다는 증거를 발견하였다. 벌목은 종종 재생 속도를 넘어서고 있다. 오래된 무성한 삼림과 퍼시픽 노스웨스트의 점박이 올빼미 (Spotted Owls)에 대한 최근의 논쟁은 벌목꾼들과 조류 애호가들 사이의 단순한 견해 차이 그 이상의 문제다. 여러 가지 면에서, 점박이 올빼미에 대한 논쟁의 실상은 잘 알려지지 않고 있다. 퍼시픽 노스웨스트 지역 벌목에 관한 논쟁에서 가장 중요한 문제는, 현재 산림청의 수목 관리 정책이 지속적으로 이 지역에서 목재를 생산할 수 있도록 오래된 삼림을 잘 관리하고 있는지 그렇지 못한지에 대한 것이다. 그런데 수집된 증거들을 보면 삼림을 잘 관리하지 못하고 있는 것 같다. 그러나 산림청은 적당한 이차 성장 입목(立木)이 존재하지 않기 때문에, 지금 남아 있는 오래된 나무를 베어냄으로써 목재 생산에 의존적인 지역 경제를 돕고 있다.

1991년 9월에 존 머마(John Mumma)는 강제로 직위에서 물러나야만 했다. 그 당시 그는 15개의 숲, 총 2,500만 에이커의 땅을 관리하는 북부 지역 산림청의 삼림 감독관이었다. 머마 씨는 방청객으로 꽉 찬 워싱턴 시의 하원 분과 위원회의 청문회에서 자신이 지위를 박탈당한 것은 목표로 정한 목재 수확량을 달성하지 못했기 때문이라고 주장하며, 그 목표량은 미래에 지속적으로 목재를 생산할 수 있게 삼림을 보호해야 한다는 연방법을 위반하지 않고서는 달성할 수 없는 것이었다고 증언했다.[17]

이에 관해서는 나중에 9장에서 더 자세히 다룰 것이므로 여기서는 다음의 사실에만 주목하자. 머마의 청문회는 국유림에 대한 국민들의 신뢰도가 위기에 처했다는 사실, 삼림청이 연방법을 어기면서까지 자기 이익만을 추구했다는 사실, 그리고 환경을 보호하기 위해 제정된 법이 시행되는 과정에서 고의적으로 국민들을 속였다는 사실을 보여 준다.

생태계 유실

인구 팽창에 따른 자원과 공간에 대한 요구는 미래에 공급되어야 할 필요 자원을 위협할 뿐만 아니라 생태계 자체에도 막대한 손실을 끼치고 있다.

북아프리카와 중동 지역의 사막은 땅을 남용하고 있는 인간에게 무언의 교훈을 준다. 한때 삼림이 무성했던 그 곳은 이제 더 이상 젖과 꿀이 흐르는 땅이 아니다. 레바논 삼나무들은 사라져 버렸다. 초목이 유실되고 레위기 25장에서 제시한 토지 사용법을 지키지 않아 초목들뿐 아니라 그 지역의 기후에도 큰 변화가 생겼다.

한때 키가 큰 풀이 무성한 북아메리카 초원 지대에서는 많은 토착 식물과 조류, 포유류가 번식할 수 있었다. 그러나 현재는 원래 초원의 1%만 남아 있을 뿐이다. 이제 그 남아 있는 초원은 대부분 기차길 옆이나 고속도로, 오래된 지방 공동 묘지 등에서만 볼 수 있다.

전 세계의 습지는 인구 증가로 인해 크게 고통받고 있다. 습지는 홍수를 조절하고 물을 정화시킬 뿐 아니라, 야생 동식물과 어류의 번식을 돕는 역할을 하기 때문에 중요하며, 지구의 생명체들을 연결시켜 주는 주요한 연결 고리이다. 미국의 원래 습지 중 54%가 사라졌는데, 이 면적은 오하이오 주보다 4배나 넓다. 아마 유실된 습지의 80%는 배수로와 농업 용지로 전환되었을 것이다. 아이오와는 습지의 95%를, 캘리포니아는 90%를 잃어버렸다. 현재 연방 및 주 정부는 습지의 중요성을 인식하고, 중요한 습지를 법으로 보호하려고 노력하고 있다. 그럼에도 불구하고 매년 30만-45만 에이커에 달하는 습지가 사라지고 있는 것으로 조사되었다. 지금 이 순간에도 산업체와 개발업자들은 주와 국가에서 제정한 습지 보호법을 약화시키려고 노력하고 있다.

창조 세계의 유실

"파리나 메뚜기는 도대체 쓸모가 없는 벌레들이죠. 더러운 작은 벌레들이 지구에서 사라질까봐 걱정하는 이유는 뭡니까? 어째서 조그만 물고기 하나 때문에 수백만 달러의 댐 건설을 중단해야 하는 거죠?" 당신에게는 이런 말들이 단지 농담으로 들릴지 모른다. 당신은 이런 사고 방식에 익숙해져 있지는 않은가? 우리는 바로 교회에서 이런 말들을 들어 왔다. 하나님을 잘 알고 싶어하는 사람들이 종종 그분이 만드신 것에 대해서는 관심이나 지식이 거의 없는 것은 흥미로운 일이다.

눈에 보이지 않는다고 해서 반드시 마음에서 사라지는 것은 아니다. 서식지와 생태계가 파괴되면서 많은 피조물도 함께 사라져 버렸다. 이러한 현상을 가장 심각하게 느낄 수 있는 곳은 열대 지역 국가들일 것이다. 과학자들은 약 160만 종의 동물을 확인했다. 최근까지, 대부분의 전문가들은 지구상에 400만에서 500만 종이 실제로 존재한다고 가정하고 있다. 가장 최근에 신대륙의 열대 지방에서 행해진 연구는 엄청난 종 다양성을 발견하여 약 1천만에서 4천만 종의 생물이 이 지구상에 존재할 것이라고 보고하고 있다. 아마 이들 종 중 절반은 깊은 삼림 속에서 살고 있을 것이다. 그러나 현재 분류되지 않은 많은 종들이 이름을 갖기도 전에 급속히 사라지고 있는 것으로 보인다.

생물 다양성의 유실을 측정하기 위해 현재 많은 국가에서 다양한 노력이 진행되고 있다. 미국 땅의 약 3%가 자연계를 보호하기 위해 관리되고 있다.[18] 국립 야생 보호 구역 지정이 그런 노력에 크게 일조했음은 물론이다. 그러나 미국에 230개 이상의 서로 다른 생태계들이 각각의 고유한 동식물을 보유한 채 존재하고 있지만, 현재 그 중 81곳만이 야생 보호 구역에 포함되어 있다. 사유지에서 생태계 보호를 위한 노력을 더 경주하지 않는다면, 현재의 보호 체계만으로는 하나님의 창조 세계를 미래까지 안전하게 보호할 수 없을 것이다.

이러한 노력이 성공적으로 결실을 맺기 위해서는, 주요 생물들이 서식하고 있는 모든 지역 사회가, 그 지역에서 서식하는 생물이 장기적으로 유지될 수 있도록 충분한 크기의 보호 구역을 확보해야 한다. 지구 전체를 놓고 보면, 세계는 생물지리학적으로 8개 지구로 나뉘는데 그것은 다시 227개의 작은 생물지리 구역으로 세분된다. 8개 지구에 모두 보호 구역이 있긴 하지만, 세부 구역 중 열다섯 군데는 전혀 보호받지 못하고 있으며, 나머지 30개 구역은 제대로 보호를 받지 못하고 있다(1,000km²이하).[19]

현재는 아주 작은 나라인 코스타리카(Costa Rica)가 자원과 생물 종 다양성의 보전에서 지도자적인 위치를 차지하고 있다. 코스타리카에서는 국가 유산인 공원이나 자연 보호 지역으로 지정된 땅의 27%가 심각하게 위협받고 있다. 웨스트 버지니아(West Verginia) 주 크기(남한 면적의 1/2 정도―편집자 주)의 이 단일 국가는 전 세계 동식물의 5-7%를 보유하고 있는 것으로 추정된다.[20] 대부분의 열대 국가에서와 마찬가지로, 각 보호 구역마다 보호의 강도가 다르다. 생물 다양성이 극히 높은 일부 지역에서는 완벽한 보호 조치가 요구된다.

그 밖의 중남미 국가에서는, 토착민들이 채취 지정 지역인 우림에서 나무 열매를 따거나 고무나무에서 유액을 채취하거나 사냥을 하거나 제한된 범위 내에서 벌목을 하는 등 비파괴적인 채취 활동을 할 수 있도록 허용하고 있다. 이런 식으로 삼림에서 생산 자원을 얻고 있지만, 그 자원을 제공하는 종(種)들은 대부분 숲이 남아 있어야 살 수 있다.

시간이 흐르면, 생물 다양성을 보전하려는 열대 지방의 노력이 실패할지 아니면 성공할지 분명히 알게 될 것이다. 만약 그들의 노력이 성공하지 못한다면, 우리는 봄철에 친숙하게 들을 수 있었던 새들의 합창 소리 중 많은 부분을 들을 수 없게 될 것이다. 북미의 수많은 번식 조류들은 열대림에서 겨울을 난다. 열대 삼림이 사라지면, 그 종들도 사라질 것이다. 농작물에 해를 주는 벌레나 사람을 물어 뜯는 파리처럼 당연히 사라져야 한다고 생각하는 종들이 정말로 사라질지도 모른다. 살충제 한 병의 비용을 계산하는 것은 쉽지만, 제비나 마그놀리아 개개비를 대체하는 데 드는 비용은 얼마가 될 것인가?

주님이 우리에게 하나님의 피조물 중에 으뜸인 하마를 보라고 하실 때(욥 40:15-24), 이제 하마가 다른 수많은 피조물들과 함께 사라져 더 이상 볼 수 없다고 대답한다면 어떻게 될까? 많이 가진 자에게는 더 많은 것을 요구하실 것이다.

우리는 하나님의 창조 세계에 무엇을 던져 넣고 있나?

인간은 창조 세계에서 무언가를 탈취하는 데 그치지 않는다. 도시화로 인해 가장 많이 생겨나는 것 중의 하나는 쓰레기인데, 그 많은 쓰레기 때문에 창조 세계는 고통을 받고 있다. 우리는 매일 저녁 뉴스에서 산성비, 온실 효과, 구멍 뚫린 오존층, 대기 오염, 수질 오염 그리고 그로 인한 질병들에 대한 보도를 접한다.

1장에서도 논했듯이, 자연 생태계는 자활 능력이 있다. 환경은 생태계가 필요로 하는 물질을 제공한다. 그 물질들은 살아 있는 생태계 속으로 들어가 사용되고, 분해자를 통해 분리되어 결국 다시 생태계로 되돌아온다. 그러한 물질 순환은 예측 가능한 경로를 따라 흐르지만, 그렇다고 하여 그 특성을 쉽게 이해할 수 있는 것은 아니다. 그렇기 때문에 생태계 순환에 대한 설명과 측정, 모형화 등과 같은 연구가 오늘날 다른 어떤 연구 분야보다 가장 활발한 것이다. 만약 순환계 모형을 통해 우리가 인간 활동에 따른 변화의 영향뿐 아니라 자연 경로를 이해할 수 있다면, 너무 늦기 전에, 즉 생태계에서 가장 중요한 순환 경로가 무너지기 전에, 그러한 변화로 인한 결과들을 예측할 수 있을 것이다.

산성비

산성비는 국지적인 문제나 새로운 문제가 아니다. 산성 침전물은, 17세기 영국에서 삼림이 모두 벌채되어 목재가 부족해지면서 석탄이 주된 에너지원으로 사용된 시기에 처음으로 관찰되기 시작했다.[21] 산성비라는 용어는 1872년 영국 화학자 로버트 앙구스 스미스(Robert Angus Smith)가 영국과 독일에 내리는 비를 설명하기 위해 처음 사용하였다.[22]

그 이후 산성비는 점차 세계적인 문제로 확대되었다. 산성비는 1950년대 말에서 1960년대 초에 스칸디나비아의 과학자들이 호수의 산성도가 높아지면서 물고기 개체수가 줄어드는 것을 발견하면서부터 문제가 되기 시작하였다. 그 후 '60년대 말과 '70년대 초에 실시된 더욱 정밀한 연구를 통해 스칸디나비아 전역에 내리는 비가 점차 산성화되어 가고 있으며 이 변화는 담수 어류의 개체수에 직접적으로 영향을 끼친다는 것이 확실해졌다.[23]

한 나라 또는 한 지역에서 발생한 공해는 국경을 초월한다. 스칸디나비아에 내린 산성비의 근원지가 영국과 독일이었던 것처럼, 캐나다에서 내리는 산성비는 대부분 미국에서 만들어진 것이다. 그 지역에 미치는 공해의 영향을 줄이기 위해서 공장 굴뚝을 좀더 높게 지었지만 이 문제를 해결하지는 못했다. 산성비 문제가 지역적인 문제가 아니라 국가적이고 국제적인 문제라는 인식의 전환이 있어야만 이 문제를 해결할 수 있을 것이다.

산성비의 일차적인 원인은 화석 연료의 연소다. 석유와 석탄이 탈 때 황과 산소가 결합하여 대기 중으로 배출된다. 이 때 대기 중의 질소도 산소와 결합하여 산화질소를 만들어 낸다. 대기 중에서 이산화황과 산화질소는 수증기와 반응하여 황산과 질산을 형성한다. 이 화합물은 비와 눈에 섞여 땅으로 내려온다. 정상적인 강우의 산성도가 5.6 pH인데 반해, 미국 북동부 전역에 내리는 비의 산성도는 pH 4.5 이하이다. 몇몇 지역에서는 pH 2.0 정도의 강한 산성비가 기록되기도 했다. pH라는 수치는 로그값이기 때문에 이와 같은 수치는 그 산성도가 정상적인 농도보다 10,000배 가량 더 높다는 것을 의미한다.

이러한 토양과 수질의 산성화는 막대한 영향을 미친다. 매년 한 지역 사회의 구조와 생산물에 수백만 달러의 경제적 손실을 끼치고 있다. 농작물 피해는 더욱 뚜렷이 나타나고 있다. 그러나 자연 환경에 미치는 손실을 화폐 가치로 정확히 측정한다는 것은 사실상 불가능하다.

미국, 캐나다, 유럽의 수천 개의 호수에서는 불과 몇 년 전만 해도 많은 어류가 번식했으나, 지금은 한 마리도 찾아볼 수 없다. 최근에는 산성비가 양서류의 개체수 감소에도 영향을 준다는 것이 밝혀졌다.

산성비가 초목류에 미치는 영향은 잘 알려져 있다. 몇몇 목본류가 북반구 삼림에서 큰 감소 추세를 보이고 있는데, 1982년에는 독일의 울창한 삼림 지역인 슈바르츠발트의 나무 중 8%가 산성비로 죽었다. 1년 후에는 그 수치가 34%로 증가했고, 1987년에 이르러서는 50%의 나무가 가지만 앙상하게 남았다. 이와 비슷한 문제가 미국 북동부의 삼림에서도 나타나고 있다.

이제 산성비는 단지 경제적인 문제뿐 아니라 정치적인 문제가 되었다. 1990년 몬태나 주의 부지사이자 미국 상원의 공화당 후보인 앨런 콜스태드(Allen Kolstad)는 석탄 회사 중역들과의 한 오찬석상에서 산성비는 '전혀 문제가 되지 않으며', 환경론자들이 산성비로 인해 물고기가 없어졌다고 주장하는 강은 원래 물고기가 없었다고 말했다. 언론에 콜스태드의 말이 보도되었고 이것은 큰 파문을 일으켰다. 콜스태드는 자신이 한 말의 의미를 명확히 하고, 여러 자료들을 인용하며 파문을 진정시키려고 애썼으나, 산성비는 심각한 문제가 아니라는 본래의 주장을 바꾸지는 않았다. 그는 오찬에서 자신이 말한 내용의 복사본을 언론에 제공하지도 않았다. 투표 결과, 민주당 현역 상원 의원이었던 막스 보커스(Max Baucus)가 몬태나 지역에서 70%의 지지를 받아 30%의 지지를 얻은 앨런 콜스태드를 눌렀다.

온실 효과

'온실 효과'는 지구에 생명체가 살 수 있도록 해주는 지구 대기의 균형 상태에 영향을 주는 문제를 설명하기 위해 사용되는 표현이다. 담요처럼 대기를 덮고 있는 가스층은 태양으로부터 들어오는 짧은 파장의 방사선은 유입시키고 긴 파장의 방사선은 지구를 빠져 나가지 못하도록 붙잡는다. 이러한 '온실 가스'의 농도가 짙어질수록 온도는 더 높아진다. 산업혁명 이후, 이러한 가스 농도는 점차 증가되었다. 이산화탄소는 온실 효과에 영향을 주는 가장 중요한 가스 중 하나다. 어떤 생태계에서든, 대기 중의 이산화탄소는 식물의 광합성 과정을 통해 식물로 들어가게 된다. 식물이 동물에게 먹히면 탄소는 동물로 이동하며, 식물이 죽어서 썩으면 탄소는 토양으로 이동한다. 동물과 토양의 탄소는 호흡과 분해 과정을 거쳐 다시 대기로 돌아간다.

식물이 충분한 열과 압력을 받으면, 석탄과 석유가 생겨날 수도 있다. 이런 과정이 오랜 기간에 걸쳐 일어나면 엄청난 양의 탄소가 축적되고 저장된다. 삼림 파괴와 함께, 석탄과 석유가 연소되면 탄소는 이산화탄소의 형태로 대기 중으로 되돌아간다. 1850년과 1960년 사이에 대기 중의 이산화탄소는 25%나 증가했다. 지난 30년 동안 대기 중의 이산화탄소는 약 12-13% 증가했다.[24] 그 증가량의 1/5은 삼림 파괴 때문이라고 여겨지며, 나머지 4/5는 화석 연료의 연소 때문이다. 1987년에 브라질에서만 약 5억 톤의 탄소가 대기 중으로 방출된 것으로 측정되었다. 현재 매년 4%의 비율로 이산화탄소 방출이 증가하고 있다.

온난화의 요인 중 약 57%가 이산화탄소이기 때문에 많은 사람들이 관심을 가지고 있지만, 이산화탄소는 온실 효과를 일으키는 여러 가지 가스 중 하나일 뿐이다. 다른 가스 중에는 클로로플루오로카본(CFCs)이 있는데 이것은 오존층 파괴와도 관계가 있으며, 그 밖에 메탄가스와 산화질소 등도 있다.

온실 효과의 일차적 영향은 지구 온난화라고 알려져 있다. 만일 이산화탄소의 농도가 두 배가 된다면(2025년에서 2100년 사이에 실제로 그렇게 될 수도 있다), 현재 최신의 지구 순환 모델(global circulation models, GCMs)은 지구 표면 온도가 3.5°C에서 5.2°C로 높아질 것으로 예측한다.[25] 고위도 지역의 온도가 급격히 상승하고 극지방의 빙하는 녹아 내릴 것이다.[26] 또 지구 순환 모델은 미국 중부 지역의 평균 표면

온도가 겨울철(12-2월)에는 4-6°C, 여름철(6-8월)에는 3-6°C 정도 높아질
것으로 예측하고 있다.[27] 앞으로 100년 동안 지구의 평균 온도가 단 4°C
만 증가해도 해수면은 0.5-1.5m나 높아질 것이고, 그 결과 해안 지역에
서는 큰 범람이 일어날 것이다. 만약 이런 일이 실제로 일어난다면, 낮
은 지대에 위치한 대부분의 해안 도시, 예를 들면 플로리다 남부와 북
미의 동부 근해 지역 그리고 마샬(Marshalls)이나 몰디브(Maldives) 같
은 섬들은 침수될 것이다. 북해에서는 해수면이 상승할 것에 대비하여
석유 생산 기지를 몇 년 전보다 좀더 높게 건설했다.

　지구 온도의 상승은 지구의 기후 패턴에도 영향을 줄 것이다. 특히
농작물 피해가 심각할 수 있다. 평균 기온이 1°C만 올라가도 농작물 생
산 지대가 150km나 이동할 것이다. 미국 중서부의 황금 곡창 지대는
메마르고, 곡물 생산 지대가 북쪽 캐나다로 이동하게 될 것이다.

　오스트레일리아 국립 연구 기관(CSIRO)이 개발한 기후 변화 모델
에 따르면, 세계 인구의 1/4을 차지하는 남부 아시아 8개 국가가 기후
변화로 인해 앞으로 심한 경제적, 환경적 파멸에 직면할 것이라고 예
측했다.[28] 워싱턴 시의 두뇌 집단인 기후 연구소는 향후 80년 동안 지
구 온난화로 인해 어획량이 감소하고, 폭풍 피해가 증가하며, 수백만
인구가 다른 곳으로 이동할 것으로 예측한다. 대부분의 피해는 날씨
변화 그리고 해수면 상승에 의한 저지대 침수 때문일 것이다.[29]

　세계 보건 당국자들은 지구 온난화 때문에 질병을 유발하는 해충의
분포 지역이 더욱 확장되지 않을지 염려하고 있다. 예를 들어, 최근 컴
퓨터 모형은 가장 치명적인 말라리아를 일으키는 개체인 말라리아 원
충이 널리 퍼질 가능성이 있음을 보여 주고 있다. 그 밖에도 주혈흡충
병, 수면병, 뎅그열, 황열병 등이 우려되고 있다.

　최근의 몇몇 연구는 지구 온난화에 대해 현재까지 발견된 것 이상
으로 어떤 결론을 내리는 것을 경계한다. 지구 전체에 오랜 기간에 걸
쳐 미친 영향을 정확히 증명하기가 어렵기 때문이다. 대기 온도가 해

마다 정상적인 변화를 보여 주기 때문에, 현재의 세계 기온이 과거와 유의한 차이가 있는지를 보여 주는 데는 상당한 시일이 걸릴 것이다.

이러한 경고가 옳다 하더라도, 많은 양의 이산화탄소가 대기 중으로 방출되었을 때 생길 수 있는 지구의 생명체에 대한 위협이 앞으로도 계속 없을 것으로 단정지을 수는 없다. 기후 변화에 대한 불길한 징조가 여러 방면에서 나타나고 있다. 남극에서는 1964년 이후로 두 종의 현화 식물의 개체수가 급속하게 증가하였는데, 이것은 남극의 성장 계절이 전보다 두 주 정도 늘었기 때문이다.[30] 국제적인 과학자들의 모임에서는 아열대 대서양의 물이 상당히 따뜻해지고 있음을 발견하였다.[31] 세계 빙하 탐사 기구(World Glacier Monitoring Service)의 빙하 변동 기록은 지난 100년 간 지구 온난화에 대해 독자적인 평가를 가능하게 한다. 그 기간에 빙하는 전세계적으로 계속 움푹해져갔다.[32] 캐나다의 학자들은 자연 화재의 영향과 성장 기간의 온도 상승으로 낙엽수들이 좀더 북극 지방으로 퍼져나가게 되었다는 것을 발견하였다.[33] 게다가, 여러 연구들은 세계적으로 해수면이 상승되고 있다는 것을 보여준다. 가장 최근의 연구들은 이러한 해수면 상승이 지구 온난화의 영향일 뿐 아니라, 지하수와 내해(內海)와 습지들이 말라가고, 또 세계적으로 삼림이 벌채되고 있기 때문이라고 주장한다.[34]

생태학자 폴 엘리히(Paul Ehrlich)가 지적했듯이, 과학적인 증거가 부족하다는 것이 아무 행동도 하지 않는 핑계가 될 수는 없다. 그는 환경 위기를 극복하기 위해 행동해야만 하는 두 가지 이유를 다음과 같이 들고 있다. 첫째, 지구 순환 모델이 예측한 지구 온난화로 인한 급속한 기후 변화가 수백만의 인구를 죽음으로 몰고 갈 것이라는 점이다. 이러한 일이 일어날 가능성이 단 10%만 되어도 우리는 그것에 대비해야 할 것이다. 만약 이 책이 당신의 손에서 폭발할 확률이 10%라면, 아마 당신은 이 책을 읽지 않을 것이다. 둘째, 지구 온난화로 인한 급속한 기후 변화에 대비해 보험을 들어 두는 것이, 에너지 효율 증대, 자원의 소비와 쓰레기를 줄이는 것, 대기 정화, 대량 운송 체계 개선 등을 포함하는 비용보다는 이익이 더 많을 것이다.[35]

오존층

오존층 파괴는 또 다른 대표적인 문젯거리다. 지표면 근처에서는 오존이 공기 오염의 주범으로 여겨지고 있다. 오존은 눈병이나 호흡기 질환을 일으킬 수도 있고, 고무를 비롯한 기타 원료뿐 아니라 수목과 농작물에도 해를 입힐 수 있다. 그러나 성층권에 존재하는 오존은 생명 유지에 꼭 필요한 성분이다. 오존층은 지구에 들어오는 자외선을 흡수하여 많은 자외선이 지표 생물에 직접 닿지 않도록 막아 주는 역할을 한다. 사람들이 잘 모를 뿐이지 자외선은 인간 이외의 다른 생명체들에게도 심각한 영향을 미치고 있으며, 인간에게는 피부암이나 백내장을 유발시킨다. 지구 성층권에서 오존층이 10% 감소하면, 기저 세포나 편평 상피 세포 피부암 환자가 30만이 증가하고, 악성 흑색소 세포종 환자가 40만이나 더 증가하게 된다.[36]

지표 근처에서 우리에게 해를 주는 오존은 자동차와 공장에서 내뿜는 매연이 주 원인이며, 도심 스모그의 주요 구성 성분이다. 앞에서 언급한 적이 있는 클로로플루오로카본(CFCs) 역시 산업 사회의 부산물인데, 이 물질은 오존층을 파괴하는 것으로 알려져 있다. 1988년에 미국 항공우주국(NASA)은 북미와 유럽 그리고 아시아에 걸쳐 이미 오존층의 3%가 줄어들었다는 증거를 제시하였다. 겨울 동안 알래스카와 유럽의 스칸디나비아 지역에서는 오존이 6%나 감소하였다. 1993년 1월까지 북반구에서는 오존층이 13-14%가 감소했다.[37] 1994년 9월, 226명의 대기 과학자들로 구성된 국제적 모임인 오존 평가 위원회(Ozone Assessment Panel)에서는 최근에 뚜렷한 오존 감소가 나타나고 있으며, 앞으로 좀더 악화되리라는 보고서를 발표하였다.[38] 또 항공우주국에서는 1994-1995년 겨울 동안 오존의 40%가 유실되었다고 발표하였다. 이와 같은 최근의 급격한 오존층 유실을 1991년 필리핀 피나투보(Pinatubo) 화산 폭발과 연관지으려는 노력은 별 성과를 거두지 못했다.

9월과 10월 사이 남극 상공 오존층에 생기는 '구멍'은 대기권 가장 바깥쪽에서 CFC 농도가 증가한 데 따른 대표적인 피해 사례다. 이러한 오존층의 파괴는 1991년과 1992년 그리고 1993년에도 기록되었다. 1994년 12월 19일, 항공우주국은 언론 보도를 통해 "3년 간 상층 대기 연구 위성(UARS)으로부터 얻은 데이터는 성층권의 염소(chlorine)가 남극 오존층에 구멍을 낸 범인이라는 것을 확실히 보여 주고 있다"고 발표하였다.[39]

한때 CFCs는 가장 안전한 화학 물질로 여겨졌다. CFCs는 안정성 있고, 무색 무취에 독성이 없으며, 불에 타거나 부식되지도 않았다. 이 때문에 스프레이 용기의 추진제나, 스티로폼에서 거품을 만드는 약품으로, 절연과 포장을 위한 플라스틱 제품, 병원의 소독약, 전자 부품의 세제 등 여러 산업 분야에 널리 사용되었다. 또 에어컨과 냉장고의 냉매로 사용되기도 했다. CFCs는 황금알을 낳는 산업에서 없어서는 안 될 중요한 원료였으나, 이제 점차 지구의 생명체를 위협하고 있다. 지금은 CFCs를 대체할 수 있는 대용품이 몇몇 화학 제조회사에 의해 개발되었으므로, 앞으로는 많은 부문에서 CFCs를 빠른 속도로 대체해 나갈 것이다.

어떤 이들은 이제는 스프레이 용기의 추진제로 CFCs를 사용하는 것을 금지하고 있고, 대부분의 생산 과정에서도 이 물질이 점차 사라지고 있기 때문에 오존 문제가 더 이상 위협이 되지 않을 것이라고 말한다. 그러나 아직 이 세상에는 CFCs를 냉매로 사용한 에어컨과 냉장고가 많이 남아 있다는 것을 기억할 필요가 있다. 시간이 흘러 누출된 CFCs는 어떻게 될까? CFC 분자는 공기보다 가볍다. 그래서 일단 용기에서 빠져 나오면 결국 성층권으로 들어가 오존층에 다다른다. 거기서 분해된 CFC 분자는 염소 원자를 방출하여 계속해서 성층권의 오존층을 붕괴시킬 것이다. 성층권에서 염소 원자는 매우 안정하여 오랜 기간 잔존할 것이다.

다시 말해, 현재 방출된 CFC는 차후 몇 년 간 오존층을 계속해서 파괴할 것이다. 항공우주국 제트기 추진 실험실의 조 월터스(Joe Walters)는 다음과 같이 말했다.

> 우리는 이 행성에서 근본적으로 승리를 따냈다.⋯점차 시간이 가면 언젠가는 염소가 줄어들 것으로 예상된다. 문제는 우리가 그러한 노력을 충분히 빠르게 해 낼 수 있는가 하는 것이다. 100년 동안 성층권에는 오존층에 구멍을 만들 정도로 염소가 많아졌다. 이 염소가 자연적인 수준으로 줄어들기까지는 여러 세기가 걸릴 것이다.[40]

비록 회복되는 속도가 느리긴 하겠지만, 1998년에 이르러서는 오존층이 천천히 회복되기 시작할 것으로 예상된다.[41]

창조 세계는 우리에게 무엇을 요구하는가?

인류는 땅에 충만하라는 하나님의 명령을 이행했다. 아마 이 정도면 충분히 채워졌을 것이다. 그러나 창조 세계가 위험에 처한 것은 인류가 많아졌기 때문만은 아니다. 바로 소비의 증가가 더 문제인 것이다. 세계 인구 성장의 90% 이상이 개발 도상국 때문이지만, 세계의 자원을 부당하게 많이 소비하고 창조 세계의 자원을 고갈시키는 나라는 이미 산업화된 선진 국가들이다. 재생 가능한 자원 역시 재생 속도를 초과하는 과도한 수요로 인해 위협받고 있다. 우리가 이러한 물질을 처리하면서 발생한 쓰레기는 대기와 땅과 물을 다시 더럽힐 것이다. 이제 우리는 이런 행위의 결과를 더욱 정밀하게 조사해야만 한다.

우리는 청지기로서 살아가야 한다. 인간은 창조 세계가 풍성히 열매를 맺을 수 있도록 관리할 책임을 하나님으로부터 부여받았다. 아담이 에덴을 보살핀 것은 본래 인간을 위해서가 아니라 창조주 하나님을 위한 것이었다. 하나님은 우리에게 청지기 역할을 맡기셨다. 우리는 필요에 따라 피조물의 열매를 따먹을 수 있는 권리를 가지고는 있으나 관리자로서의 책임을 결코 잊어서는 안 된다. 만약 우리의 청지기적 사명이 이기적으로 변질되면, 피조물의 열매는 줄어들 것이고 우리 삶은 메마르게 될 것이다.

토론 문제

1. 당신의 어린 시절과 비교해 주변의 자연이 얼마나 많이 변했는가? 당신의 자녀들이 경험하지 못한 것을 경험해 본 적이 있는가? 반대로, 당신이 경험하지 못한 것을 당신의 자녀들이 경험하고 있는가?
2. 개발 도상국에서 생태적 문제들이 어떻게 선교와 일반 대중에게 영향을 미치고 있는가? 열악해져 가는 환경 속에서 선교는 어떤 방법으로 인간의 욕구에 대해 반응해야 하겠는가?
3. 이 장에서 언급된 환경 문제 중, 당신에게 가장 많은 영향을 준 것은 무엇인가? 그 문제를 해결하는 데 도움을 주기 위해 당신은 어떤 방법으로 행동하고, 영향력을 행사할 것인가?

제8장 불순종의 결과

디트리히 본회퍼[1]

인간은 돌연 하나님을 배반했고, 여전히 달아나고 있다. 그러나 그 타락은 인간에게 충분하지 않을 뿐더러, 붙잡히지 않을 정도로 빨리 도망칠 수도 없다.

우리는 경제학자인 허만 데일리(Herman Daly)의 표현대로, "희생 없이도 더 많은 것을 얻을 수 있다"는 근거 없는 미신에 기초하여 살아갈 수는 없다.[2] 현재와 같은 상태가 계속되면서 하나님의 창조 세계는 결국 다음과 같은 피할 수 없는 결말을 낳고 있다. 첫째, 지속적인 인구 증가로 인해, 우리는 하나님의 창조 세계를 돌보아야 할 청지기로서의 사명을 다하기 어려운 상황에 직면해 있다. 둘째, 이러한 폭발적인 인구 증가의 직접적인 결과로서, 재생 불가능한 자원들이 고갈되어 가고 있으며, 재생 가능한 자원들도 재생되는 속도보다 빠르게 소비되고 있다. 셋째, 인간 사회에서 쏟아져 나오는 쓰레기는 이제 지구가 감당하기 어려울 정도가 되어 버렸다.

고통 가운데서 "피조물의 고대하는 바는 하나님의 아들들의 나타나는 것이니 피조물이 허무한 데 굴복하는 것은 자기 뜻이 아니요 오직 굴복케 하시는 이로 말미암음이라. 그 바라는 것은 피조물도 썩어짐의 종노릇 한 데서 해방되어 하나님의 자녀들의 영광의 자유에 이르는 것이니라"(롬 8:19-21). 여기서 언급된 해방이란 단지 오염이 끝나는 것을 말하는 것이 아니라, 창조 세계의 완전한 회복과 소생을 의미한다. 그것은 하나님의 사역이며, 예수님의 재림 때에야 비로소 완성될 것이다. 그렇지만 하나님의 형상대로 지음받은 모든 인간, 특히 하나님의 구속받은 자녀인 그리스도인들은, 하나님이 주시는 궁극적인 구속을 준비하며, 하나님의 창조 세계를 보살피고 치유하는 구속의 과정을 시작할 책임이 있다.

그러나 한편 올바르게 동기 유발되고 창조 세계를 돌보는 일에 착수하기 전에, 그 일을 실행하지 못했을 때의 결과를 정확하게 이해하는 것이 중요하다. 과거와 현재의 모든 사건이 이에 대한 수많은 예를 제공하고 있다.

성경의 기록

우리는 이미 4장에서 인간의 타락이 자연 세계에 미친 몇 가지 영향을 살펴보았으나, 여기서 다시 한 번 고찰해 보고자 한다. 창세기 3장의 사건은 인간과 다른 피조물의 관계를 깨뜨렸다. 자기 운명을 스스로 통제하고자 했던 인간의 욕망은 창조 질서의 샬롬을 산산조각 내버렸다. 인간은 더 이상 창조주와 친밀한 관계를 유지할 수 없게 되었고, 창조주의 사랑과 지식이 그분의 형상대로 지음받은 피조물로 자유로이 흘러 들어가지도 못하게 되었다. 그리고 언제나 열매를 얻을 수 있었던 창조 세계를 즐기는 대신, 이제 인류는 열매를 얻기 위해 고된 노동을 해야만 하는 창조 세계를 보고 있다.

인류가 세상에 퍼뜨린 악은 하나님의 심판을 초래했으며, 그로 인해 지구의 거의 모든 생명체는 홍수로 파괴되었다. 이 심판 이후 하나님은 살아 남은 노아의 가족들에게 다음과 같이 약속하셨다. "내가 너희와 언약을 세우리니 다시는 모든 생물을 홍수로 멸하지 아니할 것이라. 땅을 침몰할 홍수가 다시 있지 아니하리라"(창 9:11). 하나님은 살아 남은 노아와 그의 아들들과 모든 생명에게 이 약속의 징표로 무지개를 주셨다. 그러나 홍수가 악에 대한 심판이긴 했지만, 그 심판이 창조 세계에서 악을 없이한 것은 아니었다. 창조 세계는 계속해서 고통당했다.

그 후 하나님은 모세를 통해 이스라엘 백성에게 땅을 보살피라는 지시를 내리셨다. "이스라엘 자손에게 고하여 이르라. 너희는 내가 너희에게 주는 땅에 들어간 후에 그 땅으로 여호와 앞에 안식하게 하라. 너는 육 년 동안 그 밭에 파종하여 육 년 동안 그 포도원을 다스려 그 열매를 거둘 것이나 제 칠 년에는 땅으로 쉬어 안식하게 할지니 여호와께 대한 안식이라. 너는 그 밭에 파종하거나 포도원을 다스리지 말며"(레 25:2-4). 안식년은 토양이 영양분을 다시 만들어 내도록 돕는다. 이 명령을 따르지 않는다면 우리는 기름진 토양을 잃게 될 것이다. 하나님은 만약 우리가 이 명령을 잘 수행한다면 "땅은 그 산물을 내리니 너희가 배불리 먹고 거기 안전히 거하리라"(레 25:19)고 말씀하셨다. 이 법에 순종하지 않는 것은 하나님께 대항하는 범죄로 여겨진다. 우리는 이 땅에서 살도록 하나님이 허락하신 권리를 빼앗길 수도 있고, 이 땅에서 추방되는 처벌을 받을 수도 있다.

너희가 대적의 땅에 거할 동안에 너희 본토가 황무할 것이므로 땅이 안식을 누릴 것이라. 그 때에 땅이 쉬어 안식을 누리리니 너희가 그 땅에 거한 동안 너희 안식 시에 쉼을 얻지 못하던 땅이 그 황무할 동안에는 쉬리라(레 26:34-35).

오늘날 많은 사람은 자신들이 감상적이고 비실제적이라는 의미로 사용하는 소위 '영적인' 일에 대해서만 성경이 관심이 있다고 잘못 알고 있다. 이것은 분명히 사실이 아니다. 성경은 눈에 보이지 않는 실재를 다루는 '영적인' 일에 관심이 있으나, 또한 인간이 알아차릴 수 있는 실재와도 밀접하게 연결되어 있다. 그러므로 성경은 하나님을 대항한 도덕적인 죄('영적인' 죄)는 인간의 마음이나 인간 관계뿐만 아니라 인간이 아닌 다른 피조물을 포함한 우리 주변 세계에도 실제적인 영향을 미친다고 선언한다. 이사야는 다음과 같이 선포했다.

> 땅이 슬퍼하고 쇠잔하며 세계가 쇠약하고 쇠잔하며 세상 백성 중에 높은 자가 쇠약하며 땅이 또한 그 거민 아래서 더럽게 되었으니 이는 그들이 율법을 범하며 율례를 어기며 영원한 언약을 파하였음이라. 그러므로 저주가 땅을 삼켰고 그 중에 거하는 자들이 정죄함을 당하였고 땅의 거민이 불타서 남은 자가 적으며(사 24:4-6).

선지자 호세아는 더욱 분명히 말한다. "그러므로 이 땅이 슬퍼하며 무릇 거기 거하는 자와 들짐승과 공중에 나는 새가 다 쇠잔할 것이요 바다의 고기도 없어지리라"(호 4:3).

이러한 행위에 대한 하나님의 심판은 과거에만 있었던 것이 아니다. 성경은 미래에 그런 행위에 대한 최후의 완전한 심판이 있을 것이라고 경고한다. 요한계시록은 그 때에 일어날 일을 잘 묘사하고 있다. "종 선지자들과 성도들과 또 무론대소하고 주의 이름을 경외하는 자들에게 상 주시며 또 땅을 망하게 하는 자들을 멸망시키실 때로소이다"(계 11:18).

하나님은 그러한 파괴를 가장 큰 죄로 여기시므로 형벌 역시 엄격하다. 우리는 예수 그리스도께서 인간뿐 아니라 모든 피조물을 위해서도 죽으셨다는 것을 이해할 때에만 이 점을 이해할 수 있다.

> 아버지께서는 모든 충만으로 예수 안에 거하게 하시고 그의 십자가의 피로 화평을 이루사 만물 곧 땅에 있는 것들이나 하늘에 있는 것들을 그로 말미암아 자기와 화목케 되기를 기뻐하심이라(골 1:19-20).

역사의 기록

4장에서 언급했듯이, 이스라엘의 토지 남용에 대한 성경의 기록은 다른 역사적, 과학적 연구에 의해서도 확증되었다. 그러나 땅을 황무케 했던 옛 이스라엘 전력과는 다르게, 오늘날의 이스라엘은 유대 사막에 다시 꽃을 피우기 위해 노력하고 있다. 그러한 노력의 목표는, 성지 순례 시 방문객들이 꼭 들렀다 가는 역사적인 식물 군락인 네오트 케두밈(Neot Kedumim)을 재건하는 것이다. 제프 나베(Zev Naveh)는 그것을 '유대 언덕에 있는 성경적인 자연 보호 지역'으로 묘사한다.[3] 그 곳은 모든 지역이 매우 심하게 훼손되어 있었다. 오랜 기간 나무가 베어지고, 불에 타고, 또 목초지로 쓰인 그 곳은 벌거벗은 바위를 제외하고는 거의 남은 것이 없었다. 그러나 지난 20년 동안의 노력은 그 황무지를, 기독교 문학과 탈무드에서 유대인과 그리스도인 모두의 '녹색 유산'(green heritage)으로 언급되는 보기 좋은 아름다운 곳으로 바꾸어 놓았다. 나베는 계속해서 다음과 같이 말한다. "네오트 케두밈을 회복시키려는 사람들은 그들이 목표로 하는 군락에 대한 정보를 얻기 위해 일차 자료로 성경을 사용했다. 이것은 특히 성경의 역사적 정확성이 새로운 고고학적 발견들에 의해 확인되었기 때문에 아주 적절한 방법이다.…이 자연 보호 지역은 성경적 경관에 대한 생생한 투시도로서의 역할을 한다."[4]

성지를 넘어 북아프리카 사막에서 발견된 화분 화석에 대한 최근의 연구는 이 지역이 몇 천 년 전만 하더라도 대부분 삼림으로 뒤덮여 있었음을 보여 주고 있다. 인간이 이 삼림을 파괴한 주범이었을 것으로 생각된다.

중국의 생태계 또한 인간에 의해 커다란 변화를 겪었다. 고대의 여러 기록은 삼림이 사라지면 어떤 문제가 발생할지에 대해 인류가 알고 있었음을 보여 주고 있지만, 그럼에도 불구하고 대부분의 삼림이 사라졌다. 어떤 곳에서는 고대의 관습에 따라 위험한 동물을 없애기 위해 불을 질렀다. 또 어떤 곳은 농사를 짓기 위해 개간하거나, 장작이나 목탄과 같은 연료로 쓰기 위해 나무를 베어냈으며, 고대의 도시를 건설하기 위해 많은 목재가 소비되기도 했다.

현재의 증거

최근까지 인간이 창조 세계에 미친 영향은 대부분 국지적이었다. 한 도시나 문화를 지탱해 주는 생태계의 붕괴는 확실히 중요한 문제이긴 했지만, 그것은 일부 지역에 국한되어 일어났기 때문에 창조 세계 전체는 거의 영향을 받지 않았다. 그러나 오늘날 인간의 활동은 지구 전체에 영향을 미치고 있다. 산업 사회가 소비한 자원은 세계 전체에서 난 것이며, 그들이 배출한 쓰레기는 세계 전 지역에 퍼져 있다.

건강에 관한 문제 역시 매우 중요하다. 우리가 청지기로서 지켜야 할 가장 개인적인 환경이란 바로 우리의 몸이다. 개인적으로 그리고 사회적으로, 성병, 과식, 흡연, 폭음, 약물 남용 등으로 인한 손해는 그 비용을 산출할 수 없을 정도로 심각하다. 사람들은 말 그대로 방종으로 인해 죽어가고 있다.

환경 파괴로 인해 건강에 적신호가 켜졌다. 400가지가 넘는 유해 물질이 이 인간의 암과 연관성이 있다. 질병 확산에 대한 연구는 공업 및 화학 제품을 생산하는 지역에서 암 발생률이 높다는 것을 보여 주고 있다. 또한 테라토겐으로 알려진 화학 물질은 선천성 기형의 원인으로 알려져 있다. 테라토겐으로 인한 기형이 어느 정도나 발생하는지는 정확히 알려져 있지 않으나, 5-10% 정도로 추정된다. 폴리클로로비페닐, 다이옥신, 카드뮴, 수은, 납 등과 같이 기형의 원인이 되는 많은 화학 물질이 현재 여러 지역에서 위험 수위로 나타나고 있다.

다양한 호흡기 질환 역시 환경과 깊은 관련이 있는 것으로 알려져 있다. 폐암은 흡연이나 석면의 흡입으로 야기되는 대기 오염이 가장 중요한 발병 요인이다. 오존 역시 폐 조직에 해를 입히며 면역 체계의

정상적인 작동을 방해한다. 폐기종과 기관지염 역시 대기 오염과 관련
이 있다. 의사들은 심각한 질병에 시달리고 있는 사람들에게 대기 오
염이 심한 도시 지역에서 살지 말라고 충고한다.

세계 보건 기구(World Health Organization)는 현재 10억 이상의 인
구가 대기 오염으로 인한 건강 악화 위험에 노출되어 있다고 경고하고
있다.[5] 인도의 캘커타 지역에서는 도시 인구의 60%가 대기 오염으로
인한 호흡기 질환으로 고통받고 있다. 인도의 또 다른 쪽에 위치한 봄
베이에서는 숨을 쉬는 것이 하루에 담배 10개피를 피는 것과 같다.[6] 심
지어 미국에서도 대기 오염으로 인해 12만 명이 죽어가고 있다고 미국
폐질환 협회(American Lung Association)는 보고하고 있다.[7]

경제적 결과

예수님은, 여러 해 동안 먹고 마시고 즐길 수 있을 정도로 많은 재
산을 쌓아 두었다고 생각한 한 부자에 관한 이야기를 비유로 말씀하셨
다. 그러나 바로 그 날 밤에 죽음이 다가오고 있었다. 하나님은 부자에
게 "어리석은 자여 오늘밤에 네 영혼을 도로 찾으리니 그러면 네 예비
한 것이 뉘 것이 되겠느냐?"(눅 12:20)고 하셨다. 예수님은 이 비유를
마치시면서 "자기를 위하여 재물을 쌓아두고 하나님께 대하여 부요치
못한 자가 이와 같으니라"(눅 12:21)고 결론지으셨다.

웬델 베리는 이 비유를 해석하면서, 하나님보다는 자신의 소망과
야망에 기대어 다가올 미래를 경시한 것이 그 부자의 잘못이라고 지적
했다. 부자는 자신이 결국 죽을 수밖에 없는 존재라는 것을 생각지 않
고, 재물을 쌓아 미래를 준비하려고 했다. 베리는 다음과 같이 결론 내
렸다. "우리는 이렇게 말할 수 있을 것이다. 우리는 부분적으로 경제
행위를 통해 하나님의 나라를 추구하고 있으며, 따라서 만약 그 행위
가 잘못됐다면 하나님 나라를 찾는 데 실패할 것이다."[8]

어느 한 그룹이 창조 세계를 잘 돌보지 못하면, 일반 대중과 다음

세대가 그 대가를 지불하게 된다. 우리 주위의 환경이 더러운 공기와 물로 가득 차게 되면, 우리는 건강을 지키기 위해 더 많은 지출을 하고, 더 높은 세금을 내며, 부동산 가치가 하락하는 것을 보면서 그 대가를 치를 것이다. 자연에 미친 영향은 구조와 원료에 타격을 주는 식으로 드러났다. 환경이 파괴된 지역에서는 어획량이 감소하고, 이로 인해 일시 해고와 실업이 증가하고, 삼림의 성장률은 감소되며, 작물의 생산량도 더 낮아지고, 여가를 즐기는 관광 산업이 위축된다. 그 밖에 우리가 지불해야 할 대가는 측정하기 어려울 정도로 크다. 그러나 우리의 경제 체계는 그러한 비용을 잘 찾아내지 못하며, 그 비용은 모두 소비자에게 떠넘겨진다. 하지만 어떤 특정한 피해에 대해서는 평가가 가능하기도 하다. 현재 산성비와 산성눈으로 미국이 입은 피해액은 매년 60억에서 100억 달러로 추정되며 미래에는 더욱 크게 증가할 것으로 예상된다.[9] 현재 산성 침전물을 감소시키려는 법률이 제정되어 있으나, 그 비용은 결코 적지 않을 것이다. 환경 보호국(Environmental Protection Agency, EPA)에서는, 1990년의 대기 정화법(Clean Air Act)에 따라 산성 침전물을 제거하는 데 드는 비용이 1년에 40억 달러가 될 것이라고 예상하였다.[10]

위험하고 유독한 화학 물질은 현대의 많은 생산 제조업체에서는 당연히 나올 수밖에 없는 부산물의 일부로 여겨진다. 최종 생산물 자체는 컴퓨터나 태양 전지, 의료 약품 등과 같이 종종 환경에 무해한 것들도 있다. 그러나 제품을 만드는 데 사용되는 화학 물질 중 어떤 것들은 적절하게 처리하지 않으면 환경에 큰 피해를 줄 수 있다. 과거에 제대로 잘 관리하지 못한 결과로 우리는 오늘날까지도 괴롭힘을 당하고 있다.

환경 보호국은 악명 높은 슈퍼펀드 계획(Superfund pro-gram, 화학 폐기물에 의한 환경 공해를 방지하기 위한 특별 기금—역주)이 규정한 대로 유해 쓰레기 처리장을 정화하는 데 드는 비용은 약 770억 달러에

이를 것이라 추정하였다.[11] 그러나 그것이 전부는 아니다. 1985년에 기술 평가처(The Office of Technology Assessment)에서는, 유해한 쓰레기 처리장 목록에 적어도 만 개 이상의 지역이 포함될 것이며, 향후 50년 동안 5천억 달러의 비용이 들 것이라 추정하였다.[12]

알래스카 근해에서의 발데즈 호 난파는 엄청난 면적의 환경 재앙을 가져왔을 뿐만 아니라, 엑손(Exxon, 미국 최대의 석유 회사—역주)과 연방 정부로 하여금 지금까지 30억 달러 이상의 비용을 지불할 수밖에 없게 만들었지만, 아직까지 그 문제가 완전히 해결되지 못했다. 이러한 결과에 비추어 볼 때, 우리는 독일의 헬무트 콜(Helmut Kohl) 수상이 당시 미국 환경 보호 기구의 대표였던 윌리엄 레일리(William K. Reilly)에게 "경제는 정치적인 필요 때문이 아니라 도덕적인 문제 때문에 환경을 우선적으로 고려해야 한다"고 했던 말의 의미를 이해할 수 있다.[13]

미적인 영향(The Aesthetic Impact)

수백 킬로미터나 되는 깨끗한 해변을 돈으로 환산하기는 어렵다. 아마도 돈으로 환산하는 일이 적절하지 않을지도 모른다. 그러나 발데즈 호의 대참사로 고통받고 있는 알래스카 해변을 따라 기름으로 뒤덮인 모래 위로 매와 바다수달, 불가사리 등의 사체가 매서운 파도에 밀려오는 것을 볼 때 그것은 참으로 실제적인 문제다. 사고 이후 이 곳에는 고래가 돌아오지 않고 있다. 어부들은 연어 포획량이 계속해서 줄어들까봐 걱정하고 있다. 이 곳 토착민들은 계속해서 이 해변에서 의식주를 해결할 수 있을지 염려하고 있다. 엑손은 해변가의 여러 지구에서 기름 제거 작업이 끝났다고 주장하고 있으나, 많은 해안에서 자갈과 모래 밑 1m까지 기름이 스며들었으며 그 때문에 마른 폐기물들이 아직도 많아 남아 있다.

때때로 나는 학생들에게 삶의 무게에 짓눌려 마음의 평화와 안정을 잃을 때 이를 되찾기 위해서 어디로 가느냐고 묻곤 한다. 여러 가지 대답이 나오지만 그것들을 종합해 보면 공통점이 있다. 즉 평온한 계곡, 조용한 바닷가, 산골짜기 같은 곳을 간다고 한다. 공장이나 산업 단지 또는 도심의 길거리로 간다고 대답하는 학생은 아무도 없다.

미국의 수필가 멘켄(H. L. Mencken)은 20세기가 시작되었을 즈음에 피츠버그 도시의 환경에 대해 다음과 같이 썼다. "이 곳은 미국 산업의 중심이며, 가장 돈이 잘 벌리고 독특한 활동의 중심지이며, 지구상에서 최고의 부와 위대함을 자랑하는 곳이다. 동시에 이 곳은 지독하게 끔찍하고 참을 수 없을 정도로 황량하고 쓸쓸한 풍경을 연출하고 있어 인간의 모든 야망을 소름끼치고 우울한 것으로 만드는 곳이기도 하다."[14]

우리가 추구하는 평화를 얻기 위해 인간 사회로부터 도망치는 것이 과연 올바른 일인가? 오히려 인간의 상황을 더 좋게 바꾸는 것이 낫지 않겠는가? 우리를 향한 그리스도의 명령은 "너희는 온 천하에 다니며 만민에게 복음을 전파하라"(막 16:15)는 것이며, 또는 마태가 기록했듯이 "가서 모든 족속으로 제자를 삼으라"(마 28:19)는 것이다. 만약 우리가 성경이 명령하는 대로 가르치고자 한다면 하나님의 창조세계를 보호하라는 명령을 수행하는 일을 무시할 수 없을 것이다. 인간의 첫 번째 임무가 동산을 지키는 것임을 파악하지 못할 리 없기 때문이다.

하나님에 대한 복종의 관점에서 본다면, 우리의 임무는 하나님이 바라시는 대로 이 동산을 예전과 같이 화려하게 회복시키는 것이다. 동산을 가꾸는 일에는 여러 가지가 있으며 우리는 다양한 형태로 참여할 수 있다. 그러나 이 보살피는 일에 참여하지 않는다면, 당신은 그 열매를 공유할 수 없다(고전 9:7). 그렇다면 오늘 당신이 주님의 동산을 돌보기 위해 한 일은 무엇인가?

문화적인 손실

치코 멘데즈(Chico Mendez)는 브라질의 민족적인 영웅이자 순교자이다. 본토박이 천연 고무 채취업자였던 치코는 대단위 가축 사육자들이 이 지역의 산림을 목초지로 바꾸는 바람에 생계와 문화가 위협을 받자, 그 후 이러한 변화에 저항하는 운동을 일으킨 국가적 상징이 되었다. 치코와 다른 이들의 노력으로, 브라질 정부는 국가의 토지 사용 정책을 전면적으로 재검토하기 시작했다. 북아메리카를 여행하고, 국제 연합과 세계 은행에서 회합을 가진 후 치코 멘데즈는 민족적 영웅이 되어 브라질로 돌아왔다. 그러나 몇 달 뒤 그는 암살당했다.

이처럼 정치적 동기에서 일어난 살인 사건은 당시 토지 개혁에 대한 논쟁이 매우 심각했던 남아메리카에서는 흔한 일이었다. 각 개인이 위험에 처해 있었을 뿐 아니라 모든 부족과 토착민 전체가 위험에 처해 있었다. 이들은 수백 년 내지 수천 년 동안 조화를 이루며 살아온 환경에 대해 잘 알고 있던 이들이다.

몇 년 전 열대 생태계에 대해 가르치던 중에 나는 남아메리카 여행에서 오토(Otto)를 만났다. 그는 리오 나포(Río Napo)라는 강가에서 가족과 함께 살고 있었는데, 한 주 동안 우리를 잘 대접해 주었다. 그는 자신이 잘 알고 있는 우림 지역의 숨겨진 오솔길을 따라 우리를 안내하면서 보이는 식물 종(種) 하나 하나에 대한 의학적 가치를 설명해 주었다. 그가 보여 준 한 덩굴 식물에서는 하얀 수액이 나오는데 그것이 창자에 있는 기생충을 제거해 준다고 했다. 또 다른 작은 나무의 잎사귀는 혈압을 낮춰 준다고 했다. 당시 우리 일행 중 몇 사람이 장에 매우 심한 통증이 있어 괴로워하자 오토는 그들에게 어떤 식물의 잎사귀를 으깨어 먹였다. 그러자 그 증상이 말끔히 사라졌다.

아마 그 누구도 이 토착민들이 자신들의 환경에 대해 알고 있는 만큼은 모를 것이다. 호지킨병을 치료하는 데는 마다가스카르(Madagascar)에서 나는 희귀 식물을 사용한다. 브라질에서 자라는 어느 나무의 수액은 디젤 연료로 사용할 수 있다. 이런 것들을 다 열거하자면 끝이 없겠지만, 그 지식은 곧 쉽게 없어진다. 환경이 파괴되면 그 환경과 밀접하게 연관되어 있는 문화 역시 곧 파괴될 것이다. 이미 많은 문화와 그들의 지식이 열대 우림이 사라지면서 함께 사라져 버렸다. 그리고 다시는 그 비슷한 것도 이 창조 세계에서 볼 수 없을 것이다.

우리는 1995년 1월의 어느 날에 일어난 사건을 통해 서구 사회가 격리된 한 아마존 부족에 미친 영향의 매우 실제적인 예를 볼 수 있다. 그 날 나는 에콰도르에 있는 리오 쿠야바노(Río Cuyabano) 강 언덕 위에 있는 빅토리아노(Victoriano)의 집 마루바닥에 앉아 있었다. 빅토리아노는 당시 78세로 시오나 인디언(Siona Indians) 족의 추장이었다. 그 때 나는 우리 대학의 미국 학생들과 함께 남아메리카를 여행하던 중이었다. 우리는 가장 가까운 길에서부터 상류 쪽으로 다섯 시간 가량 올라와 있었다. 그 날 아침 우리는 우리 캠프 근처의 라구나 그랜드(Laguna Grande)의 물빛이 이상한 광채를 띠고 있는 것을 보았기 때문이다. 빅토리아노는 최근에 시오나 인디언의 한 다른 그룹이 그의 영역으로 마을을 이주시키고 싶다고 했다는 이야기를 하며 매우 괴로워했다. 그들이 살던 땅과 강은, 텍사코(Texaco)가 그 지역에서 석유를 개발하면서 흘러나온 석유 때문에 오염되어 더 이상 먹을거리를 찾을 수 없었고 생존이 불가능한 곳이 되어 버렸다는 것이다. 미국에는 석유 적출을 제한하는 법이 있지만 그것은 미국 국경을 넘어서는 적용되지 않으며, 이에 관한 국제법도 존재하지 않는다. 에콰도르는 환경에 관한 법률이 거의 없어 환경 파괴 행위에 대해 적절한 제재를 가할 수 없는 개발 도상국이다. 텍사코의 에콰도르 지사는 그 나라를 떠나도록 요청받았고, 에콰도르는 환경 피해에 대해 소송을 제기했다. 그러나 텍사코는 파산 신청으로 맞섰다.

교회의 불순종

예일 대학의 스티븐 켈러트(Stephen Kellert)와 조이스 베리(Joyce
Berry)는 1980년에 한 중요한 연구 결과를 출판했다. 그들은 미국 어류
와 야생 동물 관리청(Fish and Wildlife Service)의 기금을 받아 환경에
대한 미국인들의 태도와 지식을 조사했다. 미국 각지에서 보내온 수천
의 설문지가 수집되었다. 켈러트와 베리의 설문에는 종교 예식에 참석
하는 빈도에 관한 것도 있었는데, 결과에 따르면 종교 예식에 가장 많
이 참석하는 사람들이 환경에 대한 관심과 지식이 가장 낮았다. 환경
에 대한 응답자들의 일반적인 태도를 조사하기 위해 여러 가지 다른
질문에 대한 대답을 종합적으로 분석한 결과 켈러트와 베리는, 교회
예배에 가장 규칙적으로 참석하는 사람들이 자기 주변의 피조물에 대
해 가장 지배적이고 실용주의적인 태도를 갖고 있음을 발견했다.[15]

3장에서 우리는 현재의 환경 위기에 대한 책임을 유대-기독교의 세
계관에 돌리는 널리 퍼진 견해—버클리 대학의 역사학자 린 화이트 2세
의 주장—에 대해 논의했다.[16] 그의 주장은 성경 해석과 사료 해석 모두
에 심각한 오류가 있다. 그러나 켈러트와 베리의 연구 결과는, 적어도
교회가 교인들에게 하나님의 창조 세계가 그들의 목적을 위해 사용되
고 지배되기 위해 존재한다는 생각을 갖도록 가르쳐 왔다고 주장하는
화이트의 말에 힘을 실어 준다.

이 책은 성경이 우리 인간에게 창조 세계를 잘 보살피는 일이 매우
중요함을 강조하고 있다는 광범위한 증거를 제시한다. 그러나 서구의
신학은 일반 그리스도인들에게 이러한 메시지를 전달하지 않았다. 수
백 년 간 교회는 창조 세계와 관련된 문제에 대해 침묵으로 일관하였
다. 오늘날 교회와 그리스도인은 모두 이 어려운 문제에 직면해 있다.
창조 세계를 돌보는 일에 대한 그들의 태도가 비기독교적 단체나 개인
과 정말 다른가? 그리스도인과 교회가 환경 문제에 관한 지식을 더 많
이 가지고 있으며 환경 문제에 더 많이 관여하고 있는가? 여러 환경 단

체나 결정들에 더 적극적으로 참여하고 있는가?

린 화이트는 이미 몇 십 년 전에, 우리가 당면한 생태적 위기는 과학이나 기술의 문제일 뿐 아니라 세계관의 문제라고 정확하게 지적한 바 있다. 그가 환경 문제는 종교적인 것이라고 지적한 점은 옳다. 서구사회에서 살아가는 대부분의 사람은 자연과 하나님이 역사적으로 연관되어 있다고 생각한다. 그들은 하나님이 자연을 창조하셨다고 믿는다. 그들은 하나님의 존재를 믿으며, 그분이 인간과의 관계에 가장 관심을 쏟고 있고 자연은 인간의 필요를 채워 주기 위해 존재한다고 믿는다. 이것은 때때로 종교적인 견해로 간주된다. 그러나 결코 성경적이지는 않다.

반면에 서구 기독교의 몇몇 종파는, 최근에 뉴 에이지 운동이나 창조 영성(Creation Spirituality) 단체들이 그랬던 것처럼 창조 세계를 그들의 신학에서 중요한 분야로 다루고 있다.[17] 그래서 창조 세계에 관한 어떠한 의미 있는 신학도 계속 부인하고 있는 몇몇 대중적인 기독교 저술가들은 창조 세계를 보호하기 위해 노력하는 그리스도인들을 뉴 에이지 이단의 지지자들로 매도하기에 이르렀다.[18] 실제로 창조 세계에 대한 견해를 밝히는 데 실패한 교회가 야기시킨 공백은 뉴 에이지 운동의 탄생을 낳는 결과를 초래했다. 생물학자 리처드 라이트(Richard Wright)는 이것을 '고레스 원리'(Cyrus Principle)라고 부른다. 라이트는 하나님이 이교도인 바사 왕 고레스를 그분의 일을 이루시는 데 사용하셨듯이, 그리스도인들이 창조 세계를 잘 보호하라는 하나님의 명령에 불순종한다면 하나님은 이 명령을 수행하기 위해 불신자를 사용하실지도 모른다고 설득력 있게 주장했다.[19]

기독 환경 윤리와 세속 환경 윤리의 차이

기독 환경 윤리와 그리스도인 환경주의자들이 증가하고 있는 오늘날, 사려 깊은 신앙인은 때때로 다음과 같은 성가신 문제로 곤경에 빠지곤 한다. 그리스도인 환경주의자와 비그리스도인 환경주의자의 차이는 무엇인가? 기독 환경 윤리와 세속 환경 윤리의 차이는 어떤 것인가? 이러한 질문은 내 아내가 살을 빼기 위해 보았던 「그리스도 중심의 식이요법」(Christ-centered dieting)이라는 책의 제목을 떠올리게 한다. 내가 그리스도 중심의 다이어트가 무엇이냐고 물었을 때 그녀는 다음과 같이 대답했다. "음, 기본적으로는 다른 다이어트 방법과 같아요. 단지 거기에 기도와 교제를 첨가한 것뿐이죠." 그러나 만약 기독 환경 윤리가 그저 기도와 교제가 첨가된 세속 윤리에 불과하다면, 세상이 정말로 그것을 필요로 할까?

우리는 이 곤혹스러운 질문과 의심을 회피하지 말고 직시해야 한다. 신자와 불신자 사이에는 동기와 믿음에 차이가 있다. 그러나 그것이 유일한 차이라면 믿음의 실제적 행위는 어떻게 나타나는가? 만약 그리스도인 생태학자가 비그리스도인 생태학자와 똑같이 말하고 **행동한다면** 하나님을 아는 지식이 이 지구를 구하는 데 무슨 소용이 있을까? 이러한 질문은 할 만한 가치가 있으며, 또한 대답을 요구하고 있다. 그리고 그 대답은 불신자는 물론 신자들에게까지 충격적으로 다가온다. 그 답을 얻기 위해서, 우리는 현대 환경 운동의 역사를 통해 세속주의가 걸어온 길과 그 영향을 거슬러 올라가며 살펴보아야 한다.

세속적인 토지 윤리

신학자 알렉산더 슈머만(Alexander Schmemann)은 세속주의란 궁극적으로 예배를 부정하는 것이라고 정의했다.[20] 그것은 정말 옳은 말이다. 세속주의가 하나님의 존재를 부인하는 것은 아니다. 오히려 하나님이 존재한다는 전제를 받아들일 만반의 준비가 되어 있을 수도 있다. 그러나 세속주의는 인간과 하나님의 **관계**를 결코 인정하지 못할 뿐 아니라 인간과 이 세상을 하나님의 **피조물**로 인정하지 못한다. 그러므로 세상과 세상의 사건들은 올바른 행동이 무엇인지 알려 주고 그 방향을 가리켜 줄 수 있으나, 종교는 결코 그렇게 할 수 없다는 것이 세속주의자들의 주장이다. 이것이 바로 20세기가 시작한 이래 미국 주립대학 학자들이 생각해 온 것이다. 그들이 자신들의 생각을 표현하기 위해 채택한 방식은, 하나님을 부인하고 그와 함께 과학적 지식에 근거한 세계관을 만들어 윤리적 경계를 '확장'시켜 나가는 것이었다.

지적인 절망의 불모 지대로 불리는 1930년대와 1940년대를 살면서 글을 썼던 알도 레오폴드는 이 황무지에서 살아 남는 방법을 잘 알고 있었다. 그는 먼저 유대-기독교적 전통의 윤리적인 결점이라고 생각되는 것을 보여 주고 그 결점을 생태적인 관점에서 치료함으로써 토지 윤리를 다시 정의하려고 노력했다. 레오폴드는 "토지 윤리는…결국 토지를 포함하는 공동체의 영역을 확장시킨다"고 말했다.[21]

레오폴드의 대표작인 「모래 땅의 사계」(A Sand County Almanac)는 뛰어난 문필력을 보여 주는 작품이다. 이 책은 그 표현미 덕분에 환경 운동의 고전이 되었다. 그러나 분석적인 기준에서 보면, 레오폴드는 이 책에서 윤리를 정의하는 데는 성공하지 못했다. 그는 정의를 내리고 잘못된 것을 지적하는 데는 재능이 없었다. 레오폴드는 윤리란 사회적인 행동과 반사회적인 행동을 구분하는 것이라고 잘 정의했지만, 이를 생태학적인 영역에서 설명할 때는 생존을 위해 애쓰는 행동의 자유를 제한하는 것이라고 가볍게 언급했다.[22] 그는 윤리의 정체에 대해 밝히면서, 윤리는 단순한 형태에서 더욱 발전된 형태로 '진화했다'는, 당시에 인기 있던 견해에 찬성했다. 레오폴드는 '모세의 십계'(Mosaic Decalogue)를 인간 사이의 관계에 대한 '단순한' 형태의 초기 윤리라고 생각한 반면[그는 그것을 흔히 사람들이 사용하는 명칭인 십계명(Ten Commandments)이라 표현하지 않았다], 황금률(마 7:12; 눅 6:31-역주)은 개인과 사회를 통합시키려 했던 진보된 윤리라고 여겼다. 레오폴드가 보기에 민주주의는, 사회 조직이 개인의 필요에 통합되는, 더욱 진보된 윤리를 제공하는 것이었다. 그러한 윤리의 진화에서, 마지막 단계가 바로 '토지 윤리'다. 레오폴드는 "그 윤리가 호모 사피엔스의 역할을 토지 공동체의 정복자에서 평범한 구성원으로 그리고 그 공동체의 시민으로 변화시킬 것이다. 그리고 그것은 동료 구성원들을 존중하게 만들고 공동체도 존중하게 만든다"고 믿었다.[23]

모두 듣기 좋은 말들이고 고귀한 목표라고 할 수 있지만 그렇게 하기 위해서는 어떤 기초가 있어야 할까? 근시안적인 이기심을 극복하게 하고, 토지가 보호되어야 마땅한 것임을 알게 해주는 것은 무엇인가? 사람들은 단순히 생태계를 보호할 목적으로 세상을 구하려고 들지는 않을 것이다. 그러면 자연을 보호해야 할 가치가 있는 것으로 만들어 주는 것은 무엇인가?

레오폴드도 이러한 질문에서 벗어날 수 없었다. 그는 전통적으로 경제적인 보존에 기초를 둔 윤리, 즉 금전적 가치에 기초를 둔 윤리로는 이 문제를 해결할 수 없다는 것을 직관적으로 깨달았다. 레오폴드는 어떤 글에서 "전적으로 경제적인 동기에 기초를 둔 보존 체계의 기본적인 결점은, 토지 공동체를 이루고 있는 대부분의 지체들은 경제적인 가치를 보유하고 있지 않다는 것이다. 내가 살던 위스콘신 주에 있는 22,000가지 동식물 중 단 5%라도 팔려서 사료나 식품, 그 밖의 경제적 용도로 사용될 수 있을지 의심스럽다"고 했다.[24]

레오폴드는 생태학적인 권리의 개념을 도입하여 경제학의 범위를 넘어서는 시도를 했다. 그는 이렇게 썼다. "이러한 (인간을 제외한) 피조물들은 생명 공동체의 구성원이다. 그리고 만약 (내가 믿고 있듯이) 공동체의 안정이 그들의 보전에 달려 있다면 그들은 존속되어야 할 권리가 있다."[25] 그러나 누가 그들에게 권리를 주어 왔나?

우리는 레오폴드의 논리를 다음과 같이 이해할 수 있다.

전제 1 : 모든 생명체는 생명 공동체의 일부이다.
전제 2 : 공동체의 (생태적인) 안정은 그들의 보전, 즉 공동체를 구성하고 있는 여러 부분의 존속에 달려 있다.

결론 : 생명 공동체를 구성하고 있는 모든 종은 보존되어야만 한다.

그러나 레오폴드의 결론은 논리적 근거가 명확하지 않다. 가정된 전제에서 중요한 결론을 끌어낼 수는 없다. 또 아무리 유능한 철학자라도, 단지 존재한다는 이유 하나만으로 그것이 보호되어야 할 충분한 도덕적 정당성이 주어진다고 주장하지는 않을 것이다. 그러나 레오폴드는 여기서 분석적인 자세를 취하지 않는다. 그는 (알고 그랬든 모르고 그랬든 간에) 모든 세속주의적 윤리의 중심에 있는 인간 중심주의(anthropocentrism)를 숨기고 있을 뿐이다. 그러한 윤리에서는 모든 사물의 실제 평가 기준은 인간이다. 따라서 인류는 자신들이 원하는 것이면 무엇에게든지 가치를 부여할 수 있다. 레오폴드가 궁극적으로 관심을 가졌던 것은 실제로 인류의 존속이지, 생태계의 존속이 아니었다. 또한 레오폴드는 인간 중심주의를 다른 것으로 위장하려고 최선을 다했지만, 두더지가 구멍 밖으로 머리를 내밀듯이 인간 중심주의가 끊이지 않고 나타난다. 예를 들어, 그는 천연 지역의 보전을 옹호하면서 그 곳은 '인간이 만든 문명의 인공 산물이 아닌 천연물'이라고 주장했다. 그러면서도 그는 '미래에 천연 지역을 보고 싶어하고, 느끼고 싶어하고, 문화 유산의 기원을 연구하고 싶어하는 그 누군가를 위해' 그 곳을 보호해야 한다고 했다.[26]

이것은 세속주의적 윤리가 도달할 수 있는 최선의 종착역이며, 비록 감동적이긴 하지만 설득력은 없다. 또 자신만의 고유한 세계를 건설했다는 자부심도 과장된 것이다. 그러한 윤리로는 결코 세계를 그 밖의 다른 것들과 의미 있는 관계로 이끌 수 없다.

레오폴드의 토지 윤리가 그 목표를 달성하는 데 실패했다는 결론은 비단 내 견해만은 아니다. 오클라호마 주립 대학의 동물학과 교수인 제임스 쇼(James Shaw)는 1987년에 발표한 한 논문에서 "레오폴드의

토지 윤리의 발전에 대한 평가"라는 제목으로 레오폴드의 토지 윤리가
끼친 영향에 대해 논했다. 그 글은 레오폴드가 설립한 야생 생물 협회
(Wildlife Society) 50주년을 기념하기 위해 발행한 "야생 생물 협회 보
고서"(*The Wildlife Society Bulletin*)의 특별호에 실렸다. 쇼는 다음과 같
이 썼다. "만약 토지 윤리가 레오폴드가 상상했던 방식에 그 뿌리를 두
고 있다면, 그 효과는 불확실하다.…실제로 토지는 주로 단기간에 경
제적 보상을 받으려는 단 한 가지 목적만을 위해 사용되고 있다."[27] 쇼
는 계속해서 야생 생물을 보호하자는 선언들이 "토지 윤리를 제대로
고려하는 것처럼 보이지도 않고, 목표 달성의 진척 상황을 분석하려는
것 같지도 않다"고 지적한다.[28] 그는, 야생 생물과 토지 사용에 관한
1982년의 학술 회의에서는 토지 윤리가 언급조차 되지 않았으며, 최근
에 발간된 야생 생물 관리에 관한 세 권의 교과서 역시 토지 윤리에 대
해 언급하지 않았다고 썼다.

마지막으로 쇼는 레오폴드의 토지 윤리는 정치·경제적인 강요보
다는 사회적 압력에 너무 많이 의존했기 때문에 실패했다고 결론지었
다.[29] 그러나 쇼는 이 문제가 세속주의적인 정부 때문이라는 것을 알아
차리지 못했다. 세속주의적 정부는 가치관이나 윤리 문제는 종교적 전
통에 뿌리를 내리고 있다는 이유로 그것에 관한 문제를 논의하는 것조
차 탐탁지 않게 여긴다. 그러나 그러한 전통 곧 개인적 윤리의 유일한
기초가 되는 전통이 무시되면, 강압적인 방법만이 유일한 대안으로 남
는다.

영적인 토지 윤리

세속주의는 어쩌다 우연히 토지 윤리의 문제를 인식할 수 있을지는
모르나, 그 문제에 대한 해답은 결코 제시할 수 없다. 그러나 지난 몇 십
년 간 많은 문제가 드러났다. 린 화이트 2세가 쓴 "생태적 위기의 역사
적 근원"이라는 출판물에서 바로 그러한 문제가 드러나기 시작했다.

이 책의 다른 장에서도 그의 논문에 대해 여러 번 언급한 적이 있지만, 그의 논문 전체가 옳은 것은 아니다. 레오폴드와 마찬가지로, 화이트 역시 유대-기독교적 전통의 부적절성에 동의했으며, 그러한 전통이 생태 위기의 궁극적인 근원이라고 결론지었다. 그러나 레오폴드와는 달리, 화이트는 철저히 '과학적인' 자료로부터 대안을 찾으려는 함정에는 빠지지 않았다. 대신에 그는 "좀더 나은 과학이나 좀더 나은 기술 그 어떤 것도 우리를 현재의 생태 위기에서 구할 수 없다"고 결론지었다.[30] 좀더 명확히 말하자면, 화이트는 그 글을 통해 환경적 사고에 대한 세속적인 이해를 손상시키는 세 가지 일을 했다. (1) 환경적 위기에 대한 기술적인 해결책을 거부했다. (2) 인간 행위의 동기가 되는 것은 과학적, 정치적 또는 사회적 사고 방식이 아니라 종교적 확신이라고 주장했다. (3) 종교적인 근거에서만 주장할 수 있는 환경 처리 문제를 제기했다. 화이트는 유대-기독교적 사고의 신빙성에 커다란 해를 끼쳤지만, 그렇게 함으로써 종교적 문제와 환경 문제를 연결시켰다. 그 투쟁에 뛰어든 것이다.

세속주의에 대한 점증하는 각성은 "역사적 근원"이 출판되기 전부터 무르익어 있었고, 그 후에도 계속해서 널리 퍼졌다. 환경 문제를 순전히 기술적 사고 방식으로만 풀려는 것은 부적절하다는 것이 지난 세월 동안 더욱 뚜렷해졌다.

오우 세이블 환경 문제 연구소(Au Sable Institute of Environmental Studies)의 대표이자 「지구 보호: 천연 자원에 대한 기독 청지기론」(Earthkeeping: Christian Stewardship of Natural Resources)이라는 책의 저자 중 한 사람인 칼 드위트(Cal DeWitt)는 한 인터뷰에서, 인간 이외의 피조물의 중요성을 강조하는 것이 인간의 독특한 지위를 잃게 할지도 모른다는 것에 대해 어떻게 생각하느냐는 질문을 받았을 때 이렇게 대답했다.

그것은 새를 사육하는 사람은 로빈(robin, 유럽울새)의 숭배자가 된다고 생각하는 것과 같다. 하나님에 대한 신앙 고백 없이 자연과 조화롭게 지내려 할수록, 지구를 경외하라는 사단의 접근은 증가할 것이다. 문제의 해답은 하나님의 피조물로부터 더 멀리 떨어지는 것이 아니라, 진실하신 하나님을 강력하게 증거하는 것이다. 만약 우리가 뒤로 물러서서 더 이상 하나님을 창조주로 고백하지 않는다면, 우리가 저버렸던 환경 운동에서 이교도가 다시 살아나는 것을 보게 될 것이다.[31]

실로, 그러한 상황이 이미 벌어지고 있다. 환경 운동은 이제 과학적이고 기술적인 논쟁에만 그치지 않고, 영적인 여정이 되어 버렸다. 그러한 발전은 앨스톤 체이스(Alston Chase)의 책 「옐로스톤에서 즐기시는 하나님」(*Playing God in Yellowstone*)에 잘 묘사되어 있다. 체이스는 "캘리포니아의 우주론자"라는 제목의 장에서, 과학과 관리의 차원을 넘어 초월적인 의미와 가치관을 찾으려는 현대 환경 운동의 필사적인 노력을 아주 생생하게 묘사했다.

그들은 온실에서 나온 벌떼처럼 이국적인 종교와 색다른 이념이 만발한 화단 주변을 윙윙거리며 돌아다녔다－도교, 힌두교, 선불교,…영지주의, 마니교, 베단타 철학, 수피교, 헤브루 신비교, 스피노자의 범신교,…요가, 생체 자기 제어, 초월 명상, 간디의 평화주의, 애니미즘, 범심론(汎心論), 연금술, 종교 의식상의 마술,…불교 경제학, 화석 사랑, 행성 지대,…심층 생태학, 피상적 생태학, 거주지 제한(reinhabitation),…생태 궤변론, 생태학적 원시주의, 페미니스트 물리학, 양계 해방 운동(chicken liberation), 지구 국제 공원(Earth National Park), 석기 시대 경제학,…음양(Yin Yang)과 웅성 자손 산출의 우주(androgenous universe), 가이아, 지구의 미래, 지

구 우주선,…바위의 권리, 생태 저항 운동(ecological resistance)….[32]

이러한 것들은 끝도 없이 많다.

　세속주의의 황무지에서 초월적 가치와 의미를 찾으려는 필사적인 노력은 심층 생태학(Deep Ecology)[33]이라 불리는 운동을 발전시켰다. 심층 생태학의 주창자들은 과학적 입장이 아니라 종교적 입장을 견지하며, 그들의 특징은 생태학적 보전에 힘쓰는 것이 아니라 현대적인 것과 물질적인 모든 것을 거부하는 것이다.[34] 그러나 이것은 단지 오늘날의 세속주의적 환경 윤리의 위기를 드러낼 뿐이다.[35] 심층 생태학이나 뉴 에이지 영성은 "자연 환경 가운데서 인간의 위치는 어디인가?"라는 질문에 만족스러운 답을 주지 못한다. 교회가 이 질문에 대해 올바로 설명하지 못함으로써 그러한 운동들을 태동시켰지만, 여전히 그 문제에 대답할 수 있는 곳은 교회뿐이다.

　세속주의에 대한 불만과 염증은 결국 가이아 가설을 낳았다. 이 이론은 지구 하층 대기가 연속적인 반응 체계를 통해 스스로 조절, 유지되는 하나의 유기체로서 기능한다는 것이다. 과학자인 스티븐 슈나이더(Stephen Schneider)와 페넬로프 보스톤(Penelope Boston)은 좀더 과학적인 언어로 다음과 같이 말했다.

　　가이아 가설은…생명은 대부분의 지구 과학 분야에서 가정했던 것보다 지구의 진화에 더 많은 영향을 주었을 뿐 아니라, 또한 활동적인 조절 체계를 가지고 있다는 것이다.…(이러한 개념은) 지구상의 생명들이 인공 두뇌학적이고 항상성을 유지하는 반응 체계를 가지고 지구의 기온과 화학 구성 등을 안정적으로 만든다고 제안한다.[36]

물론 이 가설 자체는 논리에 맞는 과학적인 것이라 여겨질 수 있다. 그러나 이 가설은 지구를 신성시하는 철학과 사상을 낳았다. 교회는 모든 형태의 우상 숭배를 거부해야 한다. 그러나 그러한 열망들이 무엇을 나타내는지 알아야 하며 그것을 긍휼히 여기는 마음으로 바라보아야 한다. 바울이 고린도의 성도들에게 "너희가 말 못하는 우상에게로 끄는 그대로 끌려갔느니라"(고전 12:2)고 한 것처럼 말이다.

하나님에 대한 갈급함은 논박당하고, 분석되고, 협박받고, 두들겨 맞아 항복하기를 강요당하는 것을 거부하는 인간 심령 안에 있는 갈망이다. 그리고 얄팍한 세속주의는 인간의 상황과 생태학적 문제의 도덕성, 이 두 가지를 다 다루는 윤리를 제시할 수 없다. 조지 맥도널드(George MacDonald)의 소설 「토머스 윙폴드, 신부」(*Thomas Wingfold, Curate*)에서 엘렌 린스가드(Ellen Linsgaard)가 세속주의자에게 물었듯이 "만약 하나님이 존재하지 않는다면 내가 하나님을 원하는 것은 어찌된 일인가?" 알도 레오폴드가 언급했듯이, 현재의 위기뿐만 아니라 역사의 논리 역시 진짜 빵을 요구한다. 이제는 더 이상 어떠한 세속적 주장도 받아들여지지 않을 것이다.

기독 윤리: 창조 세계의 청지기

그러므로 우리는 다시 앞에서 제기한 질문으로 되돌아가야 한다. "세속적 환경주의자와 그리스도인 환경주의자 사이에는 어떤 차이가 있는가?" 놀랍게도 그 대답은 바로 예배에 있다. 우리는 예배를 드리면서 세상으로부터 도망치는 것이 아니라 오히려 그 중심에 서게 되며, 동시에 우리에게 세상을 주신 하나님께 감사하며, 그분의 피조물이자 그분께 속한 소유물과 하나님의 창조 세계에 속해 있는 우리 자신을 모두 그분께 되돌려 드리게 된다.

우리를 둘러싸고 있는 세속적인 세상은 많은 활동과 고귀한 목적에도 불구하고 관조(contemplation)를 죽도록 갈망한다. 세상은 그 끊임없는 활동에 의미를 부여해 줄, 그 자체의 생존 너머에 있는 의미와 목적, 초월성을 필사적으로 찾으려 한다. 세속적인 세상은 예배를 드릴 수 없기 때문에 뭔가에 굶주려 있는 것이다. 그리스도인은 예배를 드릴 수 있기 때문에 살아 있다. 따라서 황폐한 지구를 복구하는 일은, 하나님을 향한 증거, 봉사, 소명, 성례로 드려질 때에야 비로소 의미를 갖는다.

세속주의가 현대 문화에 가져다 준 윤리적·도덕적 결핍이야말로, 인간의 영성을 황폐하게 만들고 하나님에 대한 불순종이라는 가장 우려할 만한 결과를 초래한 주범이다. 린 화이트 2세는 아시시의 프랜시스를 '생태 수호 성자'로 부르며 그의 글을 마무리했다. 이는 성 프랜시스가 인간 이외의 다른 피조물도 영혼을 가졌다고 생각한 독특한 '범심론'(panpsychism)을 가지고 있었기 때문이다.[57] 프랜시스가 정말로 범심론을 믿었을지도 모르지만, 그것은 의심스러우며, 우리에게 더 좋은 모델이 되는 분은 프랜시스가 아니라 예수님이다.

이제 뒷마당에 앉아서 친구들과 일상적인 대화를 나누고 있는 당신을 상상해 보자. 그 때 갑자기 그리스도께서 문을 열고 들어오셔서, 한쪽 무릎을 꿇으시고 흙을 한 손 가득 퍼 올리신다. 그리고 예수님은 손에 있는 흙을 촉촉하게 하셔서 전에는 결코 존재하지 않았던 피조물의 형태로 어떤 것을 만드신다. 그리고 그것을 얼굴 가까이 대시고는 생기를 불어넣자 당신의 눈앞에서 기적이 일어난다. 흙덩어리가 살아 있는 피조물이 되어 일어섰고 생명체가 되었다. 그 때 그리스도께서 당신을 향해 돌아서시면서 그것을 당신의 손 위에 놓고 이름을 짓고 잘 보살피고 사랑하라고 말씀하신다. 그리고 그분은 오셨을 때만큼 빠르게 문을 나가시더니 사라지신다.

웬델 베리의 용어를 빌려 말하자면 오늘날의 교회는 피조물의 **착취자**가 될지 **양육자**가 될지를 결정해야만 한다. 착취자는 효율성에만 관심이 있고 목표는 이익뿐인 전문의(specialist)라 할 수 있다. 반면 양육자는 그것을 보살피는 데 관심이 있고 건강, 즉 자신의 공동체와 그 땅의 건강을 목표로 하는 일반의(generalist)라고 말할 수 있다. 착취자는

창조 세계에 대해 '얼마나 많이, 얼마나 빠르게?' 라고 묻는 반면, 양육
자는 '얼마나 잘, 얼마나 오랫동안?' 이라고 묻는다. 바꾸어 말하면, 그
들은 '피조물들이 **믿음직한** 무언가를 생산해 낼 수 있는가?'에 관심이
있다. 착취자는 어떻게 하면 가능한 한 적은 노동으로 많이 얻을 수 있
는지에 관심을 가진다. 반면 양육자는 가능한 한 일을 잘하고 꼭 필요
한 것을 얻고 싶어한다.[38] 양육자만이 청지기의 사명을 다할 수 있으며,
청지기의 사명을 잘 감당하는 자만이 증인이 될 수 있다. 세속주의를
거부하고 진정한 예배를 받아들이는 자만이 진짜 증인이 될 수 있다.

　인간은 특별한 권세를 가지고 있다. 이것을 거부하는 것은 성경을
거부하는 것일 뿐만 아니라 우리 주변의 세상을 거부하는 것이다. 그
러나 모든 피조물이 선하긴 하지만, 반드시 우리에게 이익이 되는 것
은 아니다. 윤리학자 제임스 구스타프슨(James Gustafson)이 말했듯이
"특별한 권세는 그 가치만큼 더 특별한 책임을 떠맡아야만 한다."[39] 인
간의 존엄성은 창조 세계에 대항함으로 생기는 것이 아니라 그 안에서
나오는 것이다.

　지금 아담은 약 3천만 종을 돌보아야만 하며, 그들을 보살펴야 하는
아담의 임무는 바뀌지 않았다. 그러나 죄가 없던 완벽한 자연 대신, 죄
로 가득 찬 세상 속의 타락한 자연에서 이 일을 수행해야 하기 때문에
그것은 더 긴급하고 어려운 일이 되었다. 산성비와 오존층 파괴, 멸종된
종에 대한 저녁 뉴스에 대해 우리는 무관심이나 절망으로 반응해서는
안 되며, "예수님이라면 어떻게 하실까?"라는 질문을 통해 대응해 나가
야 한다. 또한 그 대답을 수행하려는 의지가 있어야만 한다.

토론 문제

1. 당신은 어떻게 피조물에 나타난 영적 실재를 볼 수 있는가? 창조 세계
　에서 인간이 하나님께 불순종하고 있다는 사실을 어떻게 알 수 있는
　가?

2. 오늘날 한국의 그리스도인들을 창조 세계에 대해 지배적이고 실리적인 사람들로 만드는 요소에는 어떤 것들이 있는가? 그것이 성경에 근거한 것인가? 그렇게 생각하는 이유는 무엇인가?

3. 인간이 창조 세계와 더 좋은 관계 속에서 살고 싶어한다는 것을 기독교적 관점에서 어떻게 설명할 수 있는가? 당신은 창조 세계를 더 잘 보살피기 위해서는 그것들을 덜 이용해야만 한다는 것을 어떤 방법으로 설명할 수 있겠는가?

제9장 회복과 구속을 향한 그리스도인의 대응

로이 엔퀴스트(Roy J. Enquist)[1]

교회는 죄인들을 의롭다 하신 하나님의 의지에 따라 세워지기도 하고 무너지기도 했다. 따라서 윤리적 증인이 되기 위해서는 죄가 없어야만 한다는 요구는 오해다.

우리는 창조 세계의 회복과 구속을 위해 개인적으로, 그리고 공동체적으로 노력해야 한다. 지금까지 당신은 "이 일을 위해 무엇을 해야만 할까?"라는 질문을 끊임없이 해 왔을 것이다.

모든 면에서, 그리스도인은 하나님에 대한 순종에서 말미암는 개인의 윤리에 따라 사는 사람이 되어야만 한다. 무엇을 선택하느냐는 사람마다 다를지도 모른다. 그러나 그 목적은 같아야만 한다. 이 장에서 환경 문제를 해결할 수 있는 모든 대안을 다 다루지는 않을 것이다. 이미 다른 사람들이 여러 가지 실제적인 대안들을 잘 제시했다. 그러므로 필자들은 창조주 하나님과 그분의 창조 세계인 세상을 진지하게 생각한다면 우리의 삶이 어떻게 변해야 할지를 몇 가지 예를 들어 말하고 싶다.

개인적 대응

우리는 어떤 특정 주제에 대해 더 많은 지식을 얻을수록 그 주제를 더 잘 이해하고 전후 관계를 더 폭넓게 이해하게 된다. 지식은 종종 우리의 사고 방식을 변화시키고 생각과 삶을 바꾸는 잠재력을 심어 준다. 그러나 앞서 언급한 것처럼, 이 주제에 관한 한 그리스도인들은 행동의 변화를 보여 주지 못했다. 오히려 그리스도인이 아닌 세상 사람들의 **행동**이 지적이고 참을성 있고 건설적인 특징을 보여 주었다. 심지어, 우리는 감히 그들의 행동이 환경을 **구속했다**고 말할 수 있다. 그러나 이 모든 행동을 할 때, 세상은 그 이상의 것을 절실하게 추구한다. 앞으로의 전망과 그 의미, 목적을 알고 싶어하는 것이다.

이와 같은 이유로 건설적인 그리스도인은 많은 사람이 전혀 활동이라고 생각하지 않는 것부터 시작한다. 그것은 바로 예배다. 이 예배는 우리의 창조주에 대한 경배이지 세상으로부터의 도피는 아니다. 예배는 세상 가운데 바로 서서 하나님으로부터 감사하게 받은 그것을 다시 하나님께 감사하는 마음으로 돌려드리는 것이다. 예배를 드리면서 우리는 세상이 하나님께 속해 있음과, 예수 그리스도의 죽음과 부활이 우리의 삶을 바꿀 뿐 아니라 우리가 살고 있는 바로 그 우주와 세상을 새 하늘과 새 땅으로 바꿀 것임을 알게 된다. 예배를 드리면서 구원은 우리가 단순히 하나님의 나라, 즉 천국으로 가는 것이 아니라, 하나님이 이 땅에 오셔서 이 세상이 자신의 것임—그분이 창조하셨으므로—을 주장하시도록 준비하는 것임을 알게 된다.

그래서 그리스도인의 첫 번째 대응은 예배인 것이다. 하나님의 창조 세계에 대한 관심이 지나쳐서 피조물을 숭배하는 데까지 갈 수 있다고 염려하는 사람들이 있다. 그러나 하나님은 그분의 말씀과 성령을 통하여 우리에게 창조주께 경배하라고 가르치신다(롬 1:25).

그리스도인들은 예배를 통해서 창조 세계를 바르게 곧 겸손하면서도 매우 열심히 다스리게 된다. 이러한 다스리는 권위가 효과적이기 위해서는, 환경에 대한 폭넓은 지식을 갖도록 공부하고, 환경과 밀접한 관계를 유지하며, 희생적인 관심을 가져야만 한다.

폭넓은 지식을 얻기 위해 공부하는 것은 창조 세계와 그 필요를 알기 위해 노력하는 것을 말한다. 환경 관련 기관이나 환경 단체에 가입하여 기금을 내고 그런 단체에서 발행하는 출판물들을 읽는 것이 한 가지 방법이 될 수 있다. 우리가 가진 것보다 더 많은 것을 줄 수는 없다. 각 가정은 환경 관련 문제들을 잘 조명한 글이 실린 잡지를 최소한 한 권 이상 구독해야 한다.

폭넓은 지식을 얻기 위해 공부하는 것은 창조 세계, 특히 우리 주변의 창조 세계에 대해 더 많이 알기 위해 여러 모임에 참여하여 그것에 대해 배우고 토론하는 것을 말한다. 또한 환경 관련 정보를 얻을 수 있는 텔레비전 프로그램, 신문, 책, 잡지 등을 통해 우리의 환경이 어떤 상태에 있으며 무엇이 필요한지 알려고 노력하는 것을 말한다.

환경과 밀접한 관계를 유지하는 것은 집이나 자동차, 상가, 운동 경기장, 놀이 동산 등을 벗어나 살아 있는 자연으로 나가는 것을 의미한다. 여기에는 하이킹, 산책, 달리기, 자전거 타기, 보트 타기, 캠핑, 정원 가꾸기, 카누 타기, 카약 타기, 사진 찍기, 사냥, 낚시, 등산, 식물 채집, 새 관찰하기 등 수백 개 이상의 여가 활동이 포함되는데, 이러한 활동은 우리의 경험을 풍부하게 해주고 우리에게 각기 다른 방식으로 창조 세계의 생명을 드러내 주면서 창조 세계가 어떤 것인지 보여 준다.

희생적인 관심을 갖는 것은, 그리스도인들이 그 문제에 대해 폭넓은 지식을 얻기 위해 공부하고 밀접한 관계를 맺은 결과, 행동으로 나타나는 것을 의미한다. 그것은 인간이 아닌 다른 생명체의 필요를 보호하기 위해 후원하고 봉사하는 것을 말한다. 여기에는 야생에 대한 세금 공제, 습지 1에이커 사기, 공원 및 습지대와 숲 살리기, 나무 심기, 토끼를 위해 곁가지더미 쌓아놓기 등이 포함된다. 여러 환경 단체는 환경법 위반자를 조사하고 기소하기 위해, 보존하고 현명하게 관리할 땅을 매입하기 위해, 또 환경에 관한 법이 제정되도록 정치적인 로비를 하기 위해 기금을 조성하고 있다. 이 모든 일에 투자하는 것은 불가능하겠지만, 각 가정마다 이런 일에 우선권을 두고 가계 예산의 일부분을 떼어 놓아야 할 것이다. 당신의 보물이 있는 곳에 당신의 마음도 있는 법이다.

마지막으로, 희생적인 관심을 갖는다는 것은 당신 자신이 생물학자, 식물학자, 정책가, 교사, 삼림 전문가, 야생 생물 관리인, 수문학자(水文學者) 또는 환경 기사로서 청지기가 되는 것을 의미할 수도 있다는 사실을 무시해서는 안 된다. 혹은 당신의 자녀들이 "환경을 보호하는 것은 하나님이 내게 원하시는 일이에요"라고 말할 때 축복해 주고 격려하고 지원해 주는 것을 의미하기도 한다. 희생적인 관심은 우리가 다스리는 것들을 섬기는 모든 행동으로 나타난다. 어떤 이들에게는 적절한 봉사의 행동이 그들의 생활과 일이 될 것이다. 자신이 그러한 일을 할 수 있는 것을 하나님께 감사드리는 사람들은 자신의 희생을 결코 부담으로 느끼지 않을 것이다.

사회적 계약

이 책을 읽고 있는 독자들 중에는 은둔자가 없으리라 믿는다. 우리는 다른 사람들과 함께 살아가며, 그들은 우리의 말과 행동을 지켜본다. 성실하게 말하고 행동하는 사람은 성실하게 살고자 하는 이들을 설득시킨다. 하나님의 창조 세계에 대한 그리스도인의 대응이 어떻게 자신을 뛰어넘어 다른 이들에게 영향을 줄 수 있을까?

우리는 친구, 이웃 또는 사업상 잘 아는 사람들과 환경에 관한 의견을 나눔으로써 시작할 수 있을 것이다. 또 많은 사람이 보고 읽는 신문에 편지를 보내서 영향을 미칠 수도 있고, 야생 생물과 그 서식지를 보호하기 위한 법이 제정되도록 국회 의원들에게 압력을 가할 수도 있다. 지역 신문에서, 편집자에게 쓴 편지는 널리 읽힐 것이다. 그리고 투표로 선출된 대표자들은 오염의 규제, 깨끗한 물 공급을 위한 보호, 자연 보호 구역 등에 대해 쓴 당신의 관심 있는 편지들을 받아야 한다.

또한 우리가 덜 쓰고 더 많이 절약하는 것도 하나님의 창조 세계를 보호하는 그리스도인의 대응이 될 수 있다. 사용한 병과 깡통을 재활용하는 사람들은 성실하게 살아가는 사람들이다. 정상적인 쓰레기 수거 과정에 재활용 부서를 만들기 위해 시 의회를 설득하는 사람들은 세상을 바꾸어 나가는 사람들이다. 물건을 재활용하거나 나뭇잎 등을 퇴비로 만드는 것은 지방 조례를 지키는 정도를 넘어서는 좋은 일이다. 그것은 좀더 큰 범주의 조례, 즉 하나님이 우리가 사는 세상을 위해 창조하신 주기를 따르는 것이다. 인간과 다른 피조물들이 같은 창조주의 작품임을 이해하면 창조 세계의 가치를 더 깊이 이해하게 된다.

그렇게 대응하며 살기 위해서는 오랫동안 길들여진 습관과 행동을 고쳐야 할 것이다. 오랫동안 교회는 종종 세속적인 활동을 금지하는 목록을 만들어 준수하도록 함으로써 개인의 경건과 순결을 지키도록 했다. 여기에다 환경에 민감하고 분별력 있는 적극적인 행동을 하라는 목록을 더할 수 있을 것이다. 헤프고 낭비하는 생활은 전통적인 의미로 볼 때도 죄를 짓는 것일 뿐만 아니라, 불공평하게 분배된 자원을 써 버리는 것이며, 현재와 미래의 세대에 속한 자원을 도적질하는 것이나 다름없다. 자원 사용에 민감한 절제된 생활 방식은 다른 사람들을 위해 봉사할 수 있는 시간과 돈을 절약할 수 있게 한다.

가정에서의 대응

대부분의 사람은 가정 단위로 살고, 대부분의 가정은 이웃과 더불어 산다. 사람들은 다른 사람이 어떻게 생각하고 행동하는지에 대해 많은 관심을 가지고 관찰하며, 그것에 관해 이야기한다. 이런 관점에서 특별히 눈에 띄는 것은 운송과 난방으로 소비되는 에너지다. 요즘 여러 지역에서 자전거를 이용하는 사람이 점차 늘면서, 많은 지역에서 수킬로미터씩 자전거 전용 도로가 생겨나고 있다. 승용차로 통근하면서 교통 정체로 곤란을 겪어 본 사람들은 자전거를 자주 사용하게 된다. 자전거를 타고 가족 소풍을 가면 함께 활동할 수 있는 시간을 더 많이 가질 수 있을 뿐 아니라, 교통 정체로 인한 시간 낭비도 줄일 수 있다.

가족과 함께 떠나는 휴가는 하나님의 창조 세계에 더욱 민감하게 반응할 수 있는 기회가 된다. 일상적인 생활을 잠시 떠나 휴가를 갖는 것은, 휴식과 긴장을 푸는 데 필요한 변화다. 꼭 비행기를 타고 해외 여행을 갈 필요는 없다. 집에서 적당히 떨어진 곳을 택하여 차를 몰고 떠나는 휴가는, 창조 세계에 부담을 덜 주고 여행 경비도 줄이는 두 가지 목표를 모두 달성할 수 있다. 휴가를 떠날 때 어떤 자동차를 선택하느냐 하는 문제는 환경에 큰 영향을 미친다. 똑같은 연료로 더 많이 갈 수 있다면 연료비를 절약할 수 있을 뿐 아니라, 공해도 줄일 수 있을 것이다. 알코올-가솔린(alcohol-gasoline) 비율이 높은 연료를 사용하는 자동차는 환경 오염 물질을 덜 배출한다. 농업의 부산물에서 얻을 수 있는 알코올을 가솔린의 대체 연료로 사용한다면, 언젠가는 석유를 찾기 위해 들어가는 막대한 비용을 절감시켜 줄 것이다. 전기 자동차도 또 다른 대안이 될 수 있다. 소비자들은 전기 자동차와 같은 대체 운송 수단의 개발 및 개선을 요구해야 한다.

가정에서 물을 데우고 난방할 때 에너지를 지혜롭게 사용하면 단기적으로나 장기적으로나 세상이 달라질 것이다. 기존의 온수기에 과열을 막는 물 재킷을 설치하는 것은 '당장 해야 할 일'의 범주에 첨가할 수 있고, 새로 짓는 집에는 태양열 온수기를 설치할 수 있다. 이스라엘과 키프러스 섬을 방문하는 사람들은 수많은 지붕 꼭대기에 태양열 온수기가 설치, 사용되고 있는 것을 볼 수 있다. 미국에서는 샌디에고(San Diego)와 같은 몇몇 도시에서 집을 건축할 때 태양열 온수기를 설치하는 것을 시의 조례로 입법화하여 실행하고 있다. 집을 설계하고 건축하는 과정에서의 에너지 보존 계획이 지난 20년 간 상당히 개선되어 오긴 했지만, 앞으로 연방 정부가 주도적으로 이 일을 계획하고 보조금 정책을 시행하면 좀더 실효를 거둘 수 있을 것이다.

오래된 집의 노후된 시설을 교체하는 것도 에너지를 절약하는 방법 가운데 하나다. 우리(네 명의 저자) 중 한 사람은 지하실에 1,100갤런 (약 4Kl)의 물탱크를 설치했다. 물탱크는 여름에는 중앙 집중식 에어컨의 중요한 구성 요소가 될 뿐만 아니라 보조 난방을 위해서도 없어서는 안 될 중요한 요소다. 겨울철 벽난로의 불은 좋은 책을 읽는 기쁨을 더해 줄 뿐만 아니라, 벽난로 근처의 수도관으로 지나가는 물은 벽난로에서 나오는 열을 흡수하여 따뜻한 상태로 지하실의 물탱크에 저장된다. 그러면 물-공기 열 펌프(water-to-air heat pump)가 열을 추출하여 뜨거워진 공기를 난방 기구로 보낸다. 여름철에는 반대로 열 펌프가 찬물이 담겨 있는 탱크에서 찬 공기를 추출하여 열을 식히고 찬 공기를 집 안에 순환시킨다. 물탱크는 낮 동안에는 데워지고, 밤에는 땅 가까이에 있는 증발기로 보내진다. 이런 방법으로 물탱크는 그 다음 날 다시 찬물로 순환이 시작된다. 이 체계는 1970년대 후반에 도입되었고 현재까지 매우 적은 유지비로 돈과 에너지를 절약시켜 주었다.

가정에서는, 우리의 말이 진실임을 증명해 주는 행동들을 통해 환경에 관한 태도와 실천을 포함하여 가치관에 대해서 가장 잘 가르칠 수 있다. 자원을 재활용하고 에너지를 보호하며 하나님의 창조 사역에 경외심을 갖는 가정에서 자란 아이들은 어른이 되었을 때 그러한 생활 방식을 더 쉽게 받아들이게 될 것이다. 모든 사람이 이 길을 택하는 것은 아니지만, 그들이 부모로부터 "공의를 행하며 인자를 사랑하며 겸손히 네 하나님과 함께 행하는"(미 6:8) 삶을 추구하라는 가르침을 받는다면 올바른 선택을 하는 이들이 더 많아질 것이다.

개인이든 가족 단위든 간에 공동체 활동에 참여하면, 자연적으로 환경 관련 주제에 대해 서로 상의하게 되고, 그것에 더 많은 관심을 갖게 된다. 지역 재활용 센터는 종종 자원 봉사자들을 필요로 한다. 여름 캠프에는 자연 학습 단원이 포함되어 있다. 교회와 시민 단체를 대표하는 개인이나 가족들은 시에서 개최하는 축제 행사, 거리 행진에 참여하라는 요청을 받는다. 우리는 이와 같은 상황에서 공개적으로 환경에 대한 관심과 환기를 불러일으킬 수 있다. 최근에 일리노이 주의 휘튼 시에 생긴 "링컨 늪의 친구들"(Partners for Lincoln Marsh)이라는 단체가 이를 잘 보여 준다. 이 단체의 자원 봉사자들은 시 공원 지구(地區)의 감독하에 시카고 교외의 한복판에서조차 환경 보호와 교육을 위해 습지대를 보호하고 개발하는 일을 한다. 오솔길과 판자를 깐 길을 만들었고 물을 정화시키는 프로젝트에 착수했다. 역사적인 일리노이 대평원 길(Illinois Prairie Path)을 따라 늪지대의 가장자리에 새로운 환경 학습 센터가 건설되는 청사진이 그려진 것이다.

이와 같은 농목 지구(農牧地區, grassroots) 프로젝트는 그 지역 전역으로 확장되고 있으며 그 수효도 늘어나고 있다. 그 중에서도 녹십자의 탄생은 아마 가장 중요한 의미를 지닐 것이다. 녹십자는 개인이나 공공의 생활 속에서 환경의 청지기가 되어야 한다는 성경적 원리를 주장하고 실천하는 복음주의 그리스도인들로 구성된 단체다. 이런 프로젝트는 비록 저녁 뉴스 감은 되지 못할지 모르나, 그리스도인들이 주변 세상을 바꾸기 위해 다른 사람들과 함께 일하는 중요한 터전을 마련했다는 점에서 매우 큰 의의를 갖는다. 그리스도인 공동체는 더 이상 은둔하는 문화를 만들어서는 안 된다. 그리스도인들이 때로는 위험을 감수해야 하며 영향력을 미치기 위해서는 하나님의 백성과 창조 세계에 큰 애정을 갖고 하나님을 확실히 신뢰해야 한다.

교회의 대응

이 책은 우리 주변 환경에 대한 성경적 관점과 전망에 중점을 두고 있다. 교회는 우리 시대의 환경 문제에 어떻게 대응해야 하는가?

모든 교회 교육 프로그램에서는 균형과 강조가 최우선 순위가 되어야 한다. 단순히 환경 문제를 강조하는 시대적인 분위기 때문에 다른 문제보다 환경 문제에 더 많은 시간과 노력을 들여야 한다는 것은 잘 못이다. 그러나 환경에 관한 주제들이 성경 메시지에서 없어서는 안 될 중요한 부분임에도 불구하고 최근 몇 년 동안 설교와 주일학교의 교육은 그 문제를 제대로 다루지 않았다. 과거에는 그 이유가 환경에 관한 자료가 부족했기 때문일지 모르나, 요즘에는 기독교적 관점에서 환경에 관한 주제를 논한 자료가 크게 늘어나고 있다.[2] 당신은 주일학 교 교사나 교육 담당자에게 연간 교회 교육 과정에서 환경 문제를 얼 마나 다루는지를 물어 봄으로써 하나님의 창조 세계를 돌봐야 하는 책 임을 일부 수행할 수도 있을 것이다. 또 이 책에서 자세히 설명한 성경 적 주제를 가지고 성인들을 위한 성경 공부를 하는 것도 출발점이 될 수 있을 것이다.

그러나 그러한 활동이 성인들에게만 제한되어서는 안 된다. 젊은이 들은 돈을 필요로 한다. 그리고 세차를 하는 것보다 돈을 더 많이 버는 방법이 있다. 신문지, 유리, 알루미늄과 같은 재활용품들을 수집하는 일로도 돈을 벌 수 있다. 또 그들은 지역 주민들이 다음 해에 뿌리 덮개 로 사용할 나뭇잎과 잔디 깎은 풀을 저장하기 위해 퇴비함을 만드는 것을 도울 수 있다. 더 어린 학생들은 교회, 가정, 학교에서 에너지 를 보존하기 위한 활동을 할 수 있다. 지역 자연 보호 구역에 오솔길을 만 들고, 자연 센터를 개발하며 다음 해 여름 교회 캠프를 위한 교육 전시 회를 여는 것과 같은 공동체에서의 봉사 활동은, 환경의 중요성을 일 깨우고 지역 사회에 영향을 미칠 수 있다.

교회의 설교 사역은 성경이 우리에게 부여한 책임일 뿐만 아니라, 예배와 교육을 통해서 창조 세계에 대한 성경적 견해를 강조할 수 있 는 기회를 갖게 한다. 이 사역에서 가장 중요한 것은, 목회자들이 회중 으로 하여금 하나님의 창조 세계를 돌보아야 할 책임 의식을 갖도록 해야 할 뿐만 아니라, 회중에게 하나님은 창조주이며 이 세상을 유지 시키는 분이심을 열정을 가지고 전해야 한다는 것이다. 이와 같은 주

제를 가지고 얼마든지 설교를 할 수 있다. 그러나 이보다 훨씬 더 중요
한 것은, 우리가 사는 세상의 환경 문제에 관한 목사님들의 태도, 전망,
헌신 그리고 본이 회중에게 잘 전달되는 것이다.

마지막으로, 교회는 하나님이 만드신 환경에서 예배와 교제를 즐겨
야 한다. 공원이나 야영장에서 이런 일이 가능할 것이다. 만일 교회 전
체적으로 시행하기 힘들다면, 교회 내의 각 기관(청년부, 장년부 등)이
나 또래 모임에서 시작할 수 있다.

교회 건물은 창조 세계에 대한 인간의 책임을 느낄 수 있도록 창조
주의 작품이 반영되어 있어야 한다. 과거와 현대의 교회의 뾰족탑과
대성당의 첨탑들은 하늘을 향해 있지만, 현재와 미래의 예배당은 나무
들과 구름이 보일 수 있도록 건축해야 한다. 내부 공간은 살아 있는 다
양한 식물과, 창조 세계에서 하나님의 선하심을 나타내는 벽걸이 융단
과 그림들이 미적으로 균형이 잘 이루어지도록 전시되어야 한다. 교회
건물의 디자인과 재료들은 전체적으로 바깥 경관과 잘 맞아야 하며,
에너지 보존을 염두에 두고 설계되어야 한다.[3]

그러나 교회는 단순한 건물 이상을 관리한다. 그것은 종종 지역적
으로 볼 때나 교파적으로 볼 때나 큰 재산이다. 우리는 건물뿐 아니라
땅에 대해서도 생태학적 책임을 갖는 본을 보여야 한다. 우리는 토양
과 물의 처리 과정, 교회 캠프에서의 동식물들에 대한 관리를 통해 그
리고 우리가 소유한 땅이 아름다움과 생명으로 가득 차도록 헌신함으
로써 생태학적 책임의 본을 보일 수 있다.

지역에서 세계로

예수 그리스도의 교회는 그 발생 초기부터 신자들을 다른 나라로
파송하여 복음을 전파하고 가르치도록 함으로써 선교를 해 왔다. 비록
방법이나 기술 그리고 전략적인 면에서 많은 변화가 있었지만, 오늘날
에도 이 일은 계속되고 있다. 오늘날 많은 선교 및 개발 기관들은 개발

도상국에 사는 가난한 사람들의 영적, 신체적, 경제적 필요를 충족시켜 줄 수 있는 다차원적 선교를 강조하고 있다.[4] 이러한 상황에서, 환경에 민감한 그리스도의 일꾼들은 원주민과 함께 살면서, 그들로부터 배워야 한다. 그 지역의 전통과 문화 유산을 깊이 이해하기 위해서는 시간과 인내가 필요하다. 가장 훌륭한 접근 방법은 그들의 노력을 격려하고 지원해 주면서, 그들에게 알맞은 기술을 서서히 소개하는 것이다. 위생 관념이 철저한 서구에서 자란 선교사들에게는 원주민의 위생 관념이 소름끼칠 정도로 놀랄 일이겠지만, 위생 시설과 청결 의식의 변화는 천천히 진행되어야 하고, 그 곳의 원주민들이 그것을 받아들일 수 있도록 조심해서 설명해야만 한다.

오늘날 방글라데시나 케냐와 같은 여러 나라에서의 인구 문제는 매우 심각하여 국가가 국민을 부양할 수 없는 상황이다. 우간다 같은 나라에서는 에이즈 바이러스가 급속도로 널리 퍼지고 있다. 기생충 감염은 여전히 열대 지방에 있는 나라들에 만연해 있으며, 면역과 항생 물질, 산아 제한과 관련된 의학의 발달은 그것이 절실히 필요한 많은 나라에서 아주 조금씩 이루어지고 있을 뿐이다.

그러므로 이제 선교의 역할을 확장해야 할 때가 온 것이다. 병원을 지어 환자를 치료하고, 복음을 전하고 교회를 세우고, 성경 학교와 신학교를 세우는 것도 필요하지만, 개도국에 있는 사람들은 다른 도움도 필요로 한다. 인구 성장과 경제 문제는 동시에 나타나는 것이다. 개도국에서는 인구 증가를 통제하지 않고서는 결코 생활의 안정을 이룰 수 없다. 인구 증가에 대한 통제란 낙태를 하게 하는 것이 아니라, 사려 깊은 상담원들이 건설적인 충고를 해주고, 가족 계획 방법과 산아 제한 등에 대해 잘 설명해 주어 그들을 돕는 것이다. 생활 수준은 노인들이 대가족의 보살핌을 받는 수준, 그 이상으로 개선되어야 한다. 소규모 산업의 발달과 소작농을 위한 영농 방법의 개선 등은 나아가야 할 올바른 방향이다. 많은 나라에서, 토지 개혁이 선행되어야만 그러한 변화가 가능하다. 소수의 사람들이 토지의 대다수를 소유하고 있는 곳에서는 (토지) 정의에 대한 희망이 요원하다.

최근 일부 선교사들은 복음을 전하는 일은 패한 전쟁터에서 싸움을 하는 것이나 다름없다고 말한다. 세계 도처의 많은 나라에서 매년 교회 성도가 증가하는 것보다 더 빠르게 인구가 증가하기 때문에 궁극적으로 결코 이길 수 없다는 것이다. 그러나 앞에서 제시한 것과 같은 다양한 전략은 이러한 추세를 뒤바꾸는 데 큰 도움이 될 것이다.

환경과 인간의 문제들은 밀접하게 연관되어 있다. 그리고 정치와 마찬가지로 결국 한 사람, 한 가정, 한 지역 사회가 동시에 모든 환경의 영향을 받는다. 통합적인 접근으로만 그 문제들을 해결할 수 있다. 선한 사역을 잘 감당하기 위해서는 개인이나 가정, 교회 모두 시간이 필요하다. 세상의 많은 지역이 압제, 빈곤, 질병, 폭력으로 메마른 사회가 된다면 인간은 결코 만족할 수 없을 것이다. 측은히 여기는 마음은 홍수, 가뭄, 지진이나 그 밖의 환경 재해를 당한 곳에서 사역하는 사랑의 행위다. 그러한 재해들은 인간뿐 아니라, 하나님이 창조하셨고 또 보기에 좋았더라고 말씀하신 수많은 다른 피조물에게도 영향을 미친다. 우리는 그들을 측은하게 여김으로써 하나님의 사랑을 확증하게 된다. 다음과 같은 아모스 선지자의 비판을 듣지 않기 위해서 우리는 혼자서만 흥분하고 사회와는 아무 관련이 없는 그런 믿음을 가져서는 안 된다. "네 노래 소리를 내 앞에서 그칠지어다. 네 비파 소리도 내가 듣지 아니하리라. 오직 공법을 물같이, 정의를 하수같이 흘릴지로다"(암 5:23-24).

도덕, 환경, 공공 정책

지금까지 우리는 환경 위기에 대한 그리스도인의 대응은 우선 개인적인 선택과 사회적인 협력으로 이루어진다는 가정을 해 왔다. 그러나 죄가 만연한 세상에서 대규모 개혁 없이도 오늘날의 환경 위기를 극복할 수 있다는 생각은 너무도 순진하고 잘못된 견해다. 환경 운동도 예

외가 아니다. 모든 문제에 대하여 교회와 그리스도인은 치유하는 구속
자의 역할뿐 아니라 회개를 촉구하는 예언자적 소명을 다해야 한다.
우리는 최근에 일어난 몇몇 환경 관련 사건들을 거론하면서 예언자적
증인의 필요성에 대해 설명하고자 한다.

머마-민츠마이어(Mumma-Mintzmyer) **청문회.** 1991년 9월 24일, 한때
미국 북부 지역 산림청에 근무했던 산림 전문가인 존 머마(John
Mumma)는 워싱턴 시의 행정국(Civil Service) 국회 소위원회에 출석하
여 증언을 했다. 록키 산 지역에 위치한 국립 공원의 전임 소장이었던
로레인 민츠마이어(Lorraine Mintzmyer)도 같은 국회 소위원회의 청문
회에서 증언을 했다. 그들은 둘 다 기관 외부의 정치적인 압력 때문에
목재 수확 할당량을 다시 억지로 받아들일 수밖에 없었다고 증언했다.

머마는 자신의 지역에 할당된 양만큼 목재 수확을 하지 못했기 때
문에 그러한 압력을 받은 것이라고 주장했다. 몇몇 환경 단체는 그를
개혁가로 표현했지만, 그는 그러한 표현이 잘못되었다고 말했다. 그는
"나는 공무원으로서 내 임무를 수행하고, 연방법에 따라 행정부의 정
책을 수행했을 뿐이다"라고 위원회에서 주장했다.[5] 머마는 국가 환경
정책법, 국유림 관리법, 멸종 위기 종 보호법을 포함한 연방법을 어기
지 않고 목재 할당량을 달성하는 것이 불가능했기 때문에 목표량을 채
우지 못했다고 주장했다.[6]

민츠마이어는, 대 엘로스톤 생태계(Greater Yellowstone Ecosys-
tem)를 위한 관리 문서를 기초로 하여 과학적으로 삼림을 개발하는 것
이 자신의 역할이었고, 자신의 보직 변경은 이와 관련이 있다고 주장
하였다. 그 문서는 정치적인 압력에 의해 다시 작성되었고, 그녀는 국
민들에게 그 개정안이 과학적으로 작성된 것이라고 말하라는 상부의
요구를 거절했다.[7] 그녀가 준비했던 문서는 대 엘로스톤 비전 문서
(Greater Yellowstone Vision Document)였는데, 그것이 내무부와 백악
관의 공화당 위원들을 격분케 했다고 증언했다. 그 비전 문서는 거의

완전히 다시 작성되었고, 주요 정책 결정들은 모두 정치적 압력 때문에 변경되었거나 심지어 뒤바뀌었다고 그녀는 항의했다. 민츠마이어는 소위원회에서 "공원 관리소나 산림청이 이 기관들의 과학적인 고찰과 이 기관에 속한 전문가들의 의견을 바탕으로 현재의 비전 문서를 작성한 것이라면, 그것은 정확하지 않다는 것이 제 의견입니다"라고 말했다.[8]

　　관리자와 정치 관료 그리고 선출된 공무원들은, 정치적 압력으로 인해 본질이 변경되고 해고되었다는 머마·민츠마이어의 증언을 모두 부인했다. 그러나 보직이 변경된 시기가 그 문서가 작성된 시기와 일치했을 뿐 아니라, 서부의 전통 생활 용품 제조업자들을 화나게 한 결정이 시행된 시기와 일치했다. 이러한 상황이 머마와 민츠마이어로 하여금 증언을 하게 했는데, 그들은 이 증언으로 얻은 것이 하나도 없었으며, 모든 것을 잃을 것이 확실했다.

　　그러나 조사를 하면 할수록 그들의 증언이 옳다는 것이 확인되었다. 1993년 1월 8일 연합통신은, 미국 하원 행정국 소위원회의 조사 결과 내무부 공무원들이 일명 비전 문서라고 불리는 옐로스톤 국립 공원과 그 주변의 국유림에 대한 환경 청사진을 없애기 위해 목재, 가축, 광산 관련업자들과 공모했음이 밝혀졌다고 보도했다. 소위원회의 보고서에 따르면, 내무부의 관리들은 비전 문서를 작성한 팀의 공동 책임자였던 민츠마이어와 머마에게 보복을 했으며, 그 문서가 영향력 있는 생활 용품 관련업자들에게 받아들여질 수 없다는 이유로 정치적 동기를 가지고 비밀리에 그 문서의 초안을 없애 버리려고 작전을 전개했다고 한다. 그러나 그 소위원회의 책임 변호인이었던 킴벌리 재핑거(Kimberly L. Japinga)는 그 보고서는 소위원회의 공식 승인을 받은 것이 아니며, 소위원회 전체의 입장을 대변한 것이 아니라고 주장했다. 와이오밍(Wyoming)의 공화당 상원 의원인 앨런 심프슨(Alan Simpson)은 그 보고서를 '불합리하고 말도 안 되는 것'이라고 말했으며, 내무부 관리들은 그것은 '마녀 사냥'이며 '정치적인 교묘한 수법'이라고 혹평했다. 아직도 논쟁은 계속되고 있다.

머마와 민츠마이어 증언은 종류가 다르지만 모두 환경 윤리에 관한 것이다. 첫 번째 사례의 경우, 머마는 환경법을 어겨야만 관리 목표를 달성할 수 있는 상황을 설명했다. 두 번째 경우, 민츠마이어는 연방 기관인 국립 공원 관리 공단이 가장 오래되고 가장 유명한 국립 공원과 그 주변 일곱 개의 국유림 지역의 미래를 위한 관리 지침을 마련하는 중요한 문서를 실제 그 곳의 자원과 특성과는 달리 엉터리로 작성해 달라고 부탁했다고 증언한 것이다. 각각의 사건에서 특이할 만한 것은 문제를 일으킨 사람들이 최고위층이라는 것이다. 지역 삼림 전문가였던 머마는 산림청장인 데일 로버트슨(Dale Robertson)에게 직접 보고를 하는 위치에 있었고, 공원 관리소의 지방 소장이었던 민츠마이어는 국립 공원 관리 소장인 제임스 리데뉴어(James Ridenour)에게 직접 보고하는 자리에 있었다. 관료 사회에서 고참으로 지위가 높은 사람들은 대개 악명 높은 분쟁을 일으키지 않는다. 그리고 그들은 자신의 직업을 가볍게 여기지 않는다. 우리는 고위 관리자들이 이렇게 행동할 정도로 기관의 지시에 저항하려 했다는 사실을 보고 경각심을 가져야 하며, 실제로 우리의 천연 자원을 어떻게 관리해야 할지 더 깊이 조사해야 한다.

민츠마이어와 머마의 사건은 그들이 고위층이라는 점에서 특이하다. 정부의 하위직 공무원들의 경우는, 환경법을 지키려는 개인적인 결단이 정치적으로 부적절하다고 판단될 때 재임용되거나 전출되거나 해고되는 일이 일상적이다. 폴 슈나이더(Paul Schneider)는 "오도본"(*Audubon*)이라는 잡지에 쓴 "숲 속에서 휘파람을 불 때"라는 기사를 통해 산림청 내의 악명 높은 사건을 기록으로 남겼다. 그는 그 글에서 고고학적인 유적을 보호하고, 지정된 벌채 지역에서 멸종 위기의 식물들을 발견하고, 야생 생물과 강 유역을 보호하기 위해 목재의 수확량을 줄이는 것과 같은 행동을 한 자들은 대개 직업을 잃게 되었다고 쓰고 있다.

슈나이더가 기록한 개인적인 사건들보다 우리를 훨씬 더 불안하게 만드는 것은 삼림청이 직원들에게 기대하는 우선 순위의 내용이다. 한 조사 기관에서 실시한 설문 조사에서, "산림청은 직원들이 어떤 공헌을 했을 때 가장 많은 보상을 준다고 생각하는가?"라는 질문의 스무 가지 항목 중 가장 많은 사람이 뽑은 세 가지는 다음과 같았다. 산림청에 대한 충성도, 목표 달성, 산림청에 대한 좋은 이미지 선양. 이와 대조적으로 가장 보상이 적게 돌아오는 항목으로는 미래 세대를 위한 보살핌, 건강한 생태계 보전, 강한 직업 의식 등이 뽑혔다.[9]

더 심각한 위기. 산림청 직원들은 외국인이 아니고 대부분 미국인이다. 그렇기 때문에 그들은 대중의 가치관을 대변하며, 또한 일반 대중의 가치관에 의해 영향을 받는다. 사람들이 실제로 유용하고 중요하다고 생각하는 부분이 임업, 광업, 목축업 등과 같은 전통적인 상품 사업으로부터 야생 생물, 휴양, 심미적인 관심사로 옮겨가고 있기 때문에, 생활 필수품을 생산해서 이윤을 내려는 것과 장기적으로 생태계를 건강하게 보호하려는 환경법 사이에, 관리 방침이 어떤 방향으로 치우치는가에 따라 긴장이 커지고 있다. 그 긴장은 산림청 내부에 "환경 윤리를 위한 산림청 직원 모임"과 "내부의 목소리"(Inner Voice)와 같이 장기적 환경 청지기론에 더 큰 관심을 보이는 단체들이 많이 생겨나는 것으로 알 수 있다.

산림청의 관리 활동 중 환경법을 위반한 다른 사례들도 있다. 1964년에 제정된 야생 보호법(Wilderness Act)은 야생에서의 벌목 활동을 금지했음에도 불구하고, 1985년과 1990년에 오리건 주의 두 군데 야생에서 나무들이 벌채되었다. 미 하원 세출 위원회는 1988년과 1990년 사이에 산림청은 실제로 야생 관리를 위해서는 책정된 예산의 65%만을 사용하였으며, 1990년에는 야생 관리를 위해 기금의 절반도 사용하지 않았다는 것을 어렵게 밝혀냈다.

산림청은 목재 판매를 통해 많은 수입을 올렸으나, 항상 투자한 만큼 수익을 올리는 것은 아니다. 국회의 추정에 따르면 산림청은 알래스카의 통가 국유림(Tongas National Forest)의 목재 판매를 통해 3억 5천만 달러의 손실을 보았다고 1990년 마이클 립스크(Michael Lipske)는 보고했다.[10] 자원 경제학자인 랜달 오툴(Randall O'Toole)은 1988년 옐로스톤 국립 공원 주변의 일곱 개 산림 지역에서의 목재 판매에서는 1,220만 달러의 손실을 보았다고 추정했다.[11] 오툴은 비용-효과 측면에서 비효율적인 목재 판매가 계속되는 이유는, "목재 판매로 수익을 올리든 못 올리든 목재 판매 사업이 많은 일자리를 창출한다는 이유로 주 의회나 하원 선거구에서 이를 지지하고 있기 때문이다"라고 지적했다.[12] 이러한 상황은 산림 관리자들이 목재 판매로 얻은 수입을 합법적으로 목재 판매 지역 내에서의 산림 관리 활동에 쓸 수 있고, 목재 판매를 위해 들어가는 모든 기금을 내는 미국 재무성으로는 수익금을 돌려줄 의무가 없었기 때문에 더 악화되었다.[13] 실제로 몬태나 주의 갤러틴 국유림(Gallatin National Forest) 지역에서는, 회색곰의 서식지를 개선할 기금을 모으기 위해 회색곰의 주요 서식지 내의 산림을 벌목하는 모순을 낳는 상황이 발생했다.[14]

국립 공원 내의 포유 동물이 오랜 기간에 걸쳐 서서히 사라지고 있는 것에 대해, 미국의 주요 연방 기구 중 하나인 국립 공원 관리 공단에 대한 비판의 여론이 높다. 이는 배정된 10억 달러의 예산 중 기초 조사에는 1%도 쓰지 않고 있으며, 공원 관리가 전문가들에 의해 이루어지고 있지 못하고, 오히려 비전문가인 경찰관과 산림 경비 대원들의 지도하에 진행되고 있기 때문이다.[15]

개혁으로 가는 길

민츠마이어-머마 청문회를 둘러싼 비리가 드러난 데 뒤이어, 서부 환경 신문인 "하이 컨트리 뉴스"(High Country News)의 편집자이자 저널리스트인 에드 마스톤(Ed Marston)은 "부시 정부가 개혁을 선택할 것인가?"라는 제목으로 사설을 썼다. 이 제목에 나오는 한 단어-개혁-가 어쩐지 불길한 느낌을 주었다. 미국의 자원 관리 기구들은 자신들의 임무를 효과적으로 성취하기 위해 어떠한 종류의 개혁도 필요 없다고 했기 때문이다. 미국에서 자원이 어떻게 관리되는지가 서서히 밝혀짐에 따라, **부패**라는 단어가 아니고는 여러 경우들을 설명할 수 없게 되었다. 마스톤은 이렇게 지적했다. "미국의 새로운 토지 윤리를 받아들이기를 거부한 서부의 생활 용품 제조업자들은 법을 외면하고 경제 활동을 계속하기로 결정한 것처럼 보인다. 그들은 범법자가 되기로 작정했다."[16]

이런 행동은 가치관이 권력에 의해 무력화되는 결과를 낳는다. 그러나 가치관에 반하여 행사되는 권력은 합법적인 힘이 아니라 강압이다. 규범적인 대중 윤리가 없는 상황, 알래스데어 매킨타이어(Alasdair MacIntyre)가 지적했듯이 정치가 '다른 수단에 의해 수행되는 시민 전쟁'이 되는 상황에 처하게 된다.[17]

사회 속의 악: 그리스도인의 정치적 대응

신학자들은 죄악을 두 가지 형태, 즉 개인적인 죄악과 구조적인 죄악으로 구분한다.[18] 여기서 개인적인 죄악, 즉 개인의 죄와 도덕적 선택에 관한 문제는 많은 설교의 주제가 된다. 개인적인 죄악에 대한 그리스도인의 마땅한 반응은 개인적인 행동을 바꾸는 것이다. 그러려면 죄를 회개하고 돌아서서 하나님께 헌신해야 한다. 사도 바울은 에베소 교회에게 "도적질하는 자는 다시 도적질하지 말고 돌이켜 빈궁한 자에게 구제할 것이 있기 위하여 제 손으로 수고하여 선한 일을 하라"(엡 4:28)고 말했다.

그러나 타락한 세상에서의 죄악은 개인적인 범주를 넘을 수 있으며 이에 대해서는 개인적인 대응만으로는 부족하다. 악은 체계와 조직이 가동될 때 조직적으로 되고 심지어 보상을 해주기도 한다. 개인적 차원의 치료법으로는 구조적 범주에 들어가는 죄악에 효과적으로 대항할 수 없다. 그 체계 자체가 변화되어야만 한다.

많은 사람이 변화를 제안했다. 랜달 오툴은 산림청의 구조적인 악은 주로 경제적인 이유 때문에 생긴 것으로 보고, 경제적인 해결 방법을 제안했다. 그는 국가 소유의 삼림 지역을 휴양 목적으로 이용할 때 요금을 부과하고, 산림 관리자들로 하여금 이렇게 해서 생긴 기금을 사용하게 하자고 제안하였다.[19] 이 계획은 많은 장점이 있으나, 이것만으로는 불완전하다. 오툴은 도덕적 미덕을 최대의 수입과 동일시하였다. 그러나 머마와 민츠마이어의 사건만 보더라도 경제적 동기만으로 그 사건이 터진 것은 아니었다.

국립 공원 관리 공단에 대한 비평가로 가장 널리 알려진 사람 중 하나인 앨스톤 체이스는 외부의 비평이 늘어나는 흐름을 따르면서, 국립 공원 공단의 예산과 직원 평가 체계를 획기적으로 변화시키자고 제안했다.[20] 만약 체이스의 제안이 실행된다면 수익성 면에서 큰 효과를 가져올 것이다. 그러나 그것은 공원 사업 정책이 도덕적으로 합법적인지에 관한 더 심도 있는 질문들에 대해서는 설명할 수 없다.

자원 관리 면에서 진정한 개혁이 이루어지려면, 경제 구조와 관리 구조뿐 아니라 미국 재산법의 법적 구조가 완전히 바뀌어야만 한다. 캘리포니아 버클리(California-Berkely)의 법대 교수인 조셉 삭스(Joseph Sax)는 "전통적인 재산법 체계의 근본적인 목적은 천연 자원 체계의 기능을 망치는 결과를 가져왔다"고 말했다.[21] 삭스의 말은 옳았다. 사유 재산법, 용수권(用水權)에 관한 법, 도시 입식(入植)법(home-steading), 소택지 배수법을 비롯한 여러 법들은 개인의 토지 생산성 관리에는 필수적이지만, 자연계와 군집의 생태적 건강 면에서는 저주나 마찬가지였기 때문이다. 이 말은 사유 재산 자체가 죄악이거나 불법적인 것이라는 말이 아니라, 사유 재산법이 공공 토지와 자원에 적용될 때는 종종 문제가 생긴다는 것이다.

전통적인 사유 재산법은 오랜 기간 공유지에서의 자원을 활용한 생활 용품 제조업자들의 이익을 위해 생겨났으므로, 오늘날 공익을 목적으로 생태계를 건강하게 지키려고 입안된 법들과는 많은 갈등을 야기시키고 있다. 그러한 법이 존재하지 않았거나 시행되지 않을 때, 우리는 개발을 시작했고 결국 개릿 하딘이 묘사했듯이 '공동의 비극'을 초래했다. 공유지에서 사적인 존재로서 행동하는 각 개인은 자신들의 이익을 최대화하기를 원한다. 만약 그가 소를 한 마리 더 키우고 싶고, 나무를 한 그루 더 베어 내고, 광석을 1톤 더 채굴하고자 한다면, 그는 그러한 노력이 어떤 부정적인 또는 긍정적인 효과를 가져오는지를 체험으로 알고 있다. 부정적인 측면은, 그가 의존하고 있는 자산인 자원이 없어지고 있다는 것이고, 긍정적인 측면은 수입이 늘어나고 있다는 것이다. 그러나 하딘이 지적한 대로, 부정적·긍정적 결과들이 동일한 효과를 내는 것은 아니다. 부정적인 측면의 영향은 모든 자원 이용자들 사이에 널리 퍼져 모두가 그 대가를 치러야 한다. 반대로, 긍정적인 측면, 즉 소 한 마리, 나무 한 그루, 광석 1톤을 더 가지게 되는 것은 모두 한 개인의 소유를 늘리는 것밖에 되지 못한다. 각 개인은 이 제한된 세상에서 끝없이 이익을 증대시키려고 노력한다. 이에 대한 피할 수 없는 결과로 자원과 그것에 의존하는 경제가 파괴된다.[22]

우리는 서부 농촌 경제에서 수만 가지의 시나리오를 연출한 이 원리의 진상을 보고 있다. 점박이 올빼미가 사라지고, 그러한 환경에 민감하지 못한 관료주의자들 그리고 많은 조직 등이 그 지역의 문제로 비난받고 있다. 자원을 기초로 한 경제에서는 이 제한된 세상을 파괴시키지 않고는 무한정으로 팽창할 수 없다는 것이 자명한 진리다. 최근의 국가 환경 정책법과 멸종 위기 종 보호법 등과 같은 환경법들은 전통적인 생각과 맞서고 있다. 최근 이러한 환경 관련 법들이 목축, 광업, 벌목 그리고 다른 생활 용품 사업들의 법적인 힘을 잃어버리게 했기 때문에, 그런 사업들은 더욱더 직접적으로 정치적 권력에 의지할 수밖에 없게 되었다. 이 힘은 지금, 과거와는 대조적으로, 종종 법 테두리 밖에서 행사되고 있다. 그것은 물론 비합법적인 것이다.

어떤 단체가 합법적인 근거 없이 권력을 사용할 때마다, 그 결과는 반민주주의적이 되며, 정치적으로 권력을 잡은 무법자들의 독재 정치가 된다. 이러한 방식으로 사용된 권력의 결과는 천연 자원 관리 체계 전체를 부패하게 만들며, 법으로 보호되고 있는 자원을 불법적으로 약탈한다. 우리는 전통적으로 가장 법치 국가라고 여겨지는 나라들, 심지어 미국에서조차 이러한 상황이 벌어지는 것을 목격하고 있다. 그러나 분명한 것은 미국 내에서 소위 '현명한 이용 운동'(Wise-Use movement)이 자라고 있다는 것이다. 대중의 지지를 받고 있다고 주장하는, 이 운동 단체들은 종종 자원을 개발하는 회사로부터 자금 지원을 받기도 하는데, 그들은 환경 운동가들에 대해 협박과 폭력의 책략을 포기한 회사들이다.[23]

관리 구조와 법 구조가 개혁되어야 한다. 그러나 이 분야에서 자체적으로 시도되고 있는 개혁은 아직 완전하지 않다. 개인과 기관들이 환경 윤리를 더 개발해야 하며, 더 심도 있게 많이 다루어야 한다. 윤리가 잘 정리되고 명료하게 표현되지 않는다면, 천연 자원 관리를 위협하는 개인적인 악과 구조적인 악을 실제로 공격할 수 없을 것이다.

알도 레오폴드는 환경 윤리에서의 부적절한 기초가 가져올 위험에 대해 예견했으며, 그로 인해 보존에 관한 종합적인 프로그램을 시행하려고 노력하는 사람들에게 어떤 일이 벌어질 것인지에 대해 경고했다.

윤리에서의 어떠한 중요한 변화도 우리의 지식의 중요성, 성실성, 애정, 확신과 같은 내부적 변화 없이는 결코 성취될 수 없다. 보전 의식이 아직 행동의 기초를 이루는 데 영향을 미치지 못하고 있다

는 증거는 철학과 종교에서 그에 관한 얘기를 거의 들을 수 없다는
사실로 알 수 있다. 우리는 보존 활동을 쉽게 생각함으로써, 그 일
자체를 하찮은 것으로 만들어 버렸다. 빵에 굶주린 사람에게 우리
가 돌을 건네준다면, 우리는 그 돌이 얼마나 빵과 유사한지에 관해
설명하는 고통을 감수해야 한다.[24]

그러나 앞서 설명한 바와 같이, 의미 있는 환경 윤리를 발전시키려던
레오폴드의 시도 역시 실패했다. 정확하게 말하자면 그가 자신의 충고
를 따르지 않고, 철학과 종교적 기초에 자신의 윤리를 연결시키는 일
을 게을리 했기 때문이다. 어떤 윤리도 단순한 선언이나 감동적인 연
설에 의해 성립되지는 않는다. 윤리는 가치와 전통의 원천과 지속적으
로 연결될 때만 의미를 가지게 된다.

바로 이 윤리적인 기초를 무시했기 때문에, 현재의 환경 운동은 해
결할 수 없는 가치관의 갈등의 위기를 향해 치닫고 있으며, 그 위기는
하나님의 훌륭한 창조 세계를 더 심하게 파괴시키는 결과를 가져왔다.
그것은 환경 붕괴라는 외적 위기보다 훨씬 더 심각한 환경 윤리의 내
적 위기로, 그리스도인과 교회는 이에 대해 대응해야만 한다. 그러나
그것은 가장 크고 값비싼 희생을 요구하게 될 것이다.

교회와 선지자적 증거

신학자 칼 헨리(Carl F. H. Henry)는 "오직 각 세대의 그리스도인들
이 성경적 윤리에 입각하여 환경을 보전할 때에만, 거듭나지 않은 사
회가 그 뿌리 깊은 편견에 입각하여 행하는 것을 억제하게 될 것이고,
기독교적 이상에 의해 판단받게끔 유도할 수 있다(비록 그런 이상을
포용할 마음이 없다 하더라도)"고 말했다.[25] 머마와 민츠마이어의 사례
와 다른 수백 명의 하위 정부 공무원들의 사례를 통해, 우리는 '뿌리
깊은 편견'이 무엇이며, 그것이 어떤 모습으로 나타나는지를 확실히

알게 된다. 그것은 이기주의에 바탕을 둔 편견이다. 그리고 그들은 환경 보호라는 이 시대의 가장 값진 국가적인 노력에 동참하지 않고 집에서 편하게 지내는 사람들이다. 그들의 편견을 다음과 같이 단순화하여 직접적으로 표현할 수 있다. "만약 그 법이 당신이 하고자 하는 일에 방해가 된다면, 그것을 지키지 말라. 만약 진실이 당신의 지위를 유지시켜 주지 않는다면, 속이라. 그리고 다른 사람들이 당신의 길에 방해가 된다면, 그들을 없애 버리라."

우리가 정말로 올바르게 살기 위해서는 이러한 관점을 버려야 한다. 모든 것 중 가장 기본적이고 오직 교회만이 할 수 있는 개혁은, 개인과 기관들을 평가할 수 있고 개인의 죄악에 대해서는 회개를 촉구하며 구조적인 악은 개혁하는 힘을 가진 환경 윤리를 제공하는 것이다. 정치적·물리적 세계에서는 그 환경을 지으신 분의 마지막 논문에 근거를 두지 않은 윤리, 그저 선언되는 윤리를 만들려는 시도가 끊임없이 이어지고 있다. 미국의 자원 관리 윤리가 성경적 가치관에 근원을 두고 있지 않다면, 그 어떤 윤리도 성공적으로 그리고 지속적으로 일반 국민의 행동에 영향을 미칠 수 없을 것이다.

자원 관리자뿐 아니라 자원 관리 자체를 평가하는 새로운 윤리, 새로운 기준을 제공하는 기독 공동체의 대응은 다음의 세 가지 차원에서 행해져야 한다. 첫째, 내적으로 자의식이 강하고, 성경적 윤리를 자원 관리에 실천하며, 전문적 또는 직업 분야에 그러한 윤리를 적용시키는 것을 배우는 새로운 종류의 개인과 청지기를 만들어 내는 것이다. 그리고 만약 공동체의 첫 번째 반응이 너무 개인주의적인 것처럼 들려 역설적인 것처럼 느껴진다면, 어떤 이는 공동체로서의 교회가 수세기 동안 정확히 그 일을 수행해 왔다고 대답할 수도 있을 것이다. 그리스도의 권능으로 인해 타락한 인간이 멋진 사람으로 변화되었을 뿐 아니라 타고난 인간이 '새로운 피조물'로 변화되었다(고후 5:17). 그리고 우리가 조금 덜 혁신적인 것을 바라는 마음이 생길 수도 있지만, 그렇게 해서는 결코 어떤 것도 행할 수 없다.

우리는 복음주의 환경 연합(Evangelical Environmental Network, EEN)이 발행한 "피조물 보호에 대한 복음주의 선언서"라는 출판물이 나온 것을 기쁘게 생각한다. 북미 지역에서 가장 저명하고 영향력이 있는 120명 이상의 기독교 지도자들이 그것에 서명했다. 복음주의 환경 연합은 론 사이더(Ron Sider)의 복음주의 사회 운동(Evangelicals for Social Action)의 한 분파로 생겨났는데, 앞으로 성경에 기초를 둔 환경 윤리에 계속 영향을 미칠 것이다. 복음주의 환경 연합 선언문의 처음 부분은 하나님의 창조 세계에 대한 보호와 복음주의 공동체의 대응의 필요성을 명확히 제시한 훌륭한 문장이다. 그러나 말이 가치를 가지기 위해서는 성실하게 행동으로 실천되어야만 한다. 기독 공동체는 성명서나 선언문 이상의 것, 즉 진정한 해결책을 마련하려는 움직임을 보여 주어야만 한다. 앞서 언급한 녹십자 협회가 진행하고 있는 사역은 환경 문제에 있어서 복음주의에 입각한 그리스도의 증인들이 점차로 늘어나고 유지될 수 있다는 희망을 주고 있다.

두 번째로, 그런 일을 이루기 위해서는, 교회가 대학에서 학위 수여 프로그램을 만들어 환경 청지기를 길러내는 일에 협력하여 헌신해야만 한다. 그리고 그 일을 담당하는 대학에서는 교육뿐 아니라, 성경적 윤리에 기본을 둔 청지기 의식을 지탱시켜 줄 공동체 또한 제공해 주어야만 한다.

세 번째, 이 청지기들은 교회와 함께 대중과 연관된 일에 참여해야 하며, 자원의 가치에 관한 공공의 토론에서 성경적인 원리가 드러날 수 있도록 하기 위해서 자원의 관리 문제와 해결책에 대해 깊이 생각해야 한다. 또한 자원 관리 해결책에 대한 기초를 마련해야 하며, 자원 관리에서 어떤 행위가 옳고 그른지에 대한 평가 기준이 마련되어야 한다. 이것이 교회의 사회적 대응이며, 이 중대한 문제에 대한 교회와 사회의 접촉점이다.

대중과의 논쟁에서 드러날 성경적 원리에 대한 개념이 일부 사람들에게는 충격을 줄 수 있고 받아들여지기 어려울 수도 있지만, 그럼에도 불구하고 그것은 꼭 필요하다. 심지어 그리스도인들조차도 종교가 개인의 마음을 사로잡는 것이긴 하지만 사회적으로는 관련성이 없는 것이라는 세속주의자들의 전제를 받아들여 왔기 때문에 위의 개념으로부터 후퇴하기도 하는데, 이는 우리 방에서 포르노 필름을 상영하는 것처럼 개인적인 죄악이다. 필자들은 세속적인 사람들의 그러한 전제를 거부하며, 셀 수도 없는 많은 그리스도인들이 믿음을 개인적인 타락으로서가 아니라 그들을 이끌었던 도덕적 이상, 즉 말과 행동으로 악에 공개적으로 대항하게 하며 그렇게 함으로써 성경적 원리를 지키게 하는 것으로 생각했던 역사의 증인들과 같은 편이다. 마지막 장에서 우리는 이 장에서 다룬 세 가지 대응에 관한 더 완전한 전략을 살펴보고 또 그로 인해 치러야 할 희생에 대해서 알아볼 것이다.

토론 문제

1. 개인적인 죄악과 구조적인 죄악의 차이는 무엇인가? 개인적인 차원에서 어떤 종류의 환경 문제가 언급되어야 하는가? 또 구조적인 차원에서 어떤 종류의 것들이 언급되어야만 하는가?
2. 다음 분야 중에서 하나님의 창조 세계를 지키는 청지기로서의 역할을 더욱 효과적으로 수행하기 위해 당신이 할 수 있는 일을 하나씩 적어 보라.
   (1) 폭 넓은 환경 지식을 갖기 위한 연구
   (2) 환경과 밀접한 관계를 유지
   (3) 희생적인 관심
3. 이 장에서 기술한 사건들은 천연 자원을 관리하는 데 좀더 강하고 더 성경적인 윤리에 근거한 개념이 필요하다는 것을 어떻게 보여 주고 있는가?

4. 어떤 방법으로 당신은 당신의 교회가 창조주로서의 하나님과 그의 피조물로서의 세상을 인정하는 믿음을 실제 생활에서 나타낼 수 있도록 영향을 줄 수 있는가?

제10장 생태학과 기독교적 지성 —새로운 시작

몽테뉴[1]

취하는 데 마음을 빼앗긴 사람은, 이미 취한 것도 자신의 것이 아니다.

유명한 천문학자이자 과학계의 대변인인 칼 세이건(Carl Sagan)은 "미국 물리학회지"(*American Journal of Physics*) 1990년 7월호에서, 지구를 보호하고 소중히 여기기 위해서는 '과학과 종교'의 공동 대응이 필요하다고 역설하였다.[2] 세이건은 주요 환경 문제 몇 가지를 간략하게 언급한 후, "우리는 종교에서 말하는 '창조 세계에 대한 범죄'를 범하려—다른 이들은 이미 우리가 그 죄를 범하고 있다고 주장한다—한다"고 말하였다.[3]

계속해서 세이건은 오늘날의 환경 문제는 "공공 정책뿐만 아니라 개인적인 행동에서도 근본적인 변화를 요구하고 있다. 종교적인 가르침이나 모범, 지도력이 개인의 행위와 헌신의 정도에 막대한 영향을 끼칠 수 있다는 것은 역사적으로도 증명되었다"고 말했다.[4] 그는 과학계를 옹호하면서, 과학자들은 "신성하게 여겨지는 것은 존중하고 보살펴야 한다고 생각한다. 우리가 살고 있는 지구는 그렇게 여겨져야만 한다"고 결론지었다.[5]

이러한 주장이 세이건에 의해 처음으로 제기된 것은 아니다. 전 세계 83개국에서 천 명이 넘는 종교계, 정치계, 과학계 지도자들이 1990년 1월 모스크바에서 개최된 "인류 생존에 관한 종교계 및 의회 지도자들의 국제 토론회"(Global Forum of Spiritual and Parliamentary Leaders on Human Survival)에 참석하였는데, 그 중에는 유엔 사무 총장인 자비예 페레 드 켈라르(Javier Pérez de Cuellar)와 노벨 평화상 수상자인 엘리 비젤(Elie Wiesel) 그리고 미카일 고르바초프(Mikhail Gorbachev)도 있었다.[6] 그 모임에서 발제된 종교와 과학의 공동 대응은 "지구를 보호하고 소중히 여기자"라는 것이었다. 칼 세이건이 그 발제를 이끌어 내었다. 또 다른 선언문으로는 "모스크바 선언"(Moscow Declaration)이 있는데, 그 선언문은 '지구에서의 인간 활동에 대한 영적, 윤리적 기초'를 포함하는 새로운 '지구의 전망'을 내놓았다. 그 포럼의 "행동 강령"(Plan of Action)에는 '이 세상을 위험에 처하게 한 인간의 태도와 행동의 근본적인 변화'를 통해 환경 파괴를 막기 위한 대중의 자각과 구체적 실천을 확산시키기 위한 많은 대책이 제시되었다.[7]

이 마지막 장에서 그러한 것들에 대해 생각해 보는 것은 매우 의미 있는 일이다. 왜냐하면 그것이 바로 이 책이 다루고자 하는 주요 논점들이기 때문이다. 그것들은 우리로 하여금 무엇이 올바른 환경 윤리를 가진 진정한 그리스도인을 만들며, 또 다가오는 환경 시대에 교회 앞에 놓인 문제가 어떤 것인지를 알게 한다. 그것들을 이해함으로써, 우리는 앞 장에서 시작한 논의, 즉 교회와 신도가 어떻게 생태 위기에 반응해야 하는지에 대한 결론을 내릴 수 있을 것이다.

우리는 지금 어디에 있는가?

과학자 르네 뒤보는 다음과 같은 글을 썼다.

50만 년 전 호모 에렉투스(Homo erectus)가 살았던 중국의 저우커 우덴 동굴 바닥을 처음 조사했을 때, 바닥에는 말, 양, 돼지, 들소, 사 슴 등의 뼈가 까맣게 탄 채 어지럽게 널려 있었다. 좀더 최근의 선 사 시대 유적지에서는 여러 세대에 걸쳐 살던 사람들이 무심코 버 린 음식물 찌꺼기들이 돌, 뼈, 상아, 도기 등과 같은 인공물과 함께 발견되었다. 이와 같은 여러 가지 생산물이나 물건은 고고학자들에 게 중요한 자료를 제공한다.…그러나 또 다른 관점에서 본다면,… [그것들은] 원시 인류가 쓰고 버린 쓰레기이기도 하다. 그것들은 지금 도로나 동네에 지저분하게 버려진 맥주캔, 플리스틱 조각, 라 디오, 침대 받침대, 자동차 폐기물 등과 다를 바 없다.[8]

이 같은 글에 비추어 볼 때 뒤보가, 같은 나라 사람인 프랑스 철학 자 쟝 자크 루소(Jean-Jacques Rouseau)의 인간 본성과 환경과의 관련 성에 관한 평가 내용에 치명적인 오류가 있음을 인지한 것은 놀랄 만 한 일이 아니다. 뒤보는 이렇게 썼다. "루소는, 문명에 의해 더럽혀지 기 전까지 인간의 본성은 선천적으로 선했다고 믿었다. 그러나 현재 널리 받아들여지는 견해는 인간 본성은 선천적으로 악하며, 문명은 단 지 타고난 사악함을 더 널리 표출시켜 왔을 뿐이라는 것이다."[9]
이러한 견해는 환경 위기의 원인이 기독교나 기독교에 영향을 받은 중세 유럽 문명 같은 특별한 세계관에 기인한다고 믿었던 역사학자 린 화이트의 생각과는 견해를 달리하는 것이다.[10] 오히려 뒤보를 포함한 많은 사람은 인간 본성 자체에 근본적인 문제가 있다고 이해한다. 뒤보 의 말을 빌리면, 인간 본성은 '짐승 같은' 것이다. 인간 본성의 근본적 인 죄악은 현재의 자연 세계에 해를 끼치는 것으로 그 실체를 드러내고 있다. 실제로 자연 세계의 파괴는 인간의 이기심이 표출된 것이다.
18세기의 신학자 조나단 에드워즈(Jonathan Edwards)는 그 원인을 다음과 같이 묘사했다.

타락 직후 인간의 마음은 원래의 크고 넓은 상태에서 정말 옹졸하고 인색하게 쪼그라들었다.…그 전에는 인간의 영혼이 하나님이 주신 고귀한 사랑의 원리의 지배 아래 있었고, 그 사랑에 의해 모든 창조 세계와 그들의 복지를 인간의 동료로 고려하는 마음이 있었다.…[그러나] 성능 좋은 아스트린젠트 화장품처럼, 죄악은 인간의 영혼을 아주 왜소하게 수축시켰고, 하나님을 저버리게 하였으며, 자기 자신만의 세계에 안주하게 하였고, 편협하고 이기적인 원리와 감정의 지배를 받게 만들었다.[11]

개릿 하딘과 같은 현대 환경 철학자들은, 인간이 환경 파괴라는 논리적 결과에 직면해서도 협력하기보다는 이기적인 행태를 보이는 것이 더 자연스러운 것이며 더 이익이 된다고 생각하는 인간 사회의 이상한 습관을 발견하고는 골머리를 앓았는데, 에드워즈가 그 이유를 정확히 그리고 설득력 있게 묘사할 수 있었다는 것은 놀라운 일이다.[12]

이런 행태는 미국 문화에만 독특하게 나타나는 것도 아니요, 사람들은 항상 그것에 매우 익숙해 있었다. 식민지 시대 미국의 윌리엄 펜 (William Penn)은 선한 청지기의 긍정적인 예를 보여 주었다. 그는 자신이 소유한 땅에서 1에이커의 삼림은 5년 동안 나무를 베지 못하도록 규정했던 것이다.[13] 그러나 조지 워싱턴은 아더 영(Arthur Young)에게 보내는 편지에서 그러한 전형적인 미국인 농부에 대해 당혹해하는 모습을 드러내었다. 그는 그러한 농부들의 목적은 "대지에서 싼값으로 최대한 수확해 내려는 것이 아니라…비싼 노동만 요구하고 있다. 그러한 결과로 얻어지는 것은, 반드시 경작되고 더 많은 생산물을 내어야 할 땅이 경작되지 않고 버려지거나 향상되지 않고 손상될 뿐이다"라고 말했다.[14] 미국의 아버지라 할 수 있는 그의 이러한 인식에 대해 창세기의 말씀은 우리를 다음과 같이 가르치신다. "여호와 하나님이 그 사람을 이끌어 에덴 동산에 두사 그것을 다스리며 지키게 하시고"(창 2:15).

출발점: 창조주와 창조 세계에 대한 올바른 사고

윤리학자 제임스 구스타프슨은 신학을 사회 문제에 적용하는 두 가지 기본 방법을 다음과 같이 요약하였다. 첫째는 긴급한 도덕적, 사회적 문제에서 시작하는 것이다. 우리가 그 문제에 대해 명확한 견해를 가지고 있을 때, 신학적이고 종교적인 '해답'을 제시하기 위한 신학 및 종교적인 훈련의 근원으로 나아갈 수 있다. 두 번째 방법은 "하나님과 그분의 계획에 대해 우리가 무엇을 알고 있으며, 또 어떻게 알 수 있는가?" 하는, 좀더 근본적인 질문에서 시작하는 것이다. 구스타프슨의 말을 빌리면 이것은 "세상의 생명에 대한 하나님의 목적에 대해 우리는 무엇이라고 말할 수 있을까?" 또 "하나님에 대한 믿음은, 오늘날 우리가 살고 있는 이 시대와 장소에서 당면한 도덕적 문제와 어떤 관련이 있는가?" 하는 질문을 시작으로 하여 문제를 해결해 나가는 방법이다.[15] 구스타프슨과 마찬가지로 우리는 두 번째 접근 방식이 더 낫다고 생각한다. 사실, 오늘날의 생태 문제를 다룬 많은 기독교 출판물들에서 보이는 결함들은 첫 번째 방법을 사용했기 때문이다.

신학자 패커(J. I. Packer)는 그의 유명한 책 「하나님을 아는 지식」 (*Knowing God*, IVP)의 마지막 문단에서 이 점을 강조했다.

현재 나오는 기독교 출판물들을 보면서, 당신은 오늘날 세상에 살고 있는 진정한 그리스도인들 혹은 그리스도인이 되려고 하는 사람들에게 가장 중요한 문제는 교회의 연합 혹은 사회적 증거 혹은 다른 그리스도인들 및 다른 종교들과의 대화 혹은 이러저러한 주의(ism)를 논박하는 것 혹은 기독교 철학과 문화를 발전시키는 것 등이라고 생각할지도 모른다. 하지만 우리가 연구한 바에 따르면, 이러한 것들에 집중하는 현재의 풍조는 엄청나게 잘못된 음모처럼 보인다.

패커는 뒤이어 반드시 그렇지 않을 수도 있다는 것을 인정하고 있다. 물론 그가 언급한 것들은 실제로 중요한 문제로 취급되어야 할 것이다. 그러나 무엇보다도 모든 인류의 진정한 우선 순위는 그리스도 안에서 하나님을 아는 것이다. 이런 입장에서 그리고 이 책이 또 다른 '그릇된 음모' 중 하나가 되지 않도록 하기 위해 우리는 좀더 넓은 시각에서 이 책의 논점을 요약하려 한다.

창조주 하나님

우리는 2장에서 이미 하나님이 무엇보다도 자신을 창조주로서 우리에게 드러내시기로 결심하신 것에 대해 살펴보았다. 그러한 하나님의 결정은 결코 우연한 것도, 잘못된 것도 아니지만, 오늘날 유감스럽게도 교회는 창조주 하나님에 대해 가르치는 것을 소홀히 하고 있다. 과학과의 갈등(실제로 발생한 갈등이나 앞으로 발생할 가능성이 있는 갈등)을 피하려고, 교회는 우주와 그 안의 모든 것이 하나님의 피조물이라는 진실을 담대하게 전하지 못하고 아주 조심스럽게 다루고 있으며 때로는 전혀 언급하지도 않는다.

창조에 관한 사상은 서구 문화에서 이제껏 일어난 어떤 사상보다도 가장 강력한 영향을 끼친 사상 중 하나다.[17] 실제로 오늘날 우리 교회는 창조 사상을 잃어버림으로써 낙천주의와 실재성(reality)을 상실하고 있다. 창조 세계는 우리가 다른 피조물과 연계되어 있다는 것과 그들에 대한 특별한 책임이 있다는 것을 명백히 보여 주며, 살아 계신 창조주 하나님 앞에서와 우주 속에서의 우리의 위치를 나타내 준다. 교회는 **창조주**와 **창조 세계**란 단어와 그 개념을 단순히 우리가 대충 그럴 거라고 생각하는 대로 가르쳐서는 안 되며, 하나님과 하나님의 세계를 있는 그대로 잘 이해할 수 있도록 가르쳐야만 한다. 하나님을 창조주로 안다는 것은 그분이 전에도 계셨고, 스스로 존재하시며, (그분의 피조물과는 달리) 초월자이시며, 우리 안에 내재하시고, 자유하시며, 우

리의 목적대로가 아니라 그분의 목적대로 세계를 창조하셨음을 아는
것이다.

　우리가 하나님의 인격과 사역과 목적의 광대함을 이해하기 위해서
는 창조주 하나님과 그분의 창조물인 우주에 대해 아는 것이 필수적이
다. 하나님을 마치 룸 서비스를 해주는 천국의 심부름꾼 정도로 생각
하는 요즘 같은 시대에, 그리스도인들은 창조주 하나님에 대해 알지
못하고서는 결코 올바르게 살 수 없다. 실제로, 어떤 사람이 조금이라
도 하나님에 대해 알려 한다면 그것은 필수적이다.

창조 세계에 대한 찬양

　우리 문화는 창조주 하나님에 대한 믿음을 잃어버렸기 때문에, 하
나님이 창조하신 작품 속에서 맛볼 수 있는 기쁨도 잃어버렸다. 창조
세계의 웅장함과 아름다움에도 불구하고, 지식인들은 자연물을 단순
히 시간과 무기물 그리고 우연의 소산물이라고 생각함으로써 그 속에
서 기쁨을 지속적으로 누리지 못한다. 교회 역시, 지적인 체하는 위선
적인 사회의 '객관적 타당성'(objectivity)을 드러내려 하다가, 하나님
의 백성이 창조 세계에서 느낄 수 있는 즐거움을 빼앗아 가고 있다. 하
나님의 피조물에 대한 그러한 태도는 사실 지적인 것이 아니라 어리석
은 것이다. 이와 같은 냉담한 태도는 우리의 자존심의 숨겨진 한 형태
일 뿐이다. 성경의 시편 기자는 신자들에게 이렇게 말하고 있다. "여호
와여, 주의 하신 일이 어찌 그리 많은지요. 주께서 지혜로 저희를 다 지
으셨으니…"(시 104:24). 또한 성경은 너구리와 산양의 경이로움과 사
자와 황새들, 달과 태양과 별들을 즐기라고 가르치고 있다(시 104편).
심지어 성경은 신자들에게 천둥 번개의 힘과 파괴력을 경외하는 마음
으로 기뻐하라고 가르친다(시 29편). 성경은 창조 세계가 하나님의 존
재를 입증하기 때문이 아니라(마치 창조주가 자신의 존재를 입증하기
위해서는 창조 세계에 의존해야 한다는 듯이), 단지 그것들이 **그분의 것**

이기 때문에 그렇게 하라고 말씀하고 있는 것이다. 그것들은 그분의 피조물이고 작품이며, 그분의 기쁨을 위해 존재한다. 이것을 이해한다면 시편 기자의 기쁨을 이해할 수 있을 것이며, 그가 말한 것처럼 우리도 "여호와의 영광이 영원히 계속할지며"(시 104:31)라고 말할 수 있게 될 것이다.

창조주 하나님을 알기 위하여 우리는 그분의 창조 세계를 찬양해야 한다. 이는 그리스도인이 하나님의 창조 세계와 그 기쁨으로부터 억지로 분리되어 살아가는 것은 위선임을 의미한다. 그리스도인이 창조주 하나님을 모른 채 살 수 없는 것처럼, 하나님의 창조 세계를 즐거워하는 것(폭넓은 환경 지식을 얻기 위한 연구, 환경에 깊은 관심을 가지는 것, 희생적으로 환경을 보호하는 일에 참여하는 것)은 그리스도인의 삶의 기쁨에서 필수적인 요소이다.

다스림과 정복의 명령에 대한 순종

그리스도인은 하나님을 창조주로 아는 일과 그분의 창조 세계를 찬양하는 기쁨에 무관심할 수 없듯이, 창조 세계의 필요에도 결코 무관심할 수 없다. 특히 창조 세계가 이 세상에서 생태 위기로 어려움을 호소할 때는 더욱 그렇다. 하나님의 나라에서, 다스림은 봉사로서, 또 다스리고 지키라는 명령(창 2:15)으로 정의되기 때문에 관리와 보전이 청지기의 개념에 포함되어야 한다. 창조 세계에 대한 청지기 직분을, 과학자나 자원 관리자로 일하고 있는 몇몇 그리스도인들만의 직업적인 소명으로만 생각해서는 안 된다. 사실 청지기 직분은 모든 그리스도인의 본업이어야 한다. 세계적으로 또는 지역적으로 문제가 되고 있는 피조물들을 돌보는 일에 단체로든 개인적으로든 참여하는 것은 그리스도인들이 창세기 1:28의 명령을 순종하는 마음으로 수행하고 있다는 것을 나타내 보이는 것이다.

창조 세계를 보호하는 일에 재치 있게 그리고 적극적으로 참여하는

것은 기독 공동체들만의 유일한 일이 아니고 또 앞으로도 그럴 것이
다. 사실 교회는 창조 세계를 돌보는 일이 올바른 것이라는 것을 인식
하는 데 있어서 다른 단체들보다 많이 뒤처졌다. 그리스도인들에게서
볼 수 있는 독특한 점은 내적인 갈등과 지적인 모순 없이 행동할 수 있
는 능력이다. 그리스도인은 행동할 근거를 찾기 위하여 자신을 지구와
그 안의 피조물들과 (거짓으로) 동일시할 필요가 없다. 다른 한편으로,
그리스도인들은 단지 자연 속의 한 평범한 시민으로 사는 것에 만족하
지 않고, 피조물의 복지에 관한 지극히 중요한 결정을 내려야 할 책임
이 자신들에게 있다고 여긴다. 창조 세계를 지키는 청지기 직분은 오
늘날 많은 환경 문제에서 생존주의자들의 사고 방식 이상의 것을 요구
하고 있다. 그것은 창조 세계에서 하나님의 형상대로 지음받은 인간의
독특한 지위에 기인한다. 인간이 다른 피조물보다 더 존귀하게 대우받
는 것은 이 시대에 사는 다른 피조물들에 대해서 하나님의 심부름꾼이
자 대리인으로서 활동하기 때문이다. 그러나 우리 역시 피조물이기 때
문에 청지기로서의 사명을 감당할 때 겸손해야 하며, 우리가 행한 일
에 대한 결과를 하나님 앞에서 심판받게 된다.[18]

기독교 환경 교육의 전망
　미시건 북부에 위치한 만셀로나(Mancelona)라는 작은 마을 근처에
오우 세이블 환경 문제 연구소가 있다. 오우 세이블은 미국과 캐나다
의 기독교 대학 및 종합 대학 조합을 위한 현장 캠퍼스의 역할을 하고
있으며, 이 단체의 공식 연구 보고서(1993)에는 다음과 같은 글이 적혀
있다.

　오우 세이블은 대학생들의 학업 프로그램, 조사 연구 및 토론회, 지
방 학급 어린이들을 위한 환경 교육, 교회와 전 세계 (초교파적) 공
동체들을 위한 정보 제공 등의 일을 수행한다. 삼림과 습지, 호수와

강으로 둘러싸인 본 연구소의 연구 과정에 참여하는 사람들에게는 장학금이 주어지며, 과학과 신학 양쪽을 모두 깊이 다루는 프로그램을 통해 환경에 대한 청지기 직분을 수행하기 위한 현장 경험과 최신 실험 기구를 다루는 훈련 기회가 주어질 것이다.[19]

오우 세이블은 우리가 아는 한도에서는, 이 분야에서 유일한 기관이다. 1982년에 설립된 이후, 그리스도인의 자원 관리 직분에 대한 전문적이고 실제적인 적용 방법을 수백 명의 학생들에게 가르쳐 왔다.

오우 세이블은 9장 끝부분에서 언급한 첫 번째 전략(폭넓은 환경 지식을 갖기 위한 연구)의 실제적인 예이다. 이 기관에서는 완전히 새로운 종류의 자원 관리자, 즉 청지기를 양성하는 데 전념하고 있다. 이런 청지기들을 만들어 내는 일이 왜 그렇게 중요한지를 이해하기 위해서는, 오늘날 직업적인 자원 관리자들과 여기서 말하는 청지기가 어떻게 다른지를 비교해 볼 필요가 있다.

출세주의자 대 청지기

자원 관리 분야에서 일하는 대부분의 사람들이 자신의 직업을 선택한 데에는 확실한 동기가 있을 것이다. 그들은 아마 환경을 보호하고, 생태계를 유지시키고, 위험에 빠진 생물 종들을 구하고, 대중을 교육시키기 원했을 것이다. 그러나 불행히도 그들을 가르친 사람들은 그러한 일이 누구에게도 아무런 희생도 요구하지 않을 것이라고 가르쳤다. 특히 무엇보다도 그들 자신과 그들의 출세에 문제를 일으키지 않을 것이라고 가르쳤다. 레오폴드는 다음과 같이 말했다. "우리는 보존 활동을 쉽게 생각함으로써, 그 일 자체를 하찮은 것으로 만들어 버렸다."

보존 활동을 잘할 때 가끔은 칭찬도 받고 출세할 수도 있을 것이다. 그러나 해가 지남에 따라 승진하고 수입이 늘면서, 이상하고 사악한 일이 일어나기 시작한다. 칭찬과 승진과 함께, 출세 그 자체가 그 직업을 처음 택할 때 가졌던 동기보다 더 중요한 것이 되어 버리는 것이다. 그렇게 되면, 그 사람은 자신도 모르는 사이 자원을 보호하는 데는 마음이 없고, 출세하기 위해 일하기 시작한다. 조만간, 그 청지기는 출세주의자로 바뀌게 된다. 출세주의자는 언제나 적당한 이유를 들어 자신을 합리화하고 더 많은 보상을 받기 위해 그 일을 계속함으로써 궁극적으로 자신의 출세가도를 더욱 탄탄하게 다지며, 이를 위해 하나님의 창조 세계에 더 많은 피해를 줄 수 있는 결정을 내리게 된다.

그래서 악은 이제껏 얻었던 것 중 최고의, 가장 교활한, 가장 완벽한 승리를 성취하게 된다. 악은 그 전까지 그렇게 나쁘지 않았던 사람들로 하여금 가장 나쁜 일을 하도록 유혹한다. 그렇게 해서 악이 자리잡게 되면 악은 기관, 정부, 사회 조직의 일부가 되어 모든 곳으로 침투해 들어간다.

출세주의자에 맞서게 하기 위해, 하나님은 자기 백성에게 청지기 직분을 맡기신다. 그들의 임무는 하나님의 영광과 선한 창조 세계와 피조물을 위해 다스리고 지키고 이름을 짓는 것(즉, 피조물들을 알고 이해하는 일)이다. 하나님은 그분의 형상대로 지음받은 청지기에게 다스리고 정복할 권한을 주셨다. 그리고 하나님은 말씀과 모범을 통해, 권위(authority)와 통치자의 지위(rulership)란 자신의 욕구를 채우기에 앞서, 자신의 지배를 받는 자들에게 봉사하는 것이라고 정의하셨다.

교회는 출세주의자와 청지기를 분명히 구분하고, 출세주의자의 길은 잘못되었고 청지기의 길이 옳다는 것을 가르쳐야만 한다. 오로지 이 방법만이 환경을 보존하려는 고귀한 노력 가운데조차 자리잡은, 자기 유익이라는 뿌리 깊은 편견을 완전히 드러내고, 그런 노력을 규제하고 가치 없게 만드는 것을 방지해 준다.

그리스도인과 고등 교육

기독교 고등 교육의 미래를 염려하는 사람이라면, 환경 분야에서 유일한 교육 기관이 단지 오우 세이블 연구소뿐이라는 점에 대해 염려가 많을 것이다. 아이삭 아시모프(Isaac Asimov)는 자신의 유명한 3부작 과학 소설 "파운데이션"(Foundation)에서 퇴폐적인 은하 제국의 몰락을 그리고 있다. 이 책의 내용은 그 제국에서 가장 훌륭한 과학자 중한 사람이 그 제국의 몰락과 그 후에 이어질 혼돈의 세기를 예견하여 비밀리에 두 개의 새로운 공동체, 즉 파운데이션 식민지를 은하계의다른 한쪽에 건설한다는 것이다. 그들의 궁극적인 목적은 몰락하는 퇴폐적인 제국을 은하계에서 더 질서 있고 평화롭고 더 개화된 새로운나라로 대체하는 것이다. 아시모프의 3부작은 이들 식민지에서의 전투에 관한 이야기이다. 이와 비슷하게, 부적절한 가치 체계에 기초를둔 환경 윤리는 결국 해결할 수 없는 갈등과 위기 그리고 이에 따른 도덕적 혼란을 초래할 수밖에 없다. 이러한 결과는 결코 피할 수 없다. 지금 문제가 되는 것은 기독교 교육 기관들이 환경 윤리 체계가 무너지는 것을 깨닫고 새로운 기초를 형성할 기회를 가질 것인가 아니면 그대로 내버려 둘 것인가 하는 것이다.

교회는 공동체 구성원들을 잘 가르치고 훈련시켜 청지기 직분을 잘감당할 수 있는 사람들을 배출시켜야 하는 기관이라는 것을 깨달아야만 한다. 교회 외에는 그 일을 감당할 곳이 없다. 우리는 누가 옳고 누가 그른지를 판단만 할 것이 아니라, 진정한 청지기로서 전문적인 기능을 수행하는 성실한 사람을 만들어 내야만 한다. 이를 위하여 교회는 구조적인 악과 싸워 이길 수 있는 사람들을 준비시키기 위해서 그런 사람들을 훈련시키는 일을 공동의 사명으로 삼아야 한다는 것을 깨달아야만 한다. 이를 위해 교회는 특히 다음과 같은 세 가지 일을 해야한다.

첫째, 우리는 하나님의 창조 세계를 위해 청지기 직분을 감당하는것이 바로 선교라는 것과, 그렇게 때문에 교회는 그 일을 돕는 데 주저하지 말고 기쁜 마음으로 후원하고 기도해야 함을 선언해야 한다.

둘째, 우리는 자원 관리 분야에서 전문성을 가지고 일할 수 있는 능력 있는 청지기들을 훈련시키기 위해 그 교육을 담당할 기관(대학)에 위탁시켜 교육해야 한다. 이러한 인식은 기독교 대학과 기관에서 환경 교육 프로그램을 설치하게 만들 것이다. 현재 많은 기독교 대학에서는 전문 생태학자로서의 자질이 부족하고 준비도 안 된 사람들에게 학위를 수여하고 있다. 주립 대학의 대학원에서 부족한 것들을 보충할 수 있을 것으로 생각하기 때문이다. 그러나 기독교 대학은 이러한 안이한 생각 대신 생물학과 생태학 학부 과정을 강화하고, 대학원에 자원 관리학 과정을 개설해야 할 것이다.

기독교 대학을 우수한 성적으로 졸업한 똑똑한 학생들을 주립 대학 대학원 과정으로 진학시키는 현재의 상황은 기독교 교육과 기독 환경 청지기를 양성하는 데 커다란 해를 끼치고 있다. 전체 과학계 내에서 이루어지는 상호 교환과 훈련은 항상 매우 가치 있는 일임에 틀림없지만, 세속적 가치관으로 세뇌시키는 것은 해롭다. 그 결과는 루이스가 '가슴 없는 사람'(men without chest)이라고 불렀던 바로 그런 부류들의 사람을 만들어 낸다.[20] 그런 교육 과정은 이분법적인 두 세계를 믿도록 가르친다. 즉, 가치를 도외시하는 사실 세계(a world of fact)와, 진리나 거짓을 도외시하는 가치의 세계(a world of values)를 나누는 것이다.[21]

사실과 가치의 이분법은 공공 토지의 적절한 사용에 대해 토론할 때 매우 실제적으로 그 실체가 드러난다. 안내 역할을 하는 윤리가 규정되지 않으면, 자원 관리자는 사적인 관점에서 모든 가치 판단을 할 수밖에 없다. 이렇게 되면 자원 관리자는 도덕적 미덕을 자원 관리상의 결정이나 딜레마를 해결하는 데 적용시키는 청지기가 되지 못하며, 그저 다양한 이익 집단들을 달래는 게 유일한 일인 공공 정보의 조작자가 될 뿐이다.

우리의 기술력이 증강할수록, 세속적 교육이 지니고 있는 부적절성도 더욱 심화된다. 지구를 개조하는 뛰어난 기술이 개발되면 될수록, 보호하고 책임지는 기술과 가치관을 가르치는 데 더 많은 훈련이 **요구되어야 한다.** 웬델 베리가 지적했듯이 "문화적 가치 없이 생각하고 행동하는 것, 그리고 항상 맹목적으로 문화적 가치를 금하는 것은 폭력을 낳을 뿐이다."[22]

교회는 청지기들을 훈련시킬 때, 대학이 단순히 학교의 차원에만 머물러서는 안 된다는 것을 깨달아야 한다. 그들은 공동체이다. 그렇기 때문에, 자원 관리에 있어 완전히 새로운 접근법을 도입하기 위해서 교회는 청지기 교육을 받는 사람들을 도와주어야 할 뿐만 아니라, 그럴듯한 조직도 준비해야 한다. 이러한 접근법은 주립 대학이 한 부분을 차지하고 있는 자원 관리 제도에 비추어 보면 비정상적이고 위협적인 것으로 보이게 될 것이다. 그 사고에 타당성이 있느냐 없느냐 하는 것은 그들이 받는 사회적 지지 여부에 달려 있다.[23] 또한 사회학자 피터 버거(Peter Berger)가 정확하게 인식했던 것처럼, 우리의 세계관은 다른 사람들의 영향을 받아 형성된다. 우리의 세계관이 주변 여러 사람들의 계속적인 지지를 받게 된다면, 우리는 그 세계관이 타당성 있다고 여길 것이고 계속 그러한 세계관을 견지하게 될 것이다.

만약 우리가 정말로 출세 지향주의보다 청지기 의식이 더 중요하다고 믿는다면, 또 전혀 새로운 방법으로 자원을 관리할 새로운 사람을 길러내지 않은 채 그저 전문 기술만으로 현재의 환경 윤리 위기를 해결하려는 것이 불가능하다고 믿는다면, 우리는 세속주의가 청지기 교육에는 부적절하다고 간주해야만 한다. 만약 우리가 그렇다고 믿지 않는다면, 환경 윤리와 정책에 관한 교회의 역할에 대해 토론하는 것은 무의미하다.

비록 기독교 대학이 대학원에서 환경 과학을 가르치지 못하게 된 것이 부분적으로는 재원 부족 때문이라고 할지라도, 대학과 그들의 후원자들이 대학원 과정을 시작하는 데 필요한 재원을 찾지 못한 것은 일차적으로 확실한 비전이 없기 때문이다. 우리는 더 이상 이 일을 미룰 수 없다. 기독교 교육 단체가 환경 윤리와 관리의 새로운 기초를 놓기 원한다면, 자원 과학을 전문 대학원 수준으로 가르쳐야만 한다.

만약 기독교 대학이 도덕적 신념과 결부된 실제적인 지식과 기술 그리고 전문 자격증을 가진 사람들을 길러내지 못한다면, 기독교 단체가 환경 위기의 결과에 영향을 미칠 수 있다는 희망을 더 이상 가질 수 없다. 이제까지 기독교 단체가 공공 환경 정책에 큰 영향을 끼치지 못했던 이유 중의 하나는, 지금까지의 기독교 교육 체계가 공공 정책 수립자들을 길러내는 데 필요한 대학원 과정을 개설하지 않았기 때문이다.

셋째로, 교회와 교회에 다니는 학자들은 일반 대학에서 대학원을 다니고 있는 그리스도인들을 적극적으로 그리고 신실하게 지원해야 한다. 이미 여러 분야에서 활동하고 있는 기성 그리스도인 학자들은, 성경적 관점을 가지고 자신을 훈련시키고 하나님께 자신의 학문을 바치기 위해 대학원에 가려는 사람들을 학문 연구, 교제, 관련된 주제에 관한 학술 회의, 수업 그리고 성경 공부와 개인적인 격려를 통해 도울 수 있을 것이다.

교회와 사회: 정치 참여와 환경 윤리

20세기 후반기의 복음주의 학자 중 한 사람인 론 사이더는 「가난한 시대를 사는 부유한 그리스도인」(Rich Christians in an Age of Hunger, 한국 IVP 역간)에서, 교회가 이 사회의 구조적인 악에 대항하기 위해서는 협력하여 정치에 참여해야 한다고 주장했다.[20] 사이더의 저서는 다음과 같은 중요한 원리를 잘 설명하고 있다. 유능한 청지기를 배출하기 위하여, 교회는 공개적으로 그리고 협력하여 환경의 청지기에 대한 성경적 윤리가 무엇인지를 선언해서, 이 사회가 환경에 관한 가치와 해결책에 관해 논할 때 성경적 환경 윤리가 언급되도록 만들어야 한다. 이것이 성경에 입각한 진리를 선포하고 악에 대한 심판을 가능하게 하는 교회의 선지자적 역할이다.

국가 환경 정책법(National Environmental Policy Act, NEPA)과 같은, 미국 여러 연방 정부의 환경법은 연방 기구들이 대중에게 환경에 대해 설명하고 논평할 것을 요구한다. 사람들의 관심을 끌기 위해서는 이러한 설명과 논평이 사려 깊고 지적이어야 하지만, 실제 그러한 논평들은 대개 환경의 가치와 윤리에 관한 아주 기본적인 질문에 관해서만 언급할 뿐이다. 예를 들어, 미국 원주민 단체 내의 특정 토지 사용 계획과 관리 실행에 관한 국가의 정책이 실행되는 과정에서, 정부는 그 종족의 종교적 신앙과 전통이 유지될 수 있도록 산림청과 같은 기구에 특별히 그 점을 참조하라고 권고하기도 한다. 산림청은 그러한 의견이 설득력이 있다면 이를 받아들여 법 집행 방향이나 정책을 수정하게 될 것이다.

개개의 교회나 교파가 미국의 천연 자원 관리와 정책에 큰 영향을 미칠 수 있는 성경적 개념에 입각한 청지기론을 내놓기 위해서는 일반인들과 행정 당국이 이에 동의해야 하는데, 어떤 이들은 오늘날의 교회가 앞에서 언급한 원주민 단체들보다도 덜 진지하게 자신의 종교적 신앙을 받아들인다는 느낌을 받을 수도 있다.

아마 교회가 이렇게 소극적으로 자신의 신앙을 드러내지 않는 이유는 9장에서 지적했던 것처럼 우리가 교회의 구성원으로서 기독교 신앙이 개인의 마음은 사로잡을 수 있을지는 모르나 사회적으로 그 신앙을 결부시키기는 어렵다는, 비평가의 주장을 결국 받아들이기 때문일 것이다. 만일 미국의 천연 자원 관리에 개혁이 일어날 수 있는 희망을 우리가 가지고 있다면, 교회는 신앙이 너무 개인화 되는 것을 막아야 하며, 자기 반성에만 치중하는 경건주의를 배격해야 한다. 물론 신앙은 항상 전적으로 개인적인 것이긴 하지만, 단순히 개인적인 차원으로만 머물러 있게 하여서도 안 된다. 리처드 존 뉴하우스(Richard John Neuhaus)가 「텅빈 공적 담론」(*The Naked Public Square*)이라는 책에서 말한 것처럼, 공공 정책에 관한 공적인 토론 광장에서 기독교적 의미와 목적이 무한정 배제될 수는 없다. 기독교가 단순한 사회적 실용주의를 넘어서는 자신만의 목소리를 내지 않는다면 결국 제대로 역할을 수행할 수 없으며, 종교의 틀만 남고 비기독교적인 다른 것들로부터 영향을 받게 될 것이다.[25] 그렇게 되면, 예수님이 말씀하신 것처럼, 처음보다 나중이 더 나쁘게 될 것이다.

자원 관리에 관한 논쟁의 일부로서 성경적 개념을 공개적으로 소개할 때, 교회는 또한 자원 관리에서의 윤리와 자원 관리자들의 윤리에 대해 확실한 기준을 내놓아야만 한다. 그렇게 기준을 제시하게 되면 즉각적으로 개선의 필요성이 드러날 것이다. 교회는 "근래 이 문제에 관해 교회가 한 일이 무엇이냐?"라는 질문이나 교회가 환경 문제와 그 밖의 문제에서 완벽한 도덕적, 전문적 자격을 갖고 있지 않다고 지적하는 비평 때문에 걱정할 필요는 없다. 이에 대해 로이 엔퀴스트(Roy Enquist)는 그의 글에서 다음과 같이 멋지게 대답했다. "완벽주의가 사회의 가르침에 있어서 좋지 못한 영향을 주는 것처럼, 다른 어떤 교회 활동에서도 완벽주의는 바람직하지 않다. 교회 공동체의 사람들을 의심하게 만드는 것은 어떤 일을 완벽하게 해 내지 못하는 무능력이 아니라, 도덕적 상실의 시대에 사는 우리가 명확하게 주님의 말씀을 선포하는 데 주저하는 것이다."[26]

교회의 여러 증거와 관련된 모든 것을 종합해 보면, 개혁에 대한 필요성이 점차적으로 드러나고 있기 때문에, 교회는 각 기관과 개인이 나아가야 할 개혁의 방향이 어떤 것이어야 하는지, 그리고 그러한 개혁을 성취하기 위해서는 어떻게 해야 하는지를 제시해야 한다. 이러한 개혁은 단순히 교파적으로 목표를 정해 밀어붙이거나, 성명서를 작성하거나, 그 밖의 것들을 계속 한다고 해서 이루어지는 것이 아니다. 효과적인 예언적 증인이 되기 위해서 교회의 각 기관과 신자들은 성경적 관점에 입각하여 자원 관리 활동에 참여해야 한다. 즉, 모든 대중 토론회 등에서 좀더 나은 자원 관리 정책을 지속적으로 제시하고 발표해야 한다. 이러한 문맥에서 보면, 그리스도인들이 기독 환경 연합(Christian Environmental Association)이나 녹십자 협회와 같은 기독 환경 단체를 만들고 초교파적으로 연합하여 조직적으로 활동하는 것은 바람직하다. 이렇게 말한다고 하여 그리스도인들이 반드시 기독교가 아닌 다른 환경 단체에 가입하여 활동하지 말아야 한다는 뜻은 아니다. 그렇지만 우리가 깨달아야 하는 것은 그러한 단체들은 심오한 수준으로 윤리의 논점들을 언급하지 않으며, 할 수도 없으며, 또한 그러한 수준으로 개혁의 기초를 제공할 수 없다는 것이다.

사회에 성경적인 윤리를 제공하기 위해서든 자원 관리의 개혁을 이루기 위해서든, 교회가 이를 전략적으로 잘 수행하기 위해서는 값비싼 희생을 감수할 용의와 헌신이 요구된다. 무엇보다도 피조물들을 돌보는 것에 관한 인식이 필요하다. 이 일을 수행하기 위해서는 이 일에 냉소적이고 적대적인 청중들과도 관계를 맺지 않을 수 없다. 이 일에 참여하는 사람들은 많은 시간과 돈을 투자해야 한다. 이렇게 하지 않는다면, 조지 맥도널드가 지적한 대로 그러한 전략은 이전의 것들과 별반 다를 것이 없는 것이 되고 만다. 시간과 물질을 투자하지 않고서는 그러한 환경 윤리가 지속될 수도 없고 중요한 환경 개혁을 이룰 수도 없다.

선포하는 증인

하나님을 창조주로 아는 것은 그리스도인의 삶에서 부수적인 것이 아니라 하나님의 성품과 인격을 드러내는 필수적인 것이다. 왜냐하면 그것은 하나님이 우리에게 자신을 계시하신 아주 중요한 부분인 것처럼, 마찬가지로 인간을 드러내는 중요한 부분이기도 하다. 오스 기니스(Os Guinness)는 「무덤 파기 작전」(The Gravedigger File, 낮은울타리)이라는 책에서 그것을 믿을 만한 것으로 만드는 기독교적 증거 두 가지를 다음과 같이 묘사했다. 하나는 그리스도인들이 무엇을 믿으며, 왜 그것을 믿는지를 설명하고 옹호해 주는 '신뢰성'이다. 또 다른 하나는 그리스도인들이 개인적으로나 함께 살아가는 모습을 통해 그러한 믿음이 진실인 것 '처럼' 보이게 하는 '그럴듯함'이다.[27] 우리가 정성 들여 준비하고 열심히 연구하면 우리가 하는 말이 사실처럼 **들리게** 만들 수 있다. 그러나 우리 삶 속에서 어떤 개인적인 성품들이 우리의 삶을 진실하게 **보이게** 할까?

청지기로서 그리스도의 증인임을 보이려면 우리의 삶 속에 다음과 같은 필수적인 자질이 나타나야만 한다. 첫째, 우리는 하나님의 창조의 작품에서 진정한 기쁨을 발견하고 표현할 수 있어야 한다. 이것은 우리가 어디에서 살든지 간에 그것들을 찾고, 보러 가고, 귀히 여기고, 감상해야 한다는 것을 의미한다. 평생을 우리가 만들어 낸 환경 속에서만 살아가야 할 필요는 없다. 디즈니 월드 같은 놀이 공원이 훌륭한 인간의 업적이기는 하지만, 그런 것들은 하나님이 이 창조 세계에 행하신 일을 무색하게 만들어 버린다. 슬프게도, 우리는 하나님이 창조하신 세계보다 인간이 만든 놀이 공원을 더 자주 찾는다.

둘째, 우리는 매일 우리가 자연 자원을 사용하는 방식에서 조심스럽고 겸손해야만 한다. 비록 우리의 친구나 광고주들이 우리를 그러한 방향으로 몰아가더라도, 우리 그리스도인들은 점점 더 많은 것을 얻기 원하며, 더 많은 자원을 사용하는 지각없는 소비주의를 단호히 거절해야만 한다. 대신 우리는 살아가는 데 꼭 필요한 음식, 옷, 휴식처, 교통수단 등을 세심하고 효율적으로 충족시켜 주고, 우리가 사용한 것들을 가능한 한 많이 재사용하고 재생시켜야 한다. 우리는 집 내부와 주변에 여러 가지 아름다운 생물들을 키워서, 우리가 살고 있는 곳이 아름다워지도록 할 수 있는 한 최선을 다해야 한다. 또한 우리 집이 주변의 하나님의 창조 세계의 특성과 잘 어울리도록 만들어야 한다. 우리는 이런 것들을 개인적으로 실행할 뿐만 아니라, 교회와 모든 기독교 기관에서 여러 사람들과 함께 실행하여, 여러 단체들과 지역 사람들이 우리가 하나님의 창조 세계에 관해 말한 것들이 정말 그렇다고 생각하게끔 만들어야 한다.

셋째, 우리는 하나님의 창조 세계에 대해서 또한 그것들을 돌볼 책임에 대해서 정확하게 언급할 수 있어야 한다. 우리는 뭐라고 말할 것인가? 그것이 바로 이 책에서 답하려고 애쓰는 질문인데, 다음의 네 가지에 대해 증인이 되어야 한다. (1) 하나님은 창조주이시며 인간을 포함한 우주는 그분의 피조물이다 (2) 우리는 영적으로나 물질적으로나 어느 면에서든지 창조 세계와 연결되어 있으므로 이러한 연계성을 진지하게 받아들여 생각하고 행동해야 한다 (3) 우리는 하나님의 형상대로 만들어졌다는 점과 그 피조물들을 다스리고 정복한다는 점에서 다른 피조물들과 다르다. 우리가 예수님의 가르침(마 20:25-28)과 비유(요 13:1-15)를 따르면, 우리는 다른 피조물들을 섬기고, 그들의 필요를 먼저 고려하며, 지구를 경작하고 보전함으로써(창 2:15) 주어지는 우리의 권위를 이해하게 된다 (4) 우리는 하나님이 우리의 (죄로부터) 구원자라는 것과 인간을 포함한 창조 세계의 구속이 그리스도 안에서 성취되었음을 선포한다(롬 8:19-22). 피조물의 복지를 위한 인간의 행동은 하나님의 구속 사역과는 다르다. 그러나 그러한 행동이 하나님께 대한 순종으로, 그리고 그분의 구속의 목적 안에서 행해질 때 영속적인 효과와 가치를 갖는다.

우리는 개인의 삶에서(일상적 대화에서), 교회에서(강단과 주일학교에서) 그리고 그 밖의 기독교 단체에서(단체 선언문, 정책, 실행으로) 이러한 것들에 대해 말해야 한다. 우리가 이런 일들을 시작할 때, 우리는 다른 이들에게 하나님이 어떤 분이며, 그분이 무엇을 행하셨는지를 명확하게 표현할 수 있을 것이다.

우리의 대응: 최종 분석

고(故) 프란시스 쉐퍼 박사는 「공해」(*Pollution and the Death of Man*, 두란노)라는 책에서 "세터데이 리뷰"(*Saturday Review*)에 실린 "왜 자연을 걱정하는가?"라는 중요한 글에 내포된 함의를 논의한 바 있다. 작가이며 사회학자인 리처드 멘즈(Richard Means)는 오늘날 당면한 생태 위기는 실제 도덕적 위기로 인해 야기된 것이며, 그 해결책은 범신론에서 찾을 수 있다고 제안했다. 멘즈는 또 "그러면 도덕적 위기란 무엇인가? 나의 생각으로는 그것은 실용주의의 문제다"라고 말했다.[28]

이에 대해 쉐퍼는 "여기 주목할 만한 구절이 있다. 도덕이 실용주의에 녹아 들어갔다. 처음에 인간은 도덕적 위기로 시작하였으나, 어느 날 남겨진 것은 실용주의적인 문제뿐이다"라고 말했다.[29] 쉐퍼는 계속해서 다음과 같이 말했다.

우리가 자연을 잘 다루어야 하는 유일한 이유는 그것이 우리와, 우리 아이들과, 다음 세대에 영향을 미치기 때문이다. 그래서 실제 멘즈가 오늘날의 도덕적 위기는 실용주의 때문이라고 지적했음에도 불구하고, 인간은 여전히 자연을 인간의 이기적인 관점으로만 바라본다. 자연을 그 자체로 보는 어떠한 도덕적·논리적 이유도 주어지지 않았다. 우리는 완전히 실용주의적인 문제에만 매달린다.[30]

쉐퍼는 그러한 사고가 야기한 결과를 다음과 같이 잘 요약했다.

"여기서 꼭 알아야만 할 것은 사회학적 종교(sociological religion)와 사회학적 과학(sociological science)이란 용어다.…아무도 종교로서의 종교를 가지는 것이 아니며, 과학으로서의 과학을 가지는 것도 아니다. 사람이 가지고 있는 종교와 과학은 사회의 목적을 위해 이용되고 교묘하게 조작된다."[31]

우리는 칼 세이건의 글을 처음에 소개하면서 이 장을 시작했다. 그는 지구를 보호하고 소중히 여기기 위해서는 과학과 종교가 서로 힘을 합쳐야만 한다고 주장했다.[32] 이제 기독 환경 윤리의 핵심이 무엇인지를 살펴보면서 이 문제에 대해 다시 다루려고 한다. 환경을 보호하기 위해 과학과 종교가 힘을 합쳐야 한다고 한 세이건의 주장은 칭찬받을 만하다. 그는 종교가 가지는 현재성과 역사성의 실재와 그것이 우리 삶의 신앙에 미치는 영향을 잘 인식하고 있었다. 이러한 생각은 다른 많은 과학 저술에서 나타나는 생각과는 아주 다르다. 과학자들은 종교가 과학에 영향을 조금이라도 미친다면, 언젠가 그런 것들이 사라지기를 바라는 희망을 늘 피력해 왔다. 환경 문제를 해결하기 위해서는 과학과 기술만으로 불충분하다는 것을 미약하나마 인정하고, 종교에 호소한 세이건의 생각은 칭찬받을 만한 것이다. 이러한 생각은 과학계의 대변인격인 세이건에 의해 지적되었기에 더 주목받게 되었다. 마지막으로, 세이건의 호소는 겸손한 체한다거나 무례하다거나 피상적이지 않고, 품위 있고 예의 바르고 성실한 방식으로 표현되었다는 점에서 칭찬받을 만하다. 그의 호소는 과학과 종교 간에 상호 교류가 있어야 한다는 것과, 서로를 더 깊게 이해하여야 한다는 것을 인정하고 있다.

칼 세이건의 호소에 긍정적인 측면이 있음을 인정하면서도, 동시에 우리는 그의 글에 결점도 있음을 간과해서는 안 된다. 이것은 우리가 성미가 까다롭거나 논쟁을 좋아하기 때문이 아니라, 이것을 깨달음으로 해서 무엇이 진정한 환경 윤리인지 또 무엇이 아닌지를 더욱 확실하게 이해할 수 있기 때문이다.

세이건은 "종교적인 가르침, 본보기, 지도력 등은 개인의 행위와 헌신하는 정도에 큰 영향을 미친다"는 것을 인정했다.[33] 이것은 의심할 여지가 없는 사실이다. 그러나 일반적으로 종교, 특히 기독교 신앙은 단순한 가르침이나 본보기, 지도력, 그리고 행동에 변화를 주는 장치 이상의 의미를 가진다. 살아 있는 믿음은 하나님의 창조 세계에 대해 올바른 행위를 하게 하고, 삶의 자세를 더욱 고결하게 만든다. 그러나 그 믿음을 가치 있게 만드는 것은 행위가 아니다. 믿음은 행위에 영향을 주기 때문에 가치 있는 것이 아니라, 하나님의 본성과 실재에 대한 통찰력을 주기 때문에 가치 있는 것이다. 다시 말하면, 믿음은 참되기 때문에, 착한 (혹은 나쁜) 사람들을 새로운 피조물로 변화시킬 힘을 갖고 있기 때문에, 그리고 우주를 주관하시는 하나님과 올바른 관계를 맺게 하기 때문에 가치 있는 것이다. 성경은 "우리가 그를 힘입어 살며 기동하며 있느니라"(행 17:28)고 말하고 있다.

물론 우리는 약물이나 선전을 통해 그러한 바람직한 행위들을 하게 만들거나, 아니면 적어도 행동을 지배할 수도 있다. 조지 오웰(George Orwell)의 작품 「1994년」에서 주인공 윈스턴(Winston)*이 당한 일이 바로 그와 같다. 그러나 오웰식의 독재 국가는 대부분의 사람들이 이상적 사회를 상상할 때 마음속에 그리는 그런 사회는 아니다. 왜냐하면 잘못된 동기를 가지고 옳은 일을 하게 하는 사상은 없기 때문이다.

그리스도인으로서, 우리는 믿음이 참된 진리이며, 그 진리가 인간 행동뿐만 아니라, 과학 자체에도 영향을 미친다는 것을 보여 줄 과학 단체가 필요하다. 우리는 바울이 골로새서 1:16에서 말하고자 한 바를 먼저 이해해야만 하며, 또한 칼 세이건을 포함한 다른 사람들에게 그것이 의미하는 바를 분명히 설명할 수 있어야 한다. "만물이 그에게 창조되되 하늘과 땅에서 보이는 것들과 보이지 않는 것들과 혹은 보좌들이나 주관들이나 정사들이나 권세들이나 만물이 다 그로 말미암고 그를 위하여 창조되었고"(골 1:16). 우주는 모든 것이 과거의 모습 그대로 존재하지는 않으며, 현재도 그렇고 미래도 그럴 것이다. 그리스도는 우주를 만드신 창조주일 뿐만 아니라 그것의 완성자이시다. 또 우주 존재의 시작이며 그것이 향해 가는 목적지이다. 우리는 모든 과학

* 완벽한 당(黨)이 지배하는 가상적 미래 사회의 소시민. 말살된 개인의 자유를 찾아 몸부림치다가 사상 경찰의 교묘한 조종에 의해 의식 구조의 재구성을 당한다—역주.

자가 이것을 믿는다고 주장할 수는 없으나, 믿음이 좋은 원인(原因)으로 작용하여 올바른 행동을 낳게 하는 단순한 수단이 아니라, 실제적인 것임을 밝혀야 한다.

우리가 여기서 실패한다면, 개릿 하딘과 같은 환경 철학자들이 제안했던 '생태학적 종교'(ecological religion)의 부류를 크게 벗어나지 못할 것이다. 하딘은 우리 인간이 더 이상 하나님(하딘은 God 대신 'Providence' 란 단어를 사용함)에게 의존하지 않는 '성숙한' 피조물로 **다시 빚어져야 한다**고 주장했다. 이것은 생태학이 종교로 받아들여질 때만 가능하며, 다음 두 가지 주된 교리가 따라붙는다. (1) 모든 것이 가능한 것은 아니다. (2) 세계는 유한하기 때문에 수요가 제한되어야 한다.[34]

우리 생태계의 위기는 단순히 '창조 세계에 대한 죄' 이상의 것이다. 실제로, 창조주를 언급하지 않고 창조 세계에 관해 말하는 것은 의미가 없으며, 세이건이 말했던 죄는 근본적으로 하나님을 거스르는 죄이다. 종교가 '개인의 행위와 헌신'에 영향을 줄 수 있는 유일한 방법은, 그들의 심판자이자 마지막 날에 그 죄값을 치르게 하실 창조주 하나님의 실재를 개개인에게 확신시키는 것이다. 창조주이신 하나님 없이 창조 세계가 존재할 수 없으며, 거룩하신 하나님 없이는 죄악도 있을 수 없다.

마지막으로 우리는 무엇이 신성하며, 무엇이 그렇지 않은지를 이해해야만 한다. 만일 세이건이 우리가 지구는 신성한 것이라고 다른 사람들에게 가르치기를 희망했다면, 그리스도인들의 증인들에 대해 실망할 것이다. 우리가 그렇게 가르칠 수 없는 것은 신성이라는 말은 오직 하나님께만 부여된 말이기 때문이다. 모세가 서 있던 땅이 거룩했던 것은, 그 땅이 원래부터 신성했기 때문이 아니라, 그 땅의 불타는 덤불 속에 하나님이 임재하셨기 때문이다. 우리가 이 지구를 포함한 모든 창조 세계를 잘 보살펴야 하는 이유는 그것들이 신성하거나 경배받아야 할 대상이기 때문이 아니라, 하나님이 그것을 만드셨고 또 보시

기에 좋았다고 말씀하셨기 때문이다(창 1장). 피조물의 선함은 인간의
유용성과는 상관없다.[35] 마찬가지로, 우리가 창조 세계를 귀히 여기는
것은 하나님이 그 안에서 즐거움을 누리셨고, 그것들을 귀하게 대하는
것이 하나님께 영광을 돌리는 행위이기 때문이다. 또한 우리는 하나님
의 창조 세계를 존중하고 사랑한다. 왜냐하면 하나님이 그것들을 구속
하시기로 작정하셨기 때문이다. 그리고 우리 역시 피조물이므로 그들
과 함께 구속받을 것이다.

　우상을 세움으로써 개인의 행위와 헌신에 영향을 주는 것이 때때로
가능하기는 하지만, 결코 현명한 일은 아니다. 그리스도인은 지구의 어
떤 피조물이라도 그 형상을 조각하여 '신성한' 것으로 간주하여 다른
사람들이 그 앞에 절하거나 그것을 숭배하게 해서는 안 된다. 이것은
사악하고 그릇된 것이다. 그리스도인은 홀로 거룩하신 하나님께만 경
배해야 한다. 우리는 하나님께 순종함으로써 그분이 귀히 여기시는 것
인 동시에 우리도 그 일부인 창조 세계를 사랑하는 법을 배울 수 있다.

　이러한 것들은 이견의 여지가 있을 수 없다. 어떤 경우든, 그 누구도
칼 세이건이 주창했던 공동 헌신(a joint commitment)이 의미하는 바
를 단 한 글자로 설명할 수는 없다. 그러나 그러한 것들이 기독 환경 윤
리에서 중심적인 것일 뿐만 아니라 그리스도인의 삶에서 중요하기 때
문에 언젠가는 언급되어져야만 한다. 이것은 기독교가 무엇인지에 대
한 완전한 답을 얻기 위해 필요하며, 만약 진리가 알려지게 되면, 그것
은 과학이 어떤 것인지에 대해 완전한 답을 하는 데에도 필요하게 된다.
우리는 과학으로서의 과학도 없고, 종교로서의 종교도 없으며, 단지 미
리 정해진 사회적 목적을 위해 인간을 조종하는 데 사용되는 과학과 종
교만이 있을 뿐이라고 말했던 리처드 멘즈의 범신론적 해결책에 대해
프란시스 쉐퍼가 정확하게 인지했던 '사회학적 과학'(sociological
sciences)의 덫에서 탈출해야만 한다.

　칼 세이건이 그러한 조종을 의도했던 것은 아닐 것이다. 우리는 그

렇지 않다고 믿는다. 우리는 다른 사람들이 깨달을 수 있도록 주의를 주듯이, 그에게 주의를 환기시키는 것뿐이다. 평범한 그리스도인이든 위대한 과학자든, 이와 같은 함정에 빠지면 그들의 희생은 결코 부분적인 것으로 끝나지 않는다. 양쪽 모두에게, 기독교 신앙은 다른 점을 강조한다. 그것은 하나님이 그분에 관해, 우리에 관해 그리고 그분의 창조 세계에 관해 말씀하신 것들을 진지하게 받아들이라는 것이다. 만약 진정한 '환경법'이 있다면, 그것은 결코 힘으로만 유지되는 그런 규칙은 아닐 것이다. 진정한 환경법[더 나은 표현으로 '**창조 세계에 관한 법**'(creation law)]의 권위는 강제적이지 않고 도덕적이어야 한다. 또 단지 범죄를 처벌하는 것이 아니라, 마음을 움직이는 것이어야 한다. 그리고 그 환경법이 갖게 될 궁극적인 권위는 야만적인 힘에 의해서가 아니라, 진정한 의를 반영함으로써 주어져야 한다. 우리는 이 권위가 하나님의 말씀과 그 아들 예수 그리스도의 부활에 근거를 두고 있다고 믿는다. 이것이 우리의 유일한 소망이다.

자라나기 시작하는 겨자씨

맥스 윌슐래거(Max Oelschlaeger)는 우리에게 친숙한 이름은 아니지만, 환경 윤리 분야에서는 매우 잘 알려져 있으며, 존경받고 또 많은 책을 출판한 학자 중 하나다. 여러 해 동안 윌슐래거는 린 화이트 2세를 비롯한 다른 사람들처럼 유대-기독교 윤리가 인간이 피조물을 남용하게 한 원인이며, 성경의 가르침이 환경 위기의 근원이라는 입장을 취했었다.

1994년 예일대학 출판사에서는 윌슐래거의 「피조물의 관리」(*Caring for Creation*)라는 책을 출판하였다. 이 책은 다음과 같은 멋진 고백으로 시작한다.

나는 성인 시절 대부분 동안, 많은 환경주의자가 그랬던 것처럼 생태 위기의 근본 원인이 종교라고 믿었다. 그리고 나는 여러 전문가들이 환경 문제에 대한 해결책을 갖고 있다고 생각했다. 나는 정말 그럴 거라고 믿었다.…나는 종교에 대한 내 편견의 뿌리를 발견하고는…그러한 믿음을 조금씩 잃어 갔다. 그러한 선입관은 환경 위기에 대해 유대-기독교를 비난하는 린 화이트의 유명한 글을 읽고부터 생겨났었다.[36]

지구의 주요 환경 위기들을 검토하고, 그리고 그것을 해결하고자 한 과거와 현재의 환경 윤리와 윤리학자들의 실패에 대해 연구한 후, 윌슐레거는 다음과 같은 놀랄 만한 진술을 했다. "사실 교회는 마지막이자 최고의 기회일지도 모른다. 나는 **종교적 이야기는 별 문제로 제쳐두고, 적어도 민주주의 사회 내에서는 생태 위기의 조직적 원인에 대한 해결책은 없다고 생각한다.**"[37]

이것은 종이 위에 쓰인 그저 하나의 글이지만, 사실은 한 인간의 삶, 즉 그의 세계관이 바뀌었다는 것을 보여 주고 있다. 그의 사고의 기초가 흔들린 것이다.

그러나 윌슐레거만 사고의 틀이 바뀐 것은 아니다. 오랜 동안 유대-기독교 윤리의 비판자였던 철학자이자 환경 윤리학자인 캘리코트(J. Baird Callicott)는 최근에 종교와 생태적 위기에 관한 책에서 다음과 이 말했다. "이제 청지기론의 유대-기독교적 윤리가 식자(識者)들의 존경을 받을 만한 때가 되었다."[38] 또한 1994년에 게리 머피(Gary K. Meffe)와 로날드 캐롤(C. Ronald Carroll)에 의해 편찬된 보존 생물학(Conservation Biology) 교과서에는 보존의 가치관과 윤리에 관한 캘리코트의 글이 실렸다. 캘리코트는 자신이 쓴 "유대-기독교의 청지기적 보존 윤리"(The Judeo-Christian Stewardship Conservation Ethic)라는 장에서 지면의 대부분을 청지기론의 성경적 기원과 이 청지기론이 현대 보존 생물학에 어떻게 적용될 수 있는지 설명하는 데 할애했다. 캘리코트는 다음과 같이 썼다. "유대-기독교적 청지기론의 환경 윤리는 특히 훌륭하고 강력하다. 그것은 또한 보존 생물학의 윤리적 요구와 절묘하게 잘 어울린다. 유대-기독교적 청지기론의 환경 윤리는 매우 분명하고 가장 명백한 방법(즉, 신의 명령)으로 자연에 대한 객관적 가치를 제공한다."[39]

이것은 새로운 사고가 아니다. 아주 최근의 짧은 기간을 제외하고, 그러한 사고들은 인간의 학문이 발달하면서 지식과 전통을 형성하는 동안 일시적으로 잠시 잊혀졌을 뿐이다. 30년 이상 세속주의가 서구의 문화와 교육을 지배하여 모든 것을 뒤죽박죽으로 만들어 놓았다. 근본적으로 세속주의는 반역사적이며 반전통적이기 때문에, 창조 세계를 돌보는 인간의 청지기적 사명에 대한 유대-기독교의 가르침의 값진 유산을 잊어버렸거나 무시했던 것이다. 또한 성경의 계시뿐만 아니라 계시에 의해 알려지고 형성된 서구의 과학과 윤리에 대한 값진 전통도 무시했다.

도널드 워스터(Donald Worster)는 「자연 경제: 생태 사상의 역사」 (Nature's Economy: A History of Ecological Ideas)에서, 과학적 명명법의 시조인 캐로루스 린네(Carolus Linnaeus)의 자연 경제에 관한 견해를 요약했다. 그는 린네의 「자연 경제」(The Oeconomy of Nature)라는 책에서 다음의 글을 인용했다. "우리는 창조주가 자연 만물 공통의 목적이 달성될 수 있도록 조정하고 서로에게 유익이 되도록 모든 것을 완벽하게 배열하였음을 이해하게 된다." 린네는 하나님이 설계하신 모든 피조물이 "서로 밀접하게 연관되어 있고, 함께 연결되어 있으며, 모두가 똑같은 목적을 향해 가며, 이 목적을 향해 나아가는 중간에 나타나는 수많은 중간 목적들은 보조적인 것이다"라고 믿었다. 그러므로 자연에서 이들 공통의 목적과 가장 중요한 작인(作因)을 찾아보려는 시도는 자연사 연구에 대한 '생태학적'(원래는 경제학적) 접근 방법을 낳게 한 주요한 동기가 되었다.[40]

이 책의 공동 저자인 우리는 윤리의 근원과 과학 연구의 완전성의 뿌리를 재발견하고 재각성하는 것이 필요하다는 것을 믿고 있다. 그릇 된 것은 영원히 승리할 수 없다. 언젠가 새벽은 밝아오기 마련이다.

역설적이게도, 그리스도인들조차도 '경제적인' 이유를 들어, 창조 세계를 보호해야 한다는 성경 말씀을 선포하는 다른 그리스도인을 비난하기도 한다.[41] 오늘날의 세계 '경제'는 인간이 만들어 낸 유물이며, 모든 것을 지적으로 생각하지 않고, '경제학적인 관점'으로만 판단하는 인간 중심적 가치 체계를 가지고 있다. 이것은 린네가 말했던 경제 (oeconomy)와는 거리가 멀다. 린네가 말한 경제는 하나님에 의해 고안되었고, 그것에 관심이 있는 사람들에게 하나님의 속성과 의향을 드러내는 하나님으로부터 나온 경제다. 오늘날의 경제 체계는—심지어 목회자들도 이것을 신봉하고 있다—성경이 말하는 기독 학문의 역사적 전통을 무시하고 철저하게 세속적인 방식을 따른다. 이와는 대조적으로, 좀 더 오래된 견해들은 만물이 서로 연관[connectedness, 혹은 더나은 말로 '경제'(economy)]되어 있다고 보는 학문 전통을 형성시켰다. 이것은 린네의 글에서뿐만 아니라 존 레이(John Ray)의 「창조의 작품 속에 나타난 하나님의 지혜」(*The Wisdom of God Manifested in the Works of Creation*, 1691), 윌리엄 더럼(William Derham)의 「물리-신학」(*Physico-theology*, 1713), 윌리엄 페일리(William Paley)의 「자연 신학」(*Natural Theology*, 1802) 그리고 브리지워터 논문집(Bridgewater Treatises, 1833-1836)과 같은 유명한 작품 속에서도 발견된다. 생태학에 관한 글을 쓴 존 웨슬리(John Wesley)의 말을 인용하면, "창조주의 계획과 의지는 세상의 일반 경제에 대한 유일한 자연적 작인(physical cause)이다."[42]

그러나 인간의 생각이 어떠하든지 간에, 하나님의 말씀은 어느 한 순간도 방해받을 수 없다. 어둠이 아무리 막강한 자금력과 출판물을 동원한다 하더라도 하나님의 말씀의 빛을 잠식하지 못할 것이다. 새날이 다가오고 있으며, 새날은 새로운 전망을 드러낼 것이다. 기독교적 사고와 방법이 신학 잡지뿐만 아니라, 일반 공개 토론회 등에서도 우수한 도덕적 기준으로 다시 판명될 것이다. 기독 환경 청지기론에 관한 성경적 원리는 사고와 원리뿐만 아니라, 토지 정책과 자원 관리에서도 다시 한 번 구체화되어져야 할 것이다. 이는 그리스도인 학자와 과학자들이 자원 관리 및 정책 수립을 담당할 다음 세대를 양성하기 위해 기독교 대학에서 대학원생 훈련 프로그램을 개설하는 것으로 구체화되어야 한다. 이 대학원에서는 마지못해 일하는 출세주의자가 아니라 성경적 지식으로 무장한, 도덕적 책임감을 지닌, 열정적으로 헌신하는, 그리고 희생적인 청지기가 될 그런 사람을 길러내야 할 것이다. 미래에는 이들이 하나님의 창조 세계에 관한 윤리, 정책, 관리를 담당하게 될 것이다. 그러한 새 세상이 빨리 오기를 바란다.

토론 문제

1. 이 책을 읽고 당신은 기독 환경 윤리에 대해 어떻게 생각하게 되었는가? 주변 사람들이 기독 환경 윤리를 받아들이게 하기 위해서 당신은 어떤 노력을 해야 하겠는가?

2. 출세주의자와 참된 청지기는 어떻게 구별되는가? 교회는 참된 청지기를 훈련시키기 위해 어떤 역할을 할 수 있는가?

3. 교회가 환경 문제에 관심을 갖는 것은 왜 중요한가? 또 교회가 환경 문제에 관심을 표명할 때 어떤 방법으로 하는 것이 가장 좋은가?

4. 이 책에 언급된 사고(思考), 실례, 혹은 식견 중 당신에게 가장 중요하게 여겨진 것은 무엇인가? 왜 그것이 당신에게 중요하게 생각되는가?

역자 후기

이 책은 현재 미국 대학에서 생태 및 환경 관련 과목을 강의하고 있는 4명의 교수들에 의해 쓰여졌다. 보통 여러 저자들이 함께 책을 쓰다 보면 주제가 모호해지거나 일관성이 부족해지기 쉽지만, 이 책에서는 그러한 결점을 찾아보기 힘들다. 이는 저자들이 모두 신실한 그리스도인들로, 자연을 바라보는 그들의 초점이 성경에 맞추어져 있기 때문이다.

저자들은 인구의 폭발적인 증가, 광범위한 열대 우림의 파괴, 생물 서식지의 파괴, 생물의 멸종, 오존층의 파괴, 그리고 지구의 온난화 현상 등을 다가올 밀레니엄 시대에 우리 인류의 미래를 가장 위협하는 요인으로 꼽았다.

오늘날 하나님의 축복 속에 창조된 자연이 파괴되고 동식물들이 멸종 위기에 직면하게 된 데는, 그 동안 교회가 너무 영적인 문제만을 강조하고, 동식물을 포함하여 자연에게 가치를 부여하는 데 인색하였기 때문이다. 이러한 가르침은 인간과 피조물 간의 조화로운 관계를 강조하는 성경의 가르침에 위배된다. 이 책에서는 창세기 9장에서 언급되어 있는 하나님의 언약이 인간뿐만 아니라 모든 생물에게도 주어졌음을 강조하고 있다.

하나님이 세상을 심판하실 때, 하나님은 노아에게 "너는 모든 정결한 짐승은 암수 일곱씩, 부정한 것은 암수 둘씩을 네게로 취하며, 공중의 새도 암수 일곱씩을 취하여 그 씨를 온 지면에 유전케 하라"(창 7:2-3)라고 명령하셨다. 우리에게 이익이 되는 생물만 살 가치가 있다는 말씀이 아닌 것이다. 이 말씀은 우리에게는 하나님이 창조하신 모든 생물이 계속 이 세상에서 우리와 함께 살 수 있도록 보호해야 할 의무가 있다는 것이다. 적어도 종 자체가 사라지지 않게 해야 한다는 것이다.

이 책에서는 당면한 환경 위기를 극복하기 위해서는 첫째, 하나님은 만물의 창조주이자 부양자이시며, 둘째, 하나님은 인간에게 만물을 소중히 여기고 관리할 특권과 책임을 맡기셨다는 자각이 있어야만 한다는 것을 강조한다. 이 견해를 요약하면, 대우주와 그 안의 모든 것이 어떤 목적과 계획 아래 창조되었으며, 이 세상에서 일어나는 모든 일은 결코 우연에 의한 결과가 아니라는 것이다. 그러므로 저자들은 환경의 청지기로서의 인간의 역할에 대해 깊은 관심을 보이고 있다.

그들은 또한 앞으로의 과학 교육은 단순히 지적이고 추상적인 공부가 되어서는 안되고, 창조주에 대한 새로운 이해가 필요하다고 역설하고 있다. 피조물에 대한 하나님의 계획은 악으로부터 만물을 구원하는 것이다. 이 세상이 소망이 있는 것은 바로 하나님이 약속하셨기 때문이다. 저자들의 이러한 믿음은 성경 로마서에 근거하고 있다. "피조물이 허무한 데 굴복하는 것은 자기 뜻이 아니요 오직 굴복케 하시는 이로 말미암음이라. 그 바라는 것은 피조물도 썩어짐의 종노릇 한 데서 해방되어 하나님의 자녀들의 영광의 자유에 이르는 것이니라"(롬 8:20-21).

현대를 사는 그리스도인은 하나님이 창조하신 생물과 세계를 보살피기 위해 성경에 근거한 환경 윤리가 꼭 필요하다. 하나님을 창조주로 인정하는 사람은 의심이나 죄의식 없이 하나님의 창조 세계를 즐기고, 가치를 부여하며, 찬양할 수 있다. 자신이 피조물인 동시에 하나님이 지으신 만물을 보존하는 청지기라는 것을 깨닫는 자는, 하나님을 단지 말씀으로만 이해하는 사람들이 결코 깨달을 수 없는, 하나님과 함께 사는 세상을 체험할 수 있다. 이 책은 노아의 방주가 필요한 시대를 살아가는 그리스도인들에게 하나님의 뜻과 계획을 보여 주고 있다.

주

제1장 위기에 처한 창조 세계

1) Peter Kalm, *Travels into North America*, quoted in Joseph M. Petulla, *American Environmental History* (San Francisco: Boyd and Fraser, 1977), p. 56.

2) Frank Graham Jr., *The Adirondack Park: A Political History* (New York: Alfred A. Knopf, 1978), pp. 66-67.

3) Elaine M. Murphy, *World Population: Toward the Next Century* (Washington, D.C.: Population Reference Bureau, 1985), p. 1.

4) Susan P. Bratton, *Six Billion and More: Human Population Regulation and Christian Ethics* (Louisville, Ky.: Westminster/John Knox. 1992), p. 15.

5) G. Tyler Miller Jr., *Living in the Environment*, 7th ed. (Belmont, Calif.: Wadsworth, 1992), p. 5.

6) Robert Farmighetti, ed., *The World Almanac and Book of Facts 1995* (Mahwah, N.J.: Funk and Wagnall's, 1994), pp. 839-841.

7) 같은 책, p. 840.

8) 같은 책, p. 841.

9) William K. Stevens, "Threat of Encroaching Deserts May Be More Myth Than

Fact," *The New York Times*, January 18, 1994.

10) "Desertification Convention Adopted," *UN Chronicle* 31, no. 3 (1994): 74.

11) Lewis J. Perelman, *The Global Mind: Beyond the Limits to Growth* (New York: Mason/Charter, 1976).

12) Richard A. Houghton and George M. Woodwell, "Global Climatic Change," *Scientific American* 260, no. 4 (1989): 36-44.

13) John R. Shaeffer and Raymond H. Brand, *Whatever Happened to Eden?* (Wheaton, Ill.: Tyndale House, 1980), p. 98.

14) Garrett Hardin, "The Tragedy of the Commons," *Science* 162 (1968): 1243-1249.

제2장 창조주 하나님

1) Francis Schaeffer, *Pollution and the Death of Man: The Christian View of Ecology* (Wheaton, Ill.: Tyndale House, 1973). p. 47. 「공해」(두란노).

2) Joan O'Brien and Wildred Major, *In the Beginning: Creation Myths from Ancient Mesopotamia, Israel and Greece* (Chico, Calif.: Scholars Press, 1982), p. 25.

3) 같은 책, pp. 70-84.

4) 같은 책, p. 115.

5) 같은 책.

6) M. B. Foster, "The Christian Doctrine of Creation and the Rise of Modern Science," in *Creation: The Impact of an Idea*, ed. D. O'Connor and F. Oakley (New York: Charles Scribner's Sons, 1968), pp. 29-53.

7) Schaeffer, *Pollution and the Death of Man*, p. 47.

8) Dietrich Bonhoeffer, *Creation and Fall: A Theological Interpretation of Genesis 1-3* (London: SCM Press, 1960), pp. 20-21.

9) Daniel O'Connor, "Introduction: The Human and the Divine," in *Creation: The Impact of an Idea*, ed. D. O'Connor and F. Oakley (New York: Charles Scribner's Sons, 1968), pp. 107-119.

10) Fred G. Van Dyke, Arlan J. Birkey and Ted D. Nickel, "Integration and the Christian College: Reflection on the Nineteenth Psalm," in *The Best in Theology*, ed. J. I. Packer (Carol Stream, Ill.: Christianity Today, 1989), 3:399.

11) 어떤 주석가들은 그 동물을 하마라고 생각한다. 여하튼 그것은 매우 크고 힘 센 짐승임이 분명하다.

12) James A. Nash, *Loving Nature: Ecological Integrity and Christian Responsibility* (Nashville: Abingdon, 1991), p. 95.

제3장 창조 세계의 가치

1) Fred G. Van Dyke, Arlan J. Birkey and Ted D. Nickel, "Integration and the Christian College: Reflection on the Nineteenth Psalm," in *The Best in Theology*, ed. J. I. Packer (Carol Stream, Ill.: Christianity Today, 1989), 3:395-3:400.

2) Dietrich Bonhoeffer, *Creation and Fall: A Theological Interpretation of Genesis 1-3* (London: SCM Press, 1959), p. 15.

3) Van Dyke, Birkey and Nickel, "Intergation and the Christian College."

4) Bonhoeffer, *Creation and Fall*, p. 32.

5) John Naisbitt and Patricia Aburdene, *Megatrends: Ten New Directions Transforming Our Lives* (New York: Warner, 1982), pp. 222, 229.

6) James R. Udall, "The Tucson Paradox," *Audubon* 87, no. 1 (1985): 98-99.

7) 같은 책, p. 98.

8) 같은 책, p. 99.

9) Naisbitt, *Megatrends*, p. 229.

10) Udall, "Tucson Paradox," p. 99.

11) 같은 책, p. 98.

12) Wendell Berry, "Two Economies," *Review and Expositor* 81 (1984): 209-223.

13) Nicholas Wolterstorff, *Until Justice and Peace Embrace* (Grand Rapids, Mich.: Eerdmans, 1983), p. 60.

14) Tim Hermach, "The Great Tree Robbery," *The New York Times*, September 17, 1991.

15) 같은 책.

16) Daniel L. Dustin and Leo H. McAvoy, "The Decline and Fall of Quality Recreation Opportunities and Environments," *Environmental Ethics*, Spring 1982, pp. 48-55.

17) 같은 책, p. 52.

18) 같은 책, p. 49.

19) 같은 책, p. 55.

20) Aldo Leopold, *A Sand County Almanac: With Essays on Conservation from Round River* (New York: Sierra Club/Ballantine Books, 1974), p. 116. 「모래 땅의 사계」(푸른숲).

21) René Dubos, *Man Adapting* (New Haven, Conn.: Yale University Press, 1965), p. 279.

22) Wendell Berry, The *Unsettling of America* (San Francisco: Sierra Club Books, 1977), pp. 27-28.

23) Leopold, *Sand County Almanac*, p. 261.

24) Dierich Bonhoefer, *Ethics* (New York: Macmillan, 1965), p. 15.

25) Lynn White Jr., "The Historical Roots of Our Ecologic Crisis," *Science* 155 (1967): 1203-1207.

26) Julian L. Simon and Herman Kahn, introduction to *The Resourceful Earth: A Response to Global 2000*, ed. Julian L. Simon and Herman Kahn (Oxford: Blackwell, 1984), p. 23.

27) Bonhoeffer, *Creation and Fall*, p. 28.

28) Alston Chase, "How to Save Our National Parks," *The Atlantic* 260, no. 1 (1987): 35-44.

29) C. S. Lewis, *The Great Divorce* (New York: Macmillan, 1954), p. 26.

제4장 흙에서 나와

1) Paulos Gregorios, *The Human Presence: An Orthodox View of Nature* (Geneva: World Council of Churches, 1978).

2) Derek Kidner, *Genesis: An Introduction and Commentary* (Downers Grove, Ill.: InterVarsity Press, 1967), p. 43.

3) 같은 책, p. 50.

4) Dietrich Bonhoeffer, *Creation and Fall: A Theological Interpretation of Genesis 1-3* (London: SCM Press, 1959), p. 20.

5) Loren Wilkinson, "Global Housekeeping: Lords or Sevants?" *Christianity Today* 24 (1980): 27.

6) Paul Brand, "A Handful of Mud," *Christianity Today* 29 (1985): 28.

7) Joseph Sittler, *Essays on Nature and Grace* (Philadelphia: Fortress, 1972).

8) J. D. Douglas, ed., *The New Bible Dictionary* (Grand Rapids, Mich.: Eerdmans, 1962), p. 956.

9) Nicholas Wolterstorff, *Until Justice and Peace Embrace* (Grand Rapids, Mich.: Eerdmans, 1983), p. 70.

10) Walter Brueggemann, *Living Toward a Vision: Biblical Essays on Shalom* (New York: United Church Press, 1976), p. 15.

11) Aldo Leopold, *A Sand County Almanac: With Esays on Conservation from Round River* (New York: Sierra Club/Ballantine Books, 1974), pp. 256-257.

12) Lynn White Jr., "The Historical Roots of Our Ecologic Crisis," *Science* 155 (1967): 1207.

13) Henri Blocher, *In the Beginning* (Downers Grove, Ill.: InterVarsity Press, 1984), p. 184.

14) John Currid, "The Deforestation of the Foothills of Palestine," *Palestine Exploration Quarterly* 16 (1984): 1.

15) Dennis Baly, *The Geography of the Bible* (New York: Harper & Brothers, 1957), p. 92.

16) George Adam Smith, *The Historical Geography of the Holy Land* (London: Hodder & Stoughton, 1902), p. 93.

17) Ralph Smith, "Old Testament Concepts of Stewardship," *Southwestern Journal of Theology* 13 (Spring 1971): 7-13.

18) Bonhoeffer, *Creation and Fall*, p. 23.

19) Trophime Mouiren, *The Creation*, trans. S. J. Tester (New York: Hawthorn Books, 1962), p. 21.

20) David Ehrenfeld, "Nature in the Jewish Tradition: The Source of Stewardship," in *Proceedings of the Au Sable Forum 1981: Redeeming the Earth* (Mancelona, Mich.: Au Sable Institute of Environmental Studies, 1981).

제5장 언약과 구속

1) Dietrich Bonhoeffer, *Creation and Fall: A Theological Interpretation of Genesis 1-3* (London: SCM Press, 1959), p. 88.

2) J. D. Douglas, ed., *The New Bible Dictionary* (Grand Rapids, Mich.: Eerdmans, 1962), p. 1189.

3) G. R. Beasley-Murray, "The Revelation," in *The Eerdmans Bible Commentary*, ed. D. Guthrie and J. A. Motyer, 3rd ed. (Grand Rapids, Mich.: Eerdmans, 1970), p. 1287.

4) Norman D. Levine, "Evolution and Extinction," *BioScience* 39 (1989): 38.

5) 같은 책.

6) Norman Myers, "Extinction Rates Past and Present," *BioScience* 39 (1989): 39-41.

7) 같은 책.

8) David Ehrenfeld, "The Business of Conservation," *Conservation Biology* 6 (1992): 1-3.

9) 같은 책, p. 2.

10) 같은 책.

11) "Assassination of Brazilian Priest by Opponents of Land Reform," *LADOC: Bimonthly Publication of Latin American Documentation*, November-December 1986, p. 18.

12) Thomas Berry, *The Dream of the Earth* (San Francisco: Sierra Club Books, 1988).

13) Kenneth Woodward, "A New Story of Creation," *Newsweek* 113 (June 5, 1989): 72.

14) Aldo Leopold, *A Sand County Almanac: With Essays on Conservation from Round River* (New York: Sierra Club/Ballantine Books, 1974), p. 246.

15) 같은 책.

16) Karl Barth, *Church Dogmatics* 3/1: *The Work of Creation* (New York: T & T Clark, 1958), p. 181. 「교회교의학」.

17) Gerhard von Rad, *Genesis: A Commentary* (Philadelphia: Westminster Press, 1961), pp. 57-58.

18) Bonhoeffer, *Creation and Fall*, pp. 95-96.

제6장 다스림과 정복

1) Lynn White Jr., "The Historical Roots of Our Ecologic Crisis," *Science* 155 (1967): 1206.

2) Aldo Leopold, *A Sand County Almanac: With Essays on Conservation from Round River* (New York: Sierra Club/Ballantine Books, 1974), p. 240.

3) Jack Cottrell, *What the Bible Says About God the Ruler* (Joplin, Mo.: College Press, 1984), p. 99.

4) Leopold, *Sand County Almanac.*

5) Francis A. Schaeffer, *Pollution and the Death of Man: The Christian View of Ecology* (Wheaton, Ill.: Tyndale House, 1969).

제7장 오늘날 하나님의 창조 세계

1) Jacques Ellul, *Money and Power* (Downers Grove, Ill.: InterVarsity Press, 1984), p. 19.

2) Rachel Carson, *Silent Spring* (Boston: Houghton Mifflin, 1962). 「봄의 침묵」.

3) "World Food News Special Report: How Many People Can the World Feed?" *Population Today* 13, no. 1 (1985): 9.

4) 같은 책.

5) 같은 책.

6) Lester Brown, ed., *State of the World 1985* (New York: W. W. Norton, 1985), p. 25.

7) "The Food Crisis in Sub-Saharan Africa," *Population Education Newsletter* 14, no. 1 (1985).

8) Garrett Hardin, "The Tragedy of the Commons," *Science* 162 (1968): 1243-1248.

9) William Cronon, *Changes in the Land: Indians, Colonists and the Ecology of New England* (New York: Hill and Wang, 1983).

10) D. E. Gushess, "The Energy Options Before Us: A View from Capitol Hill," *ESA Advocate* 13, no. 6 (1991): 12-14.

11) Peter Steinhart, "The Edge Gets Thinner," *Audubon* 85, no. 6 (1983): 105.

12) 같은 책, p. 102.

13) Wendell Berry, "Two Economies," *Review and Expositor* 81 (1984): 212.

14) Brown, *State of the World 1985*, p. 52.

15) David Skole and Compton Tucker, "Tropical Deforestation and Habitat Fragmentation in the Amazon: Data from 1978 to 1988," *Science* 260 (1993): 1905-1910.

16) Brown, *State of the World 1985*, p. 11.

17) "Two Say Politics Rule Their Agencies," *High Country News* 23, no. 18

(1991): 1, 10.

18) J. M. Scott, B. Csuti and K. A. Smith, "Commentary: Playing Noah While Paying the Devil," *Bulletin of the Ecological Society of America* 71 (1990): 156-159.

19) Richard B. Primack, *Essentials of Conservation Biology* (Sunderland, Mass.: Sinauer Associates, 1993).

20) L. Tangley, "Cataloging Costa Rica's Diversity," *BioScience* 40, no. 9 (1990): 633-636.

21) Anthony T. Jacob, *Acid Rain* (Madison, Wis.: Institute for Chemical Education, 1991), p. 2.

22) 같은 책.

23) 같은 책, p. 3.

24) Richard A. Houghton, "The Role of Forests in Affecting the Greenhouse Gas Composition of the Atmosphere," in *Global Climate Change and Life on Earth*, ed. Richard L. Wyman (New York: Routledge, Chapman and Hall, 1991), pp. 43-55; Richard A. Houghton and George M. Woodwell, "Global Climatic Change," *Scientific American* 260, no. 4 (1989): 36-44; Stephen H. Schneider, "The Greenhouse Effect: Science and Policy," *Science* 243 (1989): 771-781; Peter M. Vitousek, "Beyond Global Warming: Ecology and Global Change," *Ecology* 75, no. 7 (1994): 1861-1876.

25) Richard T. Wetherald, introduction to *Global Climate Change and Life on Earth*, ed. Richard L. Wyman (New York: Routledge, Chapman and Hall, 1991), pp. 15-16.

26) 같은 책, pp. 4, 16.

27) 같은 책, p. 16.

28) Kurt Kleiner, "Climate Change Threatens Southern Asia," *New Scientist* 143 (1994): 6.

29) 같은 책.

30) Constance Holden, "Greening of the Antarctic Peninsula," *Science* 266 (1994): 35.

31) Richard Monastersky, "Temperatures on the Rise in Deep Atlantic," *Science News* 145 (1994): 295.

32) Johannes Oerlemans, "Quantifying Global Warming from the Retreat of

Glaciers," *Science* 264 (1994): 243-245.

33) John Timson, "Leafy Hordes Invade Arctic," *New Scientist* 141 (1994): 14.

34) Jennifer L. Gross, "Flooding the Ocean," *Environment* 36, no. 3 (1994): 23-24; "Deforestation Leads to Sea Level Rise," *Geotimes* 39, no. 5 (1994): 9.

35) Paul R. Ehrlich, "Foreword: Facing Up to Climate Change," in *Global Climate Change and Life on Earth*, ed. Richard L. Wyman (New York: Routledge, Chapman and Hall, 1991), pp. ix-xiii.

36) G. Tyler Miller Jr., *Living in the Environment: Principles, Connections and Solutions*, 8th ed. (Belmont, Calif.: Wadsworth, 1994), p. 304.

37) Pamela S. Zurer, "Ozone Depletion's Recurring Surprises Challenge Atmospheric Scientists," *Chemical and Engineering News* 71, no. 21 (1993): 8-18.

38) "The Word About Ozone," *Science News* 146 (1994): 187.

39) Zurer, "Ozone Depletion's Recurring Surprises," p. 9.

40) 같은 책.

41) 같은 책.

제8장 불순종의 결과

1) Dietrich Bonhoeffer, *Creation and Fall: A Theological Interpretation of Genesis 1-3* (London: SCM Press, 1959), p. 82.

2) Herman E. Daly, *Steady State Economics: The Economics of Biophysical Equilibrium and Moral Growth* (San Francisco: W. H. Freeman, 1977), p. 8.

3) Zev Naveh, "Neot Kedumim," *Restoration and Management Notes* 7 (1989): 9-13.

4) 같은 책.

5) G. Tyler Miller Jr., *Living in the Environment*, 7th ed. (Belmont, Calif.: Wadsworth, 1992), p. 589.

6) 같은 책.

7) 같은 책, p. 590.

8) Wendell Berry, "Two Economies," *Review and Expositor* 81 (1984): 212.

9) Miller, *Living in the Environment*, p. 586.

10) Anthony T. Jacob, *Acid Rain* (Madison, Wis.: Institute for Chemical Education, 1991), p. 28.

11) Miler, *Living in the Environment*, p. 570.

12) 같은 책.

13) Mary Beck Desmond, "Global Environment: Earth Day 1990," *Earth Science* 43 (Spring 1990): 6.

14) Joseph M. Petulla, *American Environmental History* (San Francisco: Boyd and Fraser, 1977), p. 189.

15) S. R. Kellert and J. K. Berry, *Phase III: Knowledge, Affection and Basic Attitudes Toward Animals in American Society* (Arlington, Va.: National Technical Information Service, 1980).

16) Lynn White Jr., "The Historical Roots of Our Ecologic Crisis," *Science* 155 (1967): 1203-1207.

17) Joseph K. Sheldon, *Rediscovery of Creation: A Bibliographical Study of the Church's Response to the Environmental Crisis* (Metuchen, N.J.: American Theological Library Association and Scarecrow Press, 1992).

18) Constance Cumbey, *Hidden Dangers of the Rainbow: The New Age Movement and Our Coming Age of Barbarism* (Shreveport, La.: Huntington House, 1983).

19) Richard T. Wright, *Biology Through the Eyes of Faith* (San Francisco: Harper & Row, 1989), pp. 177-178. 「신앙의 눈으로 본 생물학」(IVP).

20) Alexander Schmemann, *For the Life of the World: Sacraments and Orthodoxy*(Crestwood, N.Y.: St. Vladimir's Seminary Press, 1973), p. 118.

21) Aldo Leopold, *A Sand County Almanac: With Essays on Conservation from Round River*(New York: Sierra Club/Ballantine Books, 1974), p. 239.

22) 같은 책, p. 238.

23) 같은 책, p. 240.

24) 같은 책, p. 246.

25) 같은 책.

26) 같은 책, p. 265.

27) James H. Shaw, "Assessing the Progress Toward Leopold's Land Ethic," *Wildlife Society Bulletin* 15 (1987): 470-472.

28) 같은 책.

29) 같은 책.

30) White, "Historical Roots," p. 1207.

31) Randy Frame, "Protecting the Lord's Canvas," *Christianity Today* 32, no. 17 (1988): 74-75.

32) Alston Chase, *Playing God in Yellowstone* (San Diego, Calif.: Harcourt Brace Jovanovich, 1987), p. 347.

33) George Sessions and Bill Devall, *Deep Ecology: Living As If Nature Mattered* (Salt Lake City: Gibbs M. Smith, 1985).

34) Chase, *Playing God in Yellowstone*, p. 335.

35) Fred G. Van Dyke, "Beyond Sand County: A Biblical Perspective on Environmental Ethics," *Journal of the American Scientific Affiliation* 37 (1985): 40-48.

36) Stephen Schneider and Penelope Boston, eds., *Scientists on Gaia* (Cambridge, Mass.: MIT Press, 1991), p. xiii.

37) White, "Historical Roots," p. 1207.

38) Wendell Berry, *The Unsettling of America* (San Francisco: Sierra Club Books, 1977), p. 7.

39) James Gustafson, *Ethics from a Theocentric Perspective* (Chicago: University of Chicago Press, 1981), p. 109.

제9장 회복과 구속을 향한 그리스도인의 대응

1) Roy J. Enquist, "A Paraclete in the Public Square: Toward a Theology of Advocacy," *Theology and Public Policy* 2 (1990): 21-27.

2) Joseph K. Sheldon, *Rediscovery of Creation: A Bibliographical Study of the Church's Response to the Environmental Crisis* (Metuchen, N.J.: American Theological Library Association and Scarecrow Press, 1992).

3) Ian McHarg, *Design with Nature* (Garden City, N.Y.: Natural History Press, 1969).

4) Raymond H. Brand, "At the Point of Need," *Perspectives on Science and Christian Faith* 39 (1987): 3-8.

5) "Two Say Politics Rule Their Agencies," *High Country News* 33, no. 18 (1991): 1, 10-12.

6) 같은 책, p. 12.

7) 같은 책.

8) 같은 책, p. 11.

9) Paul Schneider, "When a Whistle Blows in the Forest," *Audubon* 94, no. 1 (1992): 42-49.

10) Michael Lipske, "Who Runs America's Forests?" *National Wildlife* 28, no. 6 (1990): 24-34.

11) Randall O'Toole, "Recreation Fees and the Yellowstone Forests," in *The Greater Yellowstone Ecosystem: Redefining America's Wilderness Heritage*, ed. Robert B. Keiter and Mark S. Boyce (New Haven, Conn.: Yale University Press, 1991), pp. 41-48.

12) 같은 책, p. 43.

13) 같은 책.

14) Schneider, "When a Whistle Blows."

15) Alston Chase, *Playing God in Yellowstone* (San Diego, Calif.: Harcourt Brace Jovanovich, 1987).

16) Ed Marston, "Will the Bush Administration Choose Reform?" *High Country News* 33, no. 18 (1991): 13.

17) Alasdair MacIntyre, *After Virtue* (South Bend, Ind.: Notre Dame University Press, 1981), p. 236.

18) Stephen V. Monsma, *Pursuing Justice in a Sinful World* (Grand Rapids, Mich.: Eerdmans, 1984).

19) O'Toole, "Recreation Fees."

20) Chase, *Playing God in Yellowstone.*

21) Joseph L. Sax, "Ecosystem and Property Rights in Greater Yellowstone: The Legal System in Trasition," in *The Greater Yellowstone Ecosystem: Redefining America's Wilderness Heritage*, ed. Robert B. Keiter and Mark S. Boyce (New Haven, Conn.: Yale University Press, 1991), pp. 77-84.

22) Garrett Hardin, "The Tragedy of the Commons," *Science* 162 (1968): 1243-1248.

23) David Halvarg, *The War Against the Greens: The "Wise-Use" Movement, the New Right and Anti-environmental Violence* (San Francisco: Sierra Club Books, 1994).

24) Aldo Leopld, *A Sand County Almanac: With Essays on Conservation from Round River* (New York: Sierra Club/Ballantine Books, 1974), p. 246.

25) James R. Newby and Elizabeth S. Newby, *Between Peril and Promise*

(Nashville: Thomas Nelson, 1984), pp. 84-85.

제10장 생태학과 기독교적 지성

1) Montaigne, *Essays*, trans. John Florio (New York: Everyman's Library, 1965), p. 144.

2) Carl Sagan, "Guest Comment: Preserving and Cherishing the Earth—An Appeal for Joint Commitment in Science and Religion," *American Journal of Physics* 58 (1990): 615.

3) 같은 책.

4) 같은 책.

5) 같은 책.

6) Mary Beck Desmond, "Global Environment: Earth Day 1990," *Earth Science* 43 (Spring 1990): 7.

7) 같은 책.

8) René Dubos, *Beast or Angel? Choices That Make Us Human* (New York: Charles Scribner's Sons, 1974), p. 43.

9) 같은 책, p. 41.

10) Lynn White Jr., "The Historical Roots of Our Ecologic Crisis," *Science* 155 (1967): 1204-1207.

11) Jonathan Edwards, *Charity and Its Fruits* (Edinburgh: Banner of Truth Trust, 1969), pp. 157-158.

12) Garrett Hardin, "The Tragedy of the Commons," *Science* 162 (1968): 1243-1248.

13) Joseph M. Petulla, *American Environmental History* (San Francisco: Boyd and Fraser, 1977), p. 47.

14) 같은 책, p. 56.

15) James M. Gustafson, *Ethics from a Theocentric Perspective* (Chicago: University of Chicago Press, 1981), pp. 23-24.

16) J. I. Packer, *Knowing God* (Downers Grove, Ill.: InterVarsity Press, 1973), p. 254. 「하나님을 아는 지식」(IVP).

17) Daniel O'Connor and Francis Oakley, eds., *Creation: The Impact of an Idea* (New York: Charles Scribner's Sons, 1969).

18) Fred G. Van Dyke, "Beyond Sand County: A Christian Perspective On

Environmental Ethics," *Journal of the American Scientific Affiliation* 37 (1985): 40-48.

19) Au Sable Institute, *Official Bulletin 1993* (Mancelona, Mich.: Au Sable Institute of Environmental Studies, 1992), p. i.

20) C. S. Lewis, *The Abolition of Man* (New York: Macmillan, 1947), p. 34.

21) 같은 책, pp. 30-31.

22) Wendell Berry, *The Unsettling of America* (San Francisco: Sierra Club Books, 1972), p. 169.

23) Peter Berger, *A Rumor of Angels* (Garden City, N.Y.: Archer Books, 1970).

24) Ronald J. Sider, *Rich Christians in an Age of Hunger* (Downers Grove, Ill.: InterVarsity Press, 1977). 「가난한 시대를 사는 부유한 그리스도인」(IVP).

25) Richard John Neuhaus, *The Naked Public Square* (Grand Rapids, Mich.: Eerdmans, 1984).

26) Roy J. Enquist, "A Paraclete in the Public Square: Toward a Theology of Advocacy," *Theology and Public Policy* 2 (1990): 21-27.

27) Os Guinness, *The Gravedigger File* (Downers Grove, Ill.: InterVarsity Press, 1983). 「무덤 파기 작전」(낮은울타리).

28) Richard L. Means, "Why Worry About Nature?" *Saturday Review*, December 2, 1967.

29) Francis A. Schaeffer, *Pollution and the Death of Man: The Christian View of Ecology* (Wheaton, Ill.: Tyndale House, 1970), p. 20.

30) 같은 책, pp. 26-27.

31) 같은 책, p. 29.

32) Sagan, "Guest Comment: Preserving and Cherishing the Earth."

33) 같은 책.

34) Garrett Hardin, "Ecology and the Death of Providence," *Zygon* 15 (1980): 57-68.

35) Van Dyke, "Beyond Sand County."

36) Max Oelschlaeger, *Caring for Creation: An Ecumenical Approach to the Environmental Crisis* (New Haven, Conn.: Yale University Press, 1994), p. 1.

37) 같은 책, p. 5.

38) J. Baird Callicott, *World Views and Ecology* (Lewisburg, Penn.: Bucknell University Press, 1993), p. 18.

39) J. Baird Callicott, "Conservation Values and Ethics," in *Principles of Conservation Biology*, ed. Gary K. Meffe and C. Ronald Carroll (Sunderland, Mass.: Sinauer Associates, 1994), p. 36.

40) Donald Worster, *Nature's Economy: A History of Ecological Ideas* (New York: Cambridge University Press, 1977), pp. 37-38.

41) E. Calvin Beisner, *Prospects for Growth: A Biblical View of Population, Resources and the Future* (Westchester, Ill.: Crossway, 1990); Larry Burkett, *Whatever Happened to the American Dream?* (Chicago: Moody Press, 1993).

42) Worster, *Nature's Economy*, p. 38.

참고 도서

Au Sable Institute of Environmental Studies. *Official Bulletin 1993*, vol. 1. Mancelona, Mich.: Au Sable Institute, 1992.

Baly, Dennis. *The Geography of the Bible*. New York: Harper & Brothers, 1957.

Barth, Karl. *Church Dogmatics 3/1: The Work of Creation*. New York: T & T Clark, 1958. 「교회교의학」.

Beasley-Murray, G. R. "The Revelation." In *The Eerdmans Bible Commentary*, pp. 1279-310. Edited by Donald Guthrie and J. A. Motyer. 3rd ed. Grand Rapids, Mich.: Eerdmans, 1970.

Berger, Peter. *A Rumor of Angels*. Garden City, N.Y.: Anchor Books, 1970.

Berry, Thomas. *The Dream of the Earth*. San Francisco: Sierra Club Books, 1988.

Berry, Wendell. "Two Economies." *Review and Expositor* 81 (1984): 209-23.

_____. *The Unsettling of America*. San Francisco: Sierra Club Books, 1977.

Blocher, Henri. *In the Beginning*. Downers Grove, Ill.: InterVarsity Press, 1984.

Bonhoeffer, Dietrich. *Creation and Fall: A Theological Interpretation of Genesis 1—3*. London: SCM Press, 1960.

_____. *Ethics*. New York: Macmillan, 1965.

Brand, Paul. "A Handful of Mud." *Christianity Today* 29 (1985): 25-31.

Brand, Raymond H. "At the Point of Need." *Perspectives on Science and Christian Faith* 39 (1987): 3-8.

Bratton, Susan P. *Six Billion and More: Human Population and Christian Ethics*. Louisville, Ky.: Westminster/John Knox Press, 1992.

Brown, Lester R., ed. *State of the World 1985*. New York: W. W. Norton, 1985.

Brueggemann, Walter. *Living Toward a Vision: Biblical Essays on Shalom*. New York: United Church Press, 1976.

Burton, John, ed. *The Atlas of Endangered Species*. New York: Macmillan, 1991.

Carson, Rachel. *Silent Spring*. Boston: Houghton Mifflin, 1962. 「봄의침묵」.

Chase, Alston. "How to Save Our National Parks." *The Atlantic* 260, no. 1 (1987): 35-44.

_____. *Playing God in Yellowstone*. San Diego, Calif.: Harcourt Brace Jovanovich, 1987.

Cottrell, Jack. *What the Bible Says About God the Ruler.* Joplin, Mo.: College Press, 1984.

Cronin, William. *Changes in the Land: Indians, Colonists and the Ecology of New England.* New York: Hill and Wang, 1983.

Cumbey, Constance. *Hidden Dangers of the Rainbow: The New Age Movement and Our Coming Age of Barbarism.* Shreveport, La.: Huntington House, 1983.

Currid, John. "The Deforestation of the Foothills of Palestine." *Palestine Exploration Quarterly* 16 (1984): 1-11.

Daly, Herman E. *Steady State Economics: The Economics of Biophysical Equilibrium and Moral Growth.* San Francisco: W. H. Freeman, 1977.

Desmond, Mary Beck. "Global Environment: Earth Day 1990." *Earth Science* 43 (Spring 1990): 6-7.

Douglas, J. D., ed. *The New Bible Dictionary.* Grand Rapids, Mich.: Eerdmans, 1962.

Dubos, René. *Beast or Angel? Choices That Make Us Human.* New York: Charles Scribner's Sons, 1974.

_____. *Man Adapting.* New Haven, Conn.: Yale University Press, 1965.

Dustin, Daniel L., and Leo H. McAvoy. "The Decline and Fall of Quality Recreational Opportunities and Environments." *Environmental Ethics* 4 (1982): 48-55.

Ecological Society of America. *The Sustainable Biosphere Initiative.* Bethesda, Md.: Ecological Society of America, 1990.

Edwards, Jonathan. *Charity and Its Fruits.* Edinburgh: Banner of Truth Trust, 1969.

Ehrenfeld, David. "The Business of Conservation." *Conservation Biology* 6 (1992): 1-3.

_____. "Nature in the Jewish Tradition: The Source of Stewardship." In *Proceedings of the Au Sable Forum 1981: Redeeming the Earth.* Mancelona, Mich.: Au Sable Institute of Environmental Studies, 1981.

Ehrlich, Paul R. "Foreword: Facing Up to Climate Change." In *Global Climate Change and Life on Earth,* pp. ix-xiii. Edited by Richard L. Wyman. New York: Routledge, Chapman and Hall, 1991.

Ellul, Jacques. *Money and Power.* Downers Grove, Ill.: InterVarsity Press, 1984.

Enquist, Roy J. "A Paraclete in the Public Square: Toward a Theology of Advocacy." *Theology and Public Policy* 2 (1990): 21-27.

Foster, M. B. "The Christian Doctrine of Creation and the Rise of Modern Science." In *Creation: The Impact of an Idea,* pp. 29-53. Edited by Daniel O'Connor and Francis Oakley. New York: Charles Scribner's Sons, 1968.

Frame, Randy. "Protecting the Lord's Canvas." *Christianity Today* 32, no. 17 (1988): 74-75.

Graham, Frank, Jr. *The Adirondack Park: A Political History.* New York: Alfred A. Knopf, 1978.

Gregorios, Paulos. *The Human Presence: An Orthodox View of Nature.* Geneva: World Council of Churches, 1978.

Guinness, Os. *The Gravedigger File.* Downers Grove, Ill.: InterVarsity Press, 1983.

Gushess, D. E. "The Energy Options Before Us: A View from Capitol Hill." *ESA Advocate* 13, no. 6 (1991): 12-14.

Gustafson, James. *Ethics from a Theocentric Perspective*. Chicago: University of Chicago Press, 1981.

Halvarg, David. *The War Against the Greens: The "Wise-Use" Movement, the New Right and Anti-environmental Violence*. San Francisco: Sierra Club Books, 1994.

Hamilton, Lawrence S. "Whither the Tropical Rainforest." In *Global Perspectives in Ecology*, pp. 101-4. Edited by Thomas C. Emmel. Palo Alto, Calif.: Mayfield, 1977.

Hardin, Garrett. "Ecology and the Death of Providence." *Zygon* 15 (1980): 57-68.

_____. "The Tragedy of the Commons." *Science* 162 (1969): 1243-48.

Hermach, Tim. "The Great Tree Robbery." *The New York Times*, September 17, 1991.

Houghton, Richard A. "The Role of Forests in Affecting the Greenhouse Gas Composition of the Atmosphere." In *Global Climate Change and Life on Earth*, pp. 43-55. Edited by Richard L. Wyman. New York: Routledge, Chapman and Hall, 1991.

Houghton, Richard A., and George M. Woodwell. "Global Climatic Change." *Scientific American* 260, no. 4 (1989): 36-44.

International Union for Conservation of Nature and Natural Resources. *IUCN Red List of Threatened Animals*. Gland, Switzerland/Cambridge, U.K.: IUCN, 1990.

Jacob, Anthony T. *Acid Rain*. Madison, Wis.: Institute for Chemical Education, 1991.

Kellert, Stephen R., and Joyce K. Berry. *Phase III: Knowledge, Affection and Basic Attitudes Toward Animals in American Society*. Arlington, Va.: National Technical Information Service, 1980.

Kidner, Derek. *Genesis: An Introduction and Commentary*. Downers Grove, Ill.: InterVarsity Press, 1967.

Leopold, Aldo. *A Sand County Almanac: With Essays on Conservation from Round River*. New York: Sierra Club/Ballantine Books, 1974. 「모래 땅의 사계」(푸른숲).

Levine, Norman D. "Roundtable: Evolution and Extinction." *BioScience* 39 (1989): 38.

Lewis, C. S. *The Abolition of Man*. New York: Macmillan, 1947.

_____. *The Great Divorce*. New York: Macmillan, 1947.

Lipske, Michael. "Who Runs America's Forests?" *National Wildlife* 28, no. 6 (1990): 24-34.

MacIntyre, Alasdair. *After Virtue*. South Bend, Ind.: Notre Dame University Press, 1981.

Marston, Ed. "Will the Bush Administration Choose Reform?" *High Country News* 33, no. 18 (1991): 13.

McHarg, Ian. *Design with Nature*. Garden City, N.Y.: Natural History Press, 1969.

Means, Richard L. "Why Worry About Nature?" *Saturday Review*, December 2,

1967.
Miller, G. Tyler, Jr. *Living in the Environment.* 7th ed. Belmont, Calif.: Wadsworth, 1992.
Monastersky, R. "Antarctic Ozone Hole Sinks to a Record Low." *Science News* 40 (1991): 244-45.
Monsma, Stephen V. *Pursuing Justice in a Sinful World.* Grand Rapids, Mich.: Eerdmans, 1984.
Montaigne. *Essays.* Trans. John Florio. New York: Everyman's Library, 1965.
Mourien, Trophime. *The Creation.* Trans. S. J. Tester. New York: Hawthorn Books, 1962.
Murphy, Elaine M. *World Population: Toward the Next Century.* Washington, D.C.: Population Reference Bureau, 1985.
Myers, Norman. *The Primary Source: Tropical Rainforests and Our Future.* New York: W. W. Norton, 1991.
_____. "Roundtable: Extinction Rates Past and Present." *BioScience* 39 (1989): 39-41.
_____. *The Sinking Ark: A New Look at the Problem of Disappearing Species.* New York: Pergamon Press, 1979.
Naisbitt, John. *Megatrends: Ten New Directions Transforming Our Lives.* New York: Warner, 1982.
Nash, James A. *Loving Nature: Ecological Integrity and Christian Responsibility.* Nashville: Abingdon, 1991.
Naveh, Zev. "Neot Kedumim." *Restoration and Management Notes* 7 (1989): 9-13.
Neuhaus, Richard John. *The Naked Public Square.* Grand Rapids, Mich.: Eerdmans, 1984.
Newby, James R., and Elizabeth S. Newby. *Between Peril and Promise.* Nashville: Thomas Nelson, 1984.
O'Brien, Joan, and Wildred Major. *In the Beginning: Creation Myths from Ancient Mesopotamia, Israel and Greece.* Chico, Calif.: Scholars Press, 1982.
O'Connor, Daniel. "Introduction: The Human and the Divine." In *Creation: The Impact of an Idea,* pp. 107-19. Edited by D. O'Connor and F. Oakley. New York: Charles Scribner's Sons, 1968.
O'Toole, Randall. "Recreation Fees and the Yellowstone Forests." In *The Greater Yellowstone Ecosystem: Redefining America's Wilderness Heritage,* pp. 41-48. Edited by Robert B. Keiter and Mark S. Boyce. New Haven, Conn.: Yale University Press, 1991.
Packer, J. I. *Knowing God.* Downers Grove, Ill.: InterVarsity Press, 1973.
Perelman, Louis J. *The Global Mind: Beyond the Limits to Growth.* New York: Mason/Charter, 1976.
Petulla, Joseph M. *American Environmental History.* San Francisco: Boyd and Fraser, 1977.
Primack, Richard B. *Essentials of Conservation Biology.* Sunderland, Mass.: Sinauer Associates, 1993.
Richards, John F. "Documenting Environmental History: Global Patterns of Land Conversion." *Environment* 26, no. 9 (1984): 6-13.

Sagan, Carl. "Guest Comment: Preserving and Cherishing the Earth—An Appeal for Joint Commitment in Science and Religion." *American Journal of Physics* 58 (1990): 615.

Sax, Joseph L. "Ecosystems and Property Rights in Greater Yellowstone: The Legal System in Transition." In *The Greater Yellowstone Ecosystem: Redefining America's Wilderness Heritage,* pp. 77-84. Edited by Robert B. Keiter and Mark S. Boyce. New Haven, Conn.: Yale University Press, 1991.

Schaeffer, Francis. *Pollution and the Death of Man: The Christian View of Ecology.* Wheaton, Ill.: Tyndale House, 1973. 「공해」(두란노).

Schmemann, Alexander. *For the Life of the World: Sacraments and Orthodoxy.* Crestwood, N.Y.: St. Vladimir's Seminary Press, 1973.

Schneider, Paul. "When a Whistle Blows in the Forest." *Audubon* 94, no. 1 (1992): 42-49.

Schneider, Stephen H. "The Greenhouse Effect: Science and Policy." *Science* 243 (1989): 771-81.

Schneider, Stephen H., and Penelope Boston, eds. *Scientists on Gaia.* Cambridge, Mass.: MIT Press, 1991.

Scott, J. M., B. Csuti and K. A. Smith. "Commentary: Playing Noah While Paying the Devil." *Bulletin of the Ecological Society of America* 71 (1990): 156-59.

Sessions, George, and Bill Devall. *Deep Ecology: Living As If Nature Mattered.* Salt Lake City: Gibbs M. Smith, 1985.

Shaw, James H. "Assessing the Progress Toward Leopold's Land Ethic." *Wildlife Society Bulletin* 15 (1987): 470-72.

Sheaffer, John R., and Raymond H. Brand. *Whatever Happened to Eden?* Wheaton, Ill.: Tyndale House, 1980.

Sheldon, Joseph K. *Rediscovery of Creation: A Bibliographic Study of the Church's Response to the Environmental Crisis.* Metuchen, N.J.: American Theological Library Association and Scarecrow Press, 1992.

Sider, Ronald J. *Rich Christians in an Age of Hunger.* Downers Grove, Ill.: InterVarsity Press, 1977. 「가난한 시대를 사는 부유한 그리스도인」(IVP).

Simon, Julian L., and Herman Kahn, eds. *The Resourceful Earth: A Response to Global 2000.* Oxford: Blackwell, 1984.

Sittler, Joseph. *Essays on Nature and Grace.* Philadelphia: Fortress, 1972.

Skole, David, and Compton Tucker. "Tropical Deforestation and Habitat Fragmentation in the Amazon: Data from 1978 to 1988." *Science* 260 (1993): 1905-10.

Smith, George Adam. *The Historical Geography of the Holy Land.* London: Hodder & Stoughton, 1902.

Smith, Ralph. "Old Testament Concepts of Stewardship." *Southwestern Journal of Theology* 13 (Spring 1971): 7-13.

Steinhart, Peter. "The Edge Gets Thinner." *Audubon* 85, no. 6 (1983): 94-126.

Talbot, Lee M. "Demographic Factors in Resource Depletion and Environmental Degradation in East African Rangeland." *Population and Development Review* 12 (1986): 441-51.

Tangley, Laura. "Cataloging Costa Rica's Diversity." *BioScience* 40, no. 9 (1990):

633-36.

"Two Say Politics Rule Their Agencies." *High Country News* 23, no. 18 (1991): 1, 10-12.

Udall, James R. "The Tucson Paradox." *Audubon* 87, no. 1 (1985): 98-99.

Van Dyke, Fred G. "Beyond Sand County: A Biblical Perspective on Environmental Ethics." *Journal of the American Scientific Affiliation* 37 (1985): 40-48.

Van Dyke, Fred G., Arlan J. Birkey and Ted D. Nickel. "Integration and the Christian College: Reflection on the Nineteenth Psalm." In *The Best in Theology*, 3:395-400. Edited by J. I. Packer. Carol Stream, Ill.: Christianity Today, 1989.

Von Rad, Gerhard. *Genesis: A Commentary*. Philadelphia: Westminster Press, 1961.

Wetherald, Richard T. Introduction to *Global Climate Change and Life on Earth*. Edited by Richard L. Wyman. New York: Routledge, Chapman and Hall, 1991.

White, Lynn, Jr. "The Historical Roots of Our Ecologic Crisis." *Science* 155 (March 10, 1967): 1203-7.

Wilkinson, Loren. "Global Housekeeping: Lords or Servants?" *Christianity Today* 24 (1980): 26-30.

Wilkinson, Loren, ed. *Earthkeeping: Christian Stewardship of Natural Resources*. Grand Rapids, Mich.: Eerdmans, 1980.

Wilson, Edmund O. "Threats to Biodiversity." *Scientific American* 261, no. 3 (1989): 108-18.

Wolterstorff, Nicholas. *Until Justice and Peace Embrace*. Grand Rapids, Mich.: Eerdmans, 1983.

Woodward, Kenneth. "A New Story of Creation." *Newsweek*, June 5, 1989, pp. 70-72.

Wright, John W., ed. *The Universal Almanac 1993*. Kansas City, Mo.: Andrews and McHeel, 1992.

Wright, Richard T. *Biology Through the Eyes of Faith*. San Francisco: Harper & Row, 1989. 「신앙의 눈으로 본 생물학」(IVP).

주제 및 인명 색인

성경 색인

환경 단체 소개

경제정의실천 시민연합
서울 중구 정동 15-5 정동빌딩 별관 5층　☎ 771-0370~1　FAX 757-7383~4

경희대학교 한국조류연구소
서울 동대문구 회기동 1번지　☎ 961-0245　FAX 964-0591

그린훼밀리운동연합
서울 종로구 내자동 200 기쁜빌딩 3층　☎ 732-0890　FAX 732-0896

기독교환경운동연대
서울 강남구 세곡동 413　☎ 451-0008　FAX 451-0020

녹색교통운동
☎ 720-7879　FAX 723-6287

녹색삶실천을 위한 시민의모임
서울 강북구 수유4동 279-131　☎ 905-2525　FAX 998-6023

녹색소비자연대
서울 종로구 운니동 98-78 가든타워빌딩 9층　☎ 763-4972　FAX 3673-0925

녹색연합
서울 종로구 운니동 98-78 가든타워빌딩 10층   ☎ 747-8500   FAX 766-4180

대자연환경보존회
대구시 수성구 파동 149-8   ☎ 053) 765-0050   FAX 053) 761-3351

소비자문제를 연구하는 시민의모임
서울 종로구 신문로2가 89-27 피어선빌딩 603호   ☎ 739-5441   FAX 736-5514

수원환경운동센터
경기도 수원시 팔달구 인계동 1038-16   ☎ 0331) 38-8312   FAX 0331) 38-8965

원불교서울환경연구회
서울 동작구 흑석동 1-3 원불교 교구사무국 (한울안 생협)   ☎ 816-6249   FAX 812-6904

육삼환경보존회
서울 영등포구 여의도동 44-4 태양빌딩 511호   ☎ 786-6334   FAX 780-1692

자연생태연구소
대구시 수성구 파동 172-5   ☎ 053) 767-2030

천주교한마음한몸운동 환경보존부
서울 중구 명동2가 1번지 가톨릭회관 413호   ☎ 774-3488   FAX 776-7879

청정국토만들기운동본부
서울 종로구 견지동 83번지 110-170   ☎ 722-7552   FAX 735-5564

사단법인 푸른평화
대구시 남대문 우체국 사서함 9호   ☎ 053) 256-1374   FAX 053) 252-7860

한국불교환경교육원
서울 서초구 서초동 1586-16 정토회관   ☎ 587-8997   FAX 587-8998

한국여성단체연합
서울 중구 장충동1가 38-84   ☎ 273-9535-8   FAX 273-9539

한국여성환경운동본부
☎ 777-1071   FAX 777-1071

한국자원재생 재활용협회
서울 광진구 자양동 228-1 영서빌딩 303호   ☎ 456-1870-3   FAX 455-1430

한살림
서울 서초구 양재동 347-9 신원빌딩 502호   ☎ 573-0614   FAX 578-5716

흥사단
서울 종로구 동숭동 1-28   ☎ 743-2511   FAX 743-2515

환경과 공해연구회
서울 영등포구 신길5동 448-16 국진빌딩6층   ☎ 849-8474   FAX 849-8474

환경운동연합
서울 종로구 누하동 251번지   ☎ 735-7000   FAX 730-1240

환경을 살리는 사람들의모임
경기도 부천시 원미구 춘의동 163-85 중앙빌딩 3층   ☎ 032) 663-8111   FAX 032) 663-8113

YMCA
서울 중구 소공동 117번지   ☎ 754-7891~4   FAX 774-8889

YWCA
서울 중구 명동1가 1-3   ☎ 774-9702   FAX 774-9724

지은이 소개

프레드 반 다이크(Fred Van Dyke)는 미국 뉴욕 주립 대학(State University of New York)에서 환경 및 산림 생물학으로 박사 학위를 받았다. 노스웨스턴 칼리지(Northwestern College) 생물학과 조교수이자 미시건에 있는 오우 세이블 환경 문제 연구소(Au Sable Institute of Environmental Studies) 부교수이다.

데이비드 마한(David Mahan)은 미국 미시건 주립대학교(Michigan State University)에서 육수학(陸水學)으로 박사 학위를 받았다. 웨스턴 미시건 대학(Western Michigan University) 교수를 역임했으며 현재는 오우 세이블 환경 문제 연구소 부소장으로 있다.

조셉 쉘던(Joseph Sheldon)은 미국 일리노이 대학(University of Illinois)에서 곤충학으로 박사 학위를 받고 이스턴 칼리지(Eastern College) 생물학과 교수를 역임했다. 현재는 메시아 칼리지(Messiah College) 생물학과 교수이자 오우 세이블 환경 문제 연구소의 교수이다.

레이몬드 브랜드(Raymond Brand)는 미국 미시건 대학에서 동물 생태학으로 박사 학위 받고 휘튼 칼리지(Wheaton College) 생물학과 교수를 역임했다. 저서로「에덴에서는 무슨 일이 벌어졌나?」(Whatever Happened to Eden?, 공저)가 있다.

옮긴이 소개

유정칠은 경희대학교 및 동대학원에서 생물학을 전공하고, 영국 옥스퍼드 대학(University of Oxford)에서 생태학으로 박사 학위를 받았다. 영국 옥스퍼드 대학의 에드워드 그레이 조류 연구소(Edward Grey Institute of Field Ornithology) 연구원을 역임했으며, 현재는 경희대학교 생물학과 부교수, 경희대학교 한국 조류 연구소장으로 있다. 한국동물학회, 한국생태학회, 한국조류학회, 대한의생명과학회 이사로도 활동하고 있다.

환경 문제와 성경적 원리

초판 발행 1999. 5. 17 | 초판 2쇄 2009. 4. 10
지은이 반 다이크 외 | 옮긴이 유정칠
발행처 한국기독학생회출판부 | 판권 ⓒ 한국기독학생회출판부 1999
등록 제 9-93 호(1978. 6. 1) | 121-837・서울 마포구 서교동 352-18
대표 전화 02-337-2257 | 팩스 02-337-2258 | IVP Books 02-3141-5321
영업 전화 02-338-2282 | 팩스 080-915-1515
홈페이지 http://www.ivp.co.kr | E-mail ivp@ivp.co.kr
ISBN 978-89-328-4019-2